不退轉法輪經講義

——第一輯

平實導師　述著

ISBN:978-626-97355-8-7

佛法是具體可證的，三乘菩提也都是可以親證的義學，並非不可證的思想、玄學或哲學。而三乘菩提的實證，都要依第八識如來藏的實存及常住不壞性，才能成立；否則二乘無學聖者所證的無餘涅槃即不免成爲斷滅空，而大乘菩薩所證的佛菩提道即成爲不可實證之戲論。如來藏心常住於一切有情五蘊之中，光明顯耀而不曾有絲毫遮隱；但因無明遮障的緣故，所以無法證得；只要親隨眞善知識建立正知正見，並且習得參禪功夫以及努力修集福德以後，親證如來藏而發起實相般若勝妙智慧，是指日可待的事。古來中國禪宗祖師的勝妙智慧，全都藉由參禪證得第八識如來藏而發起；佛世迴心大乘的阿羅漢們能成爲實義菩薩，也都是緣於實證如來藏才能發起實相般若勝妙智慧。如今這種勝妙智慧的實證法門，已經重現於臺灣寶地，有大心的學佛人，當思自身是否願意空來人間一世而學無所成？或應奮起求證而成爲實義菩薩，頓超二乘無學及大乘凡夫之位？然後行所當爲，亦不行於所不當爲，則不唐生一世也。

——平實導師

如聖教所言，成佛之道以親證阿賴耶識心體（如來藏）爲因，《華嚴經》亦說**證得阿賴耶識者獲得本覺智**，則可證實：證得阿賴耶識者方是大乘宗門之開悟者，方是大乘佛菩提之眞見道者。經中、論中又說：證得阿賴耶識而轉依**識上所顯真實性**、**如如性**，能安忍而不退失者即是**證真如**，即是大乘賢聖，在二乘法解脫道中至少爲初果聖人。由此聖教，當知親證阿賴耶識而確認不疑時即是開悟眞見道也；除此以外，別無大乘宗門之眞見道。若別以他法作爲大乘見道者，或堅執**離念靈知**亦是實相心者（堅持意識覺知心離念時亦可作爲明心見道者），則成爲實相般若之見道內涵有多種，則成爲實相有多種，則違**實相絕待**之聖教也！故知宗門之悟唯有一種：親證第八識如來藏而轉依如來藏所顯眞如性，除此別無悟處。此理正眞，放諸往世、後世亦皆準，無人能否定之，則堅持離念靈知意識心是眞心者，其言誠屬妄語也。

——平實導師

目次

自序

正覺同修會諸同修們證悟的事實，藉由《我的菩提路》第一輯披露以後，在臺灣與大陸某些自稱證悟者跟著仿效，也開始舉辦四天三夜的禪三，並且也要求學員同樣撰寫見道報告，模仿本會同修們寫的報告；然而都只是徒具表相似是而非的假佛法報告，與三乘菩提中的見道全然無關，因爲所證的所謂第八識如來藏，全都仍墮五陰之中，未曾脫離，只能說是末法時代佛門外史的又一章罷了，並無實質。

此乃因於大乘佛法之見道極爲甚難，何況能以相似的表相佛法而撰寫見道報告。衡之以第八識如來藏的妙法深妙難解，乃至聞者亦難信受，雖有實證者出現於世；觀乎釋印順等一派學人，主動承嗣於天竺部派佛教諸聲聞僧的六識論邪見，與密宗應成派中觀古今所有諸師的六識論常見同一步伐，所說並無絲毫差異，然而至死不肯認錯；反而以其見取見而發起鬥爭之業，對所有評論其法之人大力撻伐，不遺餘力，唯獨放過平實一人，對於平實十餘年來於書中多方面公開評論其謬等事，似如一無所知、一無所見，默然以對。由是可知大乘佛法實證之義極難可知、可思、可議、可證、可傳。

而此一法即是第八識如來藏，亦名眞如、阿賴耶識、異熟識、無垢識，教外別傳的禪宗名之爲本地風光、莫邪劍、花藥欄、綠瓦、父母未生前的本來面目……等無數名，於《佛藏經》中 世尊說之爲「無名相法、無分別法」，以如來藏運行之一切時中皆不墮於名相及分別之中故。若人滅其無明，則此識隨時可證，證已即時發起般若正觀，佛菩提中名之爲「諦現觀」，即入第七住位而無退失；若人往昔無量阿僧祇劫前曾謗此第八識妙法，則是已墮無間地獄而次第輪轉三惡道中，其數無量阿僧祇劫受諸苦惱，終於業盡受生人間，歷經九十九億佛所奉事、供養、勤心修學，來到 釋迦世尊座下重新受學已，而仍然不得順忍；每聞第八識如來藏妙法心便不喜，連聲聞果的實證都不可能，遑論大乘菩提，由是故說此第八識妙法難聞、難信、難解、難證、難持、難忍。今於此《不退轉法輪經》中重說此法，令一切學人聞「此經」及「釋迦牟尼佛」聖名已，盡未來際不復退轉於此第八識妙法，未來當得不退轉於大乘法輪；以是緣故，特爲學人講授之。今以講授圓滿而整理完畢，用饗佛門四眾，普願皆得早立信心，殷重受學，有日必得證悟，得階菩薩僧數之中，是所至盼。

佛子　**平實**　謹序

公元二〇二三年小暑　誌於松柏山居

《不退轉法輪經》

〈開題〉

現在要開講《不退轉法輪經》了，講這一部經的時候，有許多的佛法名詞，我就不再解釋，我希望能夠著重在法義的部分來說。這一部經的法義很深。其實大乘經每一部都很深，但我爲什麼選這一部經來爲大家講解？因爲這一部經講到那些深妙法的時候，你一定拍案叫絕；一定說：「妙哉！妙哉！經可以這麼講。而天魔波旬被瞞了，他一點都不知道，但他將來有一世證悟了，依然不能回頭來跟如來抱怨；因爲如來所說都是跟他開示正法，只是他聽不懂而已，他自己誤會了！」那《不退轉法輪經》所說的「不退」，是於「此經」如來藏「實證」之後「心得決定」，不再退轉。

可是「不退」還有另一個層面的意思：說一切眾生悉不退轉，即使是螞蟻、蟑螂都不退轉，因爲在事實上、現量上沒有誰願意背棄「此經」，這叫作「**理上的不退轉**」。很多女人看見了蟑螂，就呼叫說：「媽呀！媽呀！」有沒有？欸，好像有些地方說蟑螂叫作屎哥郎。有沒有？說牠們都在屎坑或旁邊活動，所以叫屎哥郎；牠也如同臭蟲之臭，因爲牠是逐臭之夫；還有日本人說蟑螂叫作油蟲，因爲牠老是出現在廚房有油垢的地方，所以人見人厭，比老鼠還討厭。老鼠如果不過街，不會被打，對啊！但是蟑螂一旦在家裡出現，妳一呼喚，先生馬上來了，爸爸馬上來，拿起拖鞋就打。可是我告訴你：即使是這個屎哥郎，欸！牠也是不退轉的，因爲牠每一世、每一世都愛「**此經**」、都愛這第八識如來藏，所以二乘經中說「**此經**」是愛阿賴耶、樂阿賴耶、欣阿賴耶、喜阿賴耶；眾生從來沒有厭棄過祂，怎能說牠退轉？這是從「**理**」上來講不退轉！

但是如果從佛法的修證上來講，有好幾個不退轉的狀況：信不退、位不退、行不退、念不退、究竟不退。「**位不退**」是說你證得「**此經**」如來藏之後，不懷疑，心得決定，這叫作第七住位的「**般若正觀現在前**」；或者叫作

「般若波羅蜜現在前」——實相正理顯現在你眼前，你終於懂般若了，成爲**「眞見道」**的菩薩；這是證悟後所見的現量，不是想像來的，不是思惟來的。如來在《楞伽經》也說：**此經如來藏是自心現量**。表示每一個有情自己都有這個心，這個心是一切法背後的現量，不是想像出來的。那麼你如果證得之後，心不懷疑，心得決定，這就是**「位不退」**。從此就是從第七住位開始進發，次第向前，最多就是停頓，不會後退。

如果六度的修學不滿足，就是他的基礎沒有打好，悟後就會生疑而退轉，那叫作**「位退」**。那什麼時候才能再進入第七住位呢？要有善知識攝受、諸佛菩薩攝受，然後他繼續觀行；懺悔、滅罪之後他繼續深觀，要使自己心得決定，才能夠不退。證悟不退的另一個重要因素是他六個住位全都修好了；六住位的內涵若缺其一，證悟後不能支持所悟，難免退轉。六度諸位都記得，我就不用重複。位不退之後的次第進修就是見道位的修行，要把**「非安立諦三品心」**修好，也要親證阿羅漢位而有解脫果，才能夠進到**「通達位」**，才能入地。如果六住位的修行中，比如說「忍」波羅蜜沒有修好：於善知識不得忍、於眾生不得忍、於法不得忍，他就會退轉；「忍」非常非常重要啊！

然後其他的就是布施、持戒。至於精進，只要進了正覺，大部分人都會精進，少有懈怠者，懈怠者不敢進正覺修行。接著就是「定」有沒有修好？定力若沒有修好，也就是伏惑的功夫作得不夠，性障會常常現前，遇到逆境就退轉；如果定有修好，心就被降伏了，之後若是證悟了就可以保證他「**轉依**」成功而不退轉。接著修般若，那就是自己跟隨親教師努力修學的事，以及週二聽經的事，所以「**不退**」有這些條件；如果這六度沒有每一度都修好，證悟了還會退轉。《不退轉法輪經》今天只能講到這裡。

《不退轉法輪經》我剛剛看了一下，一百十幾頁，這部頭還眞不小！但我希望以前講過的「**如是我聞**」等經文，我們就不要再解釋了，希望速度可以快一點；因爲以往講那麼多部經，該解釋的也都解釋了，就純粹從不退轉法輪來講。那我們上週、上一回是……喔，對了！忘了先跟你們拜個晚年（大眾笑…），因爲現在忙死了，忙到都忘記了！就在這裡祝福諸位：今年事事如意！道業突飛猛進！福德大大地增長！（大眾：謝謝導師！阿彌陀佛！）阿彌陀佛！我還要謝謝諸位護持！

那今天才算是第一講。我們上回春節前說「不退轉」，講了幾種「不退」，這幾種不退，當然首先是「信不退」。他對三寶的實質有如實理解，所以對三寶信不退；不論對佛菩薩或艱深的法義都具足信心，不可能再去改信別的宗教，這叫作信不退。如果有人修了很大的福德，可是後來想想，又去信別的宗教，那他修的福德當然依舊在；只是他還不到信不退的階段，那就是信退了，表示他十信位還沒有修學滿足。譬如以前佛光山從大陸請了佛指舍利來臺灣，有個人還能幫佛光山捧著佛指舍利遊行，想來是他們的大護法了；但後來竟然去改信基督教，表示他的十信位還沒有修滿，對三寶的信還不夠；但是他在佛光山護持的那些世間福德，也不會損失掉！還是在的，只是他對三寶的實質不如實知，所以信不具足，因此他未來世回到佛法中，還要在十信位裡面混一段時間；時進時退，所以叫作混。

那麼十信位滿足了，再也不會退轉於三寶，至誠的具足信心了，那時所作的布施才算眞正地開始修學「布施度」；但也得遇上有善知識教導正確的

「六度波羅蜜」，否則還是在十信位中混。那麼從初住位開始，堅定心志，再也不退轉了，就永遠往前邁進。但是這個修學過程之中是有次第性的，一定要先從初住位修布施度開始；初住位的布施度修好了，有一天就會想起來：「**我該去受菩薩戒了！**」當他正受了菩薩戒，才算進入第二度，只受五戒或聲聞戒的人是不算數的。當然在第二度裡面修行時，大戒不犯，小戒不斷，往往會一直犯；這都是正常的，只要如法懺悔，可以滅罪就行了！如果都不犯戒，那叫作「外道」，因為他們沒受佛戒，無戒可犯！有戒可犯名菩薩，無戒可犯名外道。當他受戒、持戒漸漸習慣了，也覺得這戒法可以讓自己越來越清淨；對眾生也漸漸覺得堪忍，這時候可以開始修忍辱度。

「忍辱度」開始修了，善知識也會教導。但忍辱不能只修「生忍」，對眾生得安忍之後還要有「法忍」，這些也要懂。當他對於深妙法不斷聞熏，不害怕，不覺得太深奧難懂，不生起恐懼心；這時候他的「法忍」算是修好了，於深妙法有忍，然後就得修第四度了。這時就可以放下很多的事情，那就開始精進努力；這個「精進度」其實遍布於其他五度裡面，就這樣繼續往前走。有一天想到：「**我這麼努力修佛菩提道，然而佛菩提道究竟該怎麼修、應怎麼證得？**」就要開始瞭解了。

若不瞭解的時候就請教善知識，終於才懂得：「**原來要懂得『靜慮』的方法，或者說同時也要進修禪定。**」禪就是靜慮，經由靜慮而能夠制心一處並且心得決定時，稱之爲「禪定」。既然是要修「靜慮」這一度，那到底靜慮的對象是什麼？要去理解了，否則每天打坐時像枯木樁一樣杵在那裡，什麼也不懂，那就白學了！所以靜慮的對象是什麼呢？那就要看目前想要達到的目標是什麼？如果目前要達到的目標是屬於禪定的定心，要藉修定來制伏其心，那就屬於修定的法門。修定時，其中有些什麼境界？有些什麼次第？什麼地方該轉折？這裡面也要有取捨，都要靠靜慮來作觀察。

有定力之後如果是要求解脫道的實證，首先是斷三縛結。三縛結該怎麼斷？而三縛結包含了哪些內涵？這些也要在安靜的狀況下不受打擾，去作各種的思慮，這叫作「靜慮」。大乘學人斷三縛結之後，要學般若，那般若該有哪些內容必須學習的？要先弄清楚，把它學好了，就要連同四加行都學好，了知能取的七識心是空性如來藏，所取的五色根及六塵境界也是空性如來藏；接著也就是參禪，參禪也是靜慮。這些都學好了，而且不是跟著人家走上岔路，走的是安隱的正道，沒有偏差，才是眞的修學般若，所學一定是八識論正法。

這個靜慮學好了，就好好修學四加行而去參禪了，參禪的所有過程都是靜慮；到有一天終於觸證第八識了，然後想起來：「喔！原來我在修學靜慮的過程，其實也學了不少般若，只是那些都叫作聞慧、思慧，參禪過程中有了許多種的體驗，那也不過是修慧。」直到觸證了第八識如來藏，好好再觀行，去蕪存菁，把一些雜質都去掉，悟得很眞切，這時候算是「般若度」初步成就，名爲證慧；轉依成功時，名爲得慧。

智慧成就之後，有待善知識加以鉗錘鍛鍊。「善知識施加鉗錘」是什麼意思？是用鉗子夾住、再用錘子敲打，那不是容易的事啊！在那個過程中，有的人忍受不了，於是向善知識告長假，一走了之，古來就是有這樣的人。

那我們同修會舉辦的禪三就沒有嗎？也有啊！幾乎每個梯次都會出這麼一

個同修，抗議監香老師，說監香老師刁難他，這就是受不了鉗鎚鍛鍊。說老實話：我們這個鉗鎚鍛鍊是很溫和的，若是要像古時候善知識那個鉗鎚鍛鍊，動不動就是棒打；有時候善知識也許有點煩了，才踏進門就大喝：「出去！」或是一進方丈室就一棒打來，這才叫眞鉗鎚。我們監香老師那個鉗鎚是溫和得不得了，簡直就是溫言軟語，還叫鉗鎚鍛鍊喔？但是有的人就已經受不了，這表示「六度」沒修好，應該要建議他退回第三度，好好重新修來。

有一天終於通過勘驗了，般若度就修完了嗎？也還沒！但是如果心得決定，也就是他有那個智慧來檢驗自己這個所悟正不正確？有沒有符合法界的現量？有沒有符合聖教量？再從各種比量來加以觀察，終於確定下來，心得決定而轉依了，這時候是《成唯識論》中說的心心無間而無懷疑，才算是成就「無間道」而進入「位不退」的階段，稱爲第七住位菩薩。

第七住位說爲位不退，如果哪一天懷疑：「這個就是如來藏嗎？這就是最究竟的心嗎？搞不好還有另一個心出生這個心咧！祖師不也講嗎？還有個第九識啊！」那就表示他「位退」了，因爲識不過八，他還想要再證第九識，必定要向第八識心以外再求證想像中才會有的假法；所以會退轉的人，表示他這六住位的所學、所修還不夠。那麼後來終於不退了，成爲第七住位菩薩了，這時候才是眞正開始內門修學般若，同時就是「位不退」的菩薩，《楞伽經》中稱爲「摩訶薩」。

悟後再廣學般若，把「非安立諦三品心」修學完成，都屬於位不退，接著就是解脫道上要配合入地的所須，就是阿羅漢位的修證。沒有阿羅漢位的修證、沒有阿羅漢的解脫功德，說他入地了，那是入地下那個地，不是十地那個地；因爲他成就了大妄語業了。

然而想要入地不單如此，還要有廣大的福德，就是一世又一世、一劫又一劫不斷地利樂有情。這段期間不斷地作財施、法施、無畏施，三種布施都得作，累積足夠的福德，還要有持戒、修忍的大福德。這時候只差一樣了，每天在佛前發「十大願」，或如《勝鬘經》講的十大受，通稱十無盡願。這十種無盡願發了就算入地了嗎？也不見得！因爲發這個願的時候，算是有增上意樂了，但這個增上意樂有沒有清淨？得發到這個增上意樂眞的清淨了才算入地；這說起來很快，幾分鐘就入地了，可是實際修起來，那是一大阿僧祇劫。這一大阿僧祇劫的過程不是那麼容易完成的，因爲要修的境界、要學的妙法太多了！

好不容易入地了，這時候開始叫作「行不退」；行不退後面還有一個「念不退」，那是八地以上的菩薩。但初地行不退已經夠可觀了，行不退的人永遠不會有任何佛道上修行的身行、口行的行爲是退轉的；凡有所思、凡有所說、凡有所行都是爲了增益佛菩提道，不會再有造作導致佛菩提道上有損害的事情。這個行不退從入地的那時候開始，一直要往上進修，這時候就修「十度波羅蜜多」。所以入地後，開始在修的依舊是財布施、法布施、無畏布施；而這三種布施是不是初住位修完了，二住位到六住位都不修？不是這樣的！而是在全部六度中都要繼續修持。並不是三賢位中的初住位修完了，修二住位的持戒就不修布施了，不是這樣喔！乃至於修般若的時候，第五度靜慮也繼續得修、第四度的精進也繼續得修，乃至忍辱、持戒、布施都一樣繼續修；所以前一度作爲後一度的基礎，後一度函蓋前一度；第六度函蓋前五度，六度波羅蜜是這麼修的。

這表示，入地後修十度波羅蜜多，就是六度加上後四度，結果還是要從「布施」作爲主修，只是初地以後的布施主要是作「法布施」爲多，財施、無畏施有因緣時就繼續作。那麼到了第二地就是主修「持戒」；這是講主修，並不是其他的布施等度都不修。三地主修忍辱度、四地主修精進乃至六地主修般若等，次第修學。那到了七地呢？要修方便波羅蜜多；第八地又修「願波羅蜜多」，第九地叫作「善慧地」，要修什麼呢？嗄？不記得了？第九地要修「力波羅蜜多」，因爲他修到滿心時就有四無礙辯；有四無礙辯的人就沒有人敢挑戰，所以九地菩薩專修「四無礙辯」；要有這個功德才能入十地繼續修行，十地滿心就是「智波羅蜜多」圓滿，說法如雲如雨，永遠不斷，才叫作「法雲地」。猶如廣大的雨雲不斷地飄過來，法雨不停地下，永無窮盡。以上十度叫作「十度波羅蜜多」，要證十眞如。

那麼七地前叫作行不退，但有時會出現念退；這念退是正常的，所以有時候譬如說，有的人入了初地以來，不過一劫、兩劫，還在入地心中，有時候想：「啊！好累唷！修菩薩道眞不簡單！」接著呢，放逸個兩三天盡義務吧！帶著家人遊山玩水去了。可是遊山玩水的時候，他又想著：「這很浪費時間，沒意義！」這就是有時會有念退的狀態，然後又回轉到正法中，很正常！但是從八地以上念念不退，所以八地以上的菩薩難有放逸的時候讓你看見，因爲七地都已經是「遠行地」了，距離三界境界等煩惱非常遙遠了，只剩下三界愛的最後一點點習氣種子，就剩下那麼一點點，所以七地叫作「遠行地」；如果煩惱斷盡了就是七地的滿地心，但要保留最後一分以潤未來世再受生，才能繼續修行成就佛道。在初地，三界愛的習氣種子還有一大堆；那他既然到了遠行地，表示習氣種子隨眠快要斷盡了，所以叫作遠行地。

當他最後斷盡所有習氣種子隨眠的時候，就能念念入滅盡定，他隨時可能會入無餘涅槃。那你說，這樣的人還會有「念退」的事嗎？不可能！所以十方諸佛誰跟他最有緣，立刻就要來拉住他，別讓他一念之下入了無餘涅槃，否則便是眾生的大損失，因此立刻來傳給他一個很棒的三昧，叫作「引發如來無量妙智三昧」。你正想入無餘涅槃，聽到這個名詞時不嚮往嗎？當然嚮往啊！這個三昧就專門對治念念入滅盡定的七地滿心菩薩的涅槃心。當七地菩薩學了就入八地去了，再也不會有入無餘涅槃的念頭了，這時候開始就是念念不退。那麼從這時候開始，就是八地心開始，就是念不退的階段了。這樣信不退、位不退、行不退、念不退；從此念不退之後的次第進修只有三個階位而已，但是卻要勤修一大阿僧祇劫——八地、九地、十地要修一大阿僧祇劫；這表示同樣是八地菩薩，且不說入地心、住地心、滿地心，同樣是入地心互相之間的落差就很大了；同樣是十地菩薩，各人的落差也很大，因爲每一地都是一大阿僧祇劫的三分之一時程才能修完。

所以，可別剛進入第八地就想：「**你是第八地，我也是第八地。**」沒那回事啦！因爲八地菩薩不會這樣想，即使剛剛入八地時也不會這樣。這七地滿心都已經過完遠行地了，哪能有這種心行呢？所以不要用一般人的心思去模擬、去想像八地入地心的心境。那麼從此開始就是「念不退」，再也沒有突然一念懈怠、一念放逸、一念退轉的事了。但是七地心滿足，還沒有進入八地之前都容許有念退；有時某一件事情對眾生很失望，所以就想：「**算了！**

不度他們了。」「算了！不要再行菩薩道了！」那就是念退，這是七地之下才會有的事。入地以後，有的人心念退個兩三天、有的人退個半天、有的人退個一小時，乃至有時候退個幾秒鐘都可能；所以入地後只是行不退，還不能到念不退。念不退則是從八地入地心開始，一直修到十地滿心，這階段都是在無相作意下修道。

接下來轉入等覺位時就是百劫修相好，純粹修福德，把識陰區宇中剩下的那一小部分無記性的習氣種子給滅掉，以及斷除最後一分的所知障，那叫作異熟種子，也就是變易生死。所以利用一百劫的時間，在等覺位裡面專修福德。修福德的目的不是爲了修福德，而是把識陰相應的無記性的所知障所攝的一切異熟習氣種子消除，那叫作「識陰區宇」。那時剩的異熟種子不多了，但是要繼續修，藉著百劫修相好來遠離識陰區宇；所以這百劫之中，取得五蘊的目的是要布施；取得五蘊才可以擁有兩個部分的財物，第一叫作外財，第二叫作內財，只要有人來索取任何的布施，全部都布施，外財毫無吝惜，取得的目的就是要用來布施；外財布施完了，就布施內財，所以等覺位菩薩除非他有個任務要完成；如果他的任務完成了，外財全部布施完畢，也有可能去求著人家看誰要不要內財。所以把他所有的器官都捐了，馬上又去投胎，這樣最後該修足的福德才會很快成就。

外財布施完了，沒什麼可以布施了，難道就混日子嗎？不！就趕快把內財也布施了，馬上又轉入下一世。這樣百劫修相好，所以說：無一時非捨命時，無一處非捨身處；就這樣藉著布施內財、外財，把識陰相應的無記性的異熟種子給全部滅掉。只剩下煩惱障及所知障中的最後一分，以外全都斷盡了，就是一生補處的菩薩了，然後就等著因緣來人間示現成佛；成佛時就滅盡了識陰的習氣種子，成就「識陰盡」的究竟佛地境界，六根互通，這才叫作佛；這時眼作耳用，耳作眼用，鼻作舌用，什麼都行！如今世間那一些假佛哪有六根互通？連「理」上的六根互通都沒有，更不要說事相上有什麼六根互通了！好，終於成佛了！才說明一、二十分鐘就成佛了，好快！眞的是說時快、那時遲，這時成佛叫作「究竟不退」，這才是眞正的「不退轉」的道理。

如果連這些不退的道理也不懂，說他成佛了，那叫作「外道」，說穿了就是凡夫，而且叫作「地獄種姓」。可是要達到第五種的究竟不退，一定要有那個實質，而那個實質說穿了，就是聞、思、修、證、得等五種智慧。所以證悟以後，不是沒事了；證悟以後還要繼續修，全部完成了就是究竟位的「得慧」。你證得那個階位了，有那個階位的內涵了；那個階位的內涵你有沒有具足？具足了才叫「得」，所以菩薩道五十二個階位中，每一個階位都有入地心、住地心、滿地心，就是講這個「得」的道理。那麼聞、思、修、證、得，到底要怎麼得？如果沒有善知識轉法輪就不能得；所以一定要有善知識轉法輪，從學之人才得以聞，才得以依止而修，才得以從聞生解而作思惟，才能藉著善知識轉法輪而作各種的靜慮，才能有實證這回事。

證了之後，還得依止善知識，繼續把該地中所應修的法滿足，才叫作得。所以呢，進入第七住位有入地心、住地心、滿地心的差別，乃至十住位、十迴向位，初地乃至十地都一樣，都各有三個階段，就是入地、住地、滿地三心。那麼「入地」的意思，就是入那個「境界」，所以剛進入第七住位的時候，是第七住位的入地心，就是唯識增上慧學中說的「眞見道」；離開入地心的階段，開始進修了，就是第七住位的住地心；第七住位滿足了，準備要進入第八住位，這時還在第七住位時，那就是七住的滿地心。始從第七住位乃至十地都一樣。

但是這一些都要依靠善知識轉法輪，才能一步一步快速完成。所以你們看八地菩薩、九地菩薩、十地菩薩、等覺菩薩都依隨於諸佛在修學。跟隨善知識學法永遠不嫌多、也不嫌繁瑣，因爲越深妙的法就越廣大，越廣大就越繁瑣；所以《成唯識論》解釋了百法、《瑜伽師地論》解釋了六百六十法，總之就是越學越多，這都要靠善知識轉法輪。

我最近才知道說：在菩提迦耶的正覺大塔旁邊，現在也弄了一些密宗的法輪在那邊轉。但那叫作轉銅輪，不叫轉法輪，而且上面雕刻的都是亂七八糟、跟密宗相應的那些外道雙身法的咒語。臺灣也有個法輪功學會，會長不知道是否仍然是我那個高中同學？他們也說「法輪大法好」，但他們轉了什麼法輪？轉邪見法輪！那其實都不叫作法輪，全都要叫作世間輪。世間輪越轉就輪迴越久。

所以「法輪」講的是佛法的法輪，法輪的意涵當然要說明清楚。比如「法」有什麼法？不能以篇概全！譬如讀人家的書，那書裡面有三篇或四篇的內容，他讀了第一篇，就說這本書我都讀過了，那就是以篇概全。譬如我們的書，比如說《涅槃》有第一篇、第二篇、第三篇，每一篇裡面分章、分節，甚至還分目。那如果讀了其中一目就說：「啊，這本書我都懂了！」那就改個名詞，叫作以目概全，或者以節概全、以章概全，那都是不完整的！

然而佛法是完整而不可分割的，函蓋三界世出世間法，所以佛法中完整的說法，先要修學次法；次法修完了要勸進，然後付諸實修。實修的部分當然一樣有次法，次法之前也有人天善法。次法修完了，修解脫道二乘菩提；解脫道修成功了，再修佛菩提，這樣具足宣說才能叫作「轉法輪」，否則都是以篇概全。所以外道來見 佛求法，佛總是先爲他們宣說次法：所謂施論、戒論、生天之論。如果對布施的因果不相信，那這個人離佛法還遠著呢！因爲這是生而爲人最基本的認識。所以布施有什麼因果，得爲他解說；他相信了，再告訴他：持戒有什麼因果。這個道理講起來，當然就很長了，我們且不說它，諸位已經聽多了。然後再告訴他生天之論，說明諸天有幾種層次，一定要信受，所以將欲界天、色界天、無色界天的境界都要講給他聽，他還得要信；要是不信受，你教他解脫道就白教了！他有一天一定會大妄語。不要懷疑這一點，爲什麼我們正覺弘法之前，有許多的大法師、大居士乃至釋印順都犯下大妄語業呢？正是因爲他們對生天之論的世界悉檀不瞭解。

他們每天打坐，坐到一念不生時，所證的心其實仍然六塵具足，就說他叫作開悟了。而且開悟是大乘法，結果卻只是證得聲聞果，很怪！幾百年來的佛教，從來沒有人講開悟是證得菩薩道五十二個階位的哪個階位，眞的很怪！那爲什麼他們會犯這樣的大妄語？因爲不知道「生天之論」，他們就無法自我檢查說：「**我打坐這個一念不生只是欲界境界，而且是人間具足六塵中的一念不生境界。**」就自以爲出三界了，所以自稱是阿羅漢。他們如果懂得「生天之論」，就知道四王天是什麼境界、忉利天是什麼境界，一直往上到初禪、四禪，直到「非想非非想定」等境界都瞭解了，他們就不會大妄語了；因爲他們會檢查出來：「原來我這個境界連忉利天都上不去！」他會懂啊！接著心裡就想：「既然如此，連初禪天都到不了，哪兒能出三界？」他們就懂了。所以「生天之論」也很重要。

當他們把「施論、戒論、生天之論」都學好了，接著就是要勸進。怎麼勸進呢？歸納起來就只有三句話，《阿含經》常常講的：「欲爲不淨、上漏爲患、出要爲上。」告訴你說：欲界的境界包括欲界六天都一樣，都不清淨，應該要遠離。到了色界天就不錯了吧？是不錯！因爲清淨了，成就梵行，可是色界天還是有漏的，隨時都可能會退失而下生人間或三惡道，那就是個災患。那麼進修到無色界天得四空定了，出三界了吧？不！那叫作無色界，還是在流轉生死之中，還是要出離；這才是重要的，這才是最高的境界，總之要超過無色界，這叫作「勸進」。這勸進成功了，才開始教他二乘菩提；那就是四聖諦的三轉十二行法輪，這樣才叫「轉法輪」。法輪功只是氣功，感應在無常的色身上面，全無法輪可言。所以轉二乘法輪之前，得要先說次法——「施論、戒論、生天之論」，然後才勸進：「欲爲不淨、上漏爲患、出要爲上」；勸進完了，然後才爲他轉二乘法輪。

但這個法輪依然粗淺，哪一天如果有機會遇見我那位法輪功會長的同學了，我就問他：「欸！你們法輪功轉什麼法輪？說來聽聽看。」然後如果時間夠，我再跟他慢慢轉法輪，不然他不會懂什麼叫作轉法輪！搞不好我這一轉，他不幹會長了亦未可知。能否得見？要看因緣啦！（編案：此書出版時，會長張清溪已經捨世。）那這只是聲聞菩提的法輪，接著要轉因緣法輪，那就得從十因緣開始轉起。十因緣的逆行、順行轉完了，再運轉十二因緣的逆行、順行法輪；就是把因緣法的黑品法、白品法都講完了，讓他懂得「**出離觀**」與「**安隱觀**」，等他證緣覺果，然後才爲他轉大乘法輪。轉大乘法輪就是宣說般若，那就是《大般若經》六百卷的內容。那這《大般若經》六百卷講完了，**非安立諦**三品心修學完成了，這法輪還沒轉完呢！因爲還有一切種智法輪，那是入地後應該學的，所以轉法輪不是容易的事，可是何曾有人能知？

以此緣故說這法輪不容易轉！從來沒有人弘法兩三年就說：「**我把法全部都傳完了，你們各自用功去吧！**」古來眞有那樣的善知識啊！但那最多就是十住位以內的善知識，證量不會很高的。而密宗那個轉法輪，那叫作扮家家酒。就好像小孩子玩遊戲，弄些草、搭一搭，說那就是房子，然後說兩個人結婚了，然後就假裝煮煮菜、弄些沙子當飯來玩一玩，稱爲辦酒席，但那叫作扮家家酒。密宗的轉法輪就是小孩子扮家家酒，可是眞要嚴格地說，他們連扮家家酒的資格都沒有！因爲扮家家酒至少也要把四聖諦、八正道、十二因緣依文解義拿來講一講，要有個模樣才叫作扮家家酒嘛！但他們轉的那些器具，以及銅輪上雕刻的那些六字大明咒、一切如來心祕密全身舍利寶篋印陀羅尼……等，都是刻印那些文字！那有像家家酒嗎？根本不像啊！人家扮家家酒，至少也弄個小小的鍋、小小的鏟子、小小的碗、小小的筷子玩一玩。他們連這些都沒有！盡弄些石頭、磚塊、枯木等東西，根本就不像家家酒！所以轉法輪的內涵要知道。也就是說，轉法輪一定得是整體的，不是瑣碎碎、互不連結而被切割得支離破碎的東西。像釋印順他就是把佛法切割到支離破碎了，怪不得他的師父太虛法師要這樣罵他。

這樣，不退轉的道理懂了，法輪的道理也懂了，那麼諸位心裡就有個概念：原來佛菩提函蓋的內容是這麼多！所以有時候佛法說是五乘法，有時候說是三乘法；五乘法就是包括次法在內，就是把人乘、天乘等善法也加進來，作爲菩薩實證三乘菩提之前，應該要先具足才能成爲一個人的本質；如果連人的本質都不足，他不用修學佛法。先要具足人的本質，然後還要有欲界天的本質，那就得要受五戒及行十善。而人的本質呢？一定要有惻隱之心，所以不論哪一種眾生，如果看見他們受苦就想要幫一幫，這叫「惻隱之心」。有惻隱之心的人看見一條狗、一隻貓、一個乞丐瘦巴巴的，忍心不買食物布施給他們嗎？一定會買給他們。那布施就有因果，除了自心轉變產生去貪、去慳的因果，還有植福的因果在；所以 如來教導大家要修六念法門，這是有因緣的，背後都有原因的，所以要念施、念戒、念天。此外呢，還要念三寶——念佛、念法、念僧，沒忘吧？

在念施等三法中，「施」擺在最前面。如果連惻隱之心都沒有，也不相信布施的因果，這個人不具足成其爲人的本質，那麼見道與修道就不用談了！所以才首先要說「施論」，然後才是「戒論、生天之論」。作爲人的本質不是單單只有惻隱之心，還要能夠守持五戒。有的人雖然沒有受五戒，可是他的行爲合乎五戒，一生都不犯，那就是人的本質，這叫作「人格」。所以如果一天到晚說謊話騙人、欺騙別人的財物等等，就說他沒有人格；沒有人格，來世就不能當人了；就好像沒有神格，來世也不能當神，道理是一樣的。那你要解脫、要證佛菩提，也得要有天的格；至少欲界六天的格要有，才能有見道的機會。所以你把六度修好了，不論哪一世都可以生欲界天的，這絕對沒問題！如果想一想：自己還沒有欲界天的格，那就不要想證悟三乘菩提的事。

至於你要取證三果以上的解脫果，或者說十迴向位的階段，你得要把初禪的功夫修起來，就是要遠離欲界愛，具備色界天的天格；就算不具足、不圓滿也行，你要在十迴向位中修行時，這是需要的。等到你即將要入地了，得要有圓滿的初禪，生起了色界天的天格，所以告訴你要念施、念戒、念天。這三法完成了同時也就念三寶，而對於　如來眞法身即是第八識的本質要具足瞭解，對於佛法實證即是八識心王諸法的本質也要具足瞭解，對於勝義僧寶即是實證第八識的本質也要具足瞭解。云何爲僧？不是粥飯僧，不是啞羊僧！僧寶的本質具足瞭解了，你就成爲信不退的人；所以想要滿足十信位的人都要修這六念，這都是有關聯的。

那麼這樣瞭解了佛菩提函蓋二乘菩提與人天善法在內，才能夠具足轉法輪，所以具足轉法輪並不容易。但是末法時代要來完成復興佛教的大業，至少你要有能力轉一分法輪；轉那一分法輪的時候不會講錯，這才是重要的事。那麼這「不退轉法輪」的道理懂了，「經」字就不用談了，已經講很多了，那我們就正式進入《不退轉法輪經》來講。

我們這部經本是二〇一八年的七月印的，沒想到保存了半年多，從世間法來說已經很成熟，可以來享用了。《不退轉法輪經》有個註記，這個註記得要說明一下。「僧祐錄云」，古時候官家設有僧官，因爲在古時候，中國皇帝是要控制宗教的，因爲佛教出家人影響力很大，所以誰要出家就得申請，核准了才會給你一份戒牒，隨身攜帶；否則出去行腳，人家要看戒牒，沒有戒牒就說你是仿冒的假僧人，就送官；中國自古以來就這樣，要控制佛教。

現在聽說大陸有不少佛教寺院每天都要升國旗，視頻中顯示出家人還要列隊、唸口號，還要唱國歌。於是這國歌將來也有可能變成早課、晚課的一部分，這且不提它。說中國古來就有僧官，就是僧人的管理者叫作僧官。那麼「僧祐」是指釋僧祐，這部經典是古時釋僧祐撰寫的《出三藏記集》卷三中，新集安公（釋道安）涼土異經錄第三之中的《不退轉經》四卷。所以這部經是「安公涼土異經」，是在北涼錄下來的經典，是第二譯。那我們就不用解釋它了，趕快進入經文。

《不退轉法輪經》卷第一

〈序品〉第一

經文：【如是我聞：一時，佛在舍衛國祇樹給孤獨園，與大比丘僧千二百五十人俱，及諸菩薩摩訶薩衆無量無邊阿僧祇數。爾時，世尊於中夜後，入廣大光照三昧；是時文殊師利法王子，於中夜後入大光明三昧；彌勒菩薩於中夜後亦入遍炬三昧。是時世尊從三昧起，與舍利弗於中夜後共出其房，到文殊師利法王子所住之處。】

講義：《不退轉法輪經》卷第一，首先是〈序品〉第一，也就是說：這部經打開序幕了，要開始宣演這一部經了。阿難說：「如是我聞：」是說我阿難就是這樣子親自聽聞的事情。

有一個時間，佛陀在舍衛國祇樹給孤獨園，當時有大比丘僧一千二百五十人同在一處，並且還有諸菩薩摩訶薩眾無量無邊阿僧祇數；表示有人身的菩薩，也有非人類色身的菩薩，其數眾多。這個時候，世尊在中夜（中夜就是晚上十點到二點中間，就是子時的前後各一小時也函蓋在內）過後，進入廣大光照三昧。這個時候，文殊師利法王子同樣也在中夜之後，進入大光明三昧；彌勒菩薩也是在中夜之後，進入遍炬三昧。然後世尊從三昧中起來，與舍利弗在中夜之後，一起離開了所住的房間，來到 文殊師利法王子所住的地方。

經文：【時尊者舍利弗，見文殊師利法王子房及世尊房左右皆悉滿中池水，其池水中亦有無量種種蓮華遍布水上，而諸蓮華各放光明，普照祇洹及舍衛國，乃至三千大千世界皆悉照明；大聞法音遍於十方一切世界，其中菩薩互共諮請發問論議。時尊者舍利弗既入室已，見文殊師利寂然禪定，在前而立，尊者舍利弗即便彈指謦欬出聲；爾時世尊及舍利弗等，見文殊師利法王子神通變化，各見其身在大海中。是時舍利弗，在文殊師利室中不能得出，欲踊虛空亦不能去，而不自知從何處來，況復能以神通而去。】

房間以及世尊的房間左右兩邊全部都充滿著池水，那些池水之中還有無量各種不同蓮花遍布於水上，而所有的蓮花各自都放映出了各種不同的光明，這些光明普遍地照耀了祇園以及祇園外面的舍衛國，乃至於把三千大千世界全部都照明了；同時還有很大的法音被聽聞到，遍於十方的一切世界，而這十方的一切世界中，菩薩們正在互相共同的諮請、發問或者論議。這個時候尊者舍利弗既然進入文殊師利法王子的丈室之後，看見文殊師利寂然地住在禪定之中，舍利弗在文殊菩薩的前面站立，這時尊者舍利弗就彈了手指而且謦欬出聲；這時候世尊和舍利弗兩人，便看見文殊師利法王子的神通變化，也各自看見自己身在大海之中。這時候舍利弗，在文殊師利的房間裡面沒辦法出離，想要踊躍於虛空也沒辦法離去，而且不能自己知道是從什麼地方來到這裡，何況能夠以神通而離去。】

語譯：【這時候尊者舍利弗，看見文殊師利法王子的

經文：【是時尊者舍利弗結跏趺坐，忽然而見文殊師利在其目前正身端

坐。文殊師利神通力故，不離本處令舍利弗見文殊師利過恆河沙有世界，名阿鞞跋致義論音聲；彼中有佛，號善住光華開敷，現在於中，有無量億千菩薩圍遶；見彼佛身於諸毛孔皆出蓮華，其一一華光明遍照三千大千世界，華有千葉，皆以紺琉璃爲莖，瑪瑙爲鬚，衆寶爲臺；其華臺上，見諸菩薩結跏趺坐，彼諸菩薩皆住阿鞞跋致，當得阿耨多羅三藐三菩提，於諸陀羅尼門成就大忍，以三十二相而自莊嚴，身色如眞金微妙第一。爾時善住光華開敷佛，臍中出大蓮華，其色衆多華葉無量，亦以紺琉璃爲莖，金剛爲葉，因陀琉璃爲鬚，龍堅栴檀王爲臺，世間塵水所不能染。

語譯：【這時候尊者舍利弗坐下來，以結跏趺坐的方式坐著，忽然就看見文殊師利菩薩在他的眼前正身端坐。由於文殊師利菩薩神通力的緣故，使舍利弗不離於他所坐的地方，而讓他看見文殊師利在過恆河沙數世界的以外有個世界，叫作阿鞞跋致義論音聲；那個世界中有一尊佛，號爲善住光華開敷，現在正在那個世界中，有無量億千的菩薩圍繞在佛的周圍；又看見那一尊善住光華開敷佛的色身從所有的毛孔之中皆出現蓮花，那每一朵蓮花的光明一起照耀出來，普遍地照耀了三千大千世界，而那些蓮花每一朵都有一千瓣，全部都是以紺青色的琉璃作爲花莖，以瑪瑙作爲花鬚，以各種寶物作成花臺；在每一朵蓮花的花臺上面，都看見有菩薩結跏趺坐，那一些菩薩都已經住在不退轉位，即將證得無上正等正覺；那些菩薩於各種的陀羅尼門都已經成就了大忍，以三十二相各自莊嚴其身，他們的身色猶如眞正的黃金一樣都是微妙第一。這時候善住光華開敷佛，從肚臍中生出一朵大蓮花，這朵大蓮花的色彩非常的多種，而這朵花的花瓣無量無數難以計算，同樣也以紺青色的琉璃作爲花莖，以金剛作爲花外面的葉，用因陀琉璃作爲花鬚，以龍堅栴檀王作爲花臺，這蓮花是世間的灰塵以及水所不能染污的。】

經文：【舍利弗見此華臺空無所有，文殊師利入中而坐，與蓮華臺俱上至有頂；文殊師利遶佛三匝，一心合掌，頂禮佛足，於蓮華臺中結跏趺坐正念向佛。是時善住光華開敷如來問文殊師利言：「汝從何方而來到此？」文殊師利白佛言：「**世尊！我從娑婆世界故到此土。**」彼佛國中有二菩薩，一名善音，二名善聲，是二菩薩摩訶薩，皆已住阿鞞跋致地，決定當得阿耨多羅三藐三菩提，俱從蓮華臺中而出，更整衣服，右膝著地，一心合掌各白佛言：「世尊！娑婆世界去此幾何？」爾時善住光華開敷佛答二菩薩言：「娑婆世界去此佛剎恆河沙世界之外，文殊師利從彼而來。」】

語譯：【這時候舍利弗看見善住光華開敷佛，肚臍中所生出來的這一朵特大的蓮花，這花臺上竟然空無所有，沒有什麼菩薩坐在那上面。這時候文殊師利就進入這個花臺中坐好，之後就與這個蓮華臺一起往上升，到達有頂天。文殊師利遶佛三匝，一心合掌，頂禮佛足，坐於蓮華臺中結跏趺坐正念面對於佛。這時候善住光華開敷如來問文殊師利菩薩說：「你是從哪個地方而來到這裡的呢？」文殊師利稟白佛陀說：「世尊！我是從娑婆世界特地來到這個國土的。」那尊佛的淨土國中有二位菩薩，一位名為善音，第二位名為善聲，這二位菩薩摩訶薩，都是已經住於不退轉地了，不久後決定會證得無上正等正覺，他們同時從蓮華臺中下座而出，重新再整理衣服，然後右膝著地，一心合掌各都稟白佛陀說：「世尊！娑婆世界距離這裡有多遠呢？」

這時候善住光華開敷佛答覆二位菩薩說：「娑婆世界距離我們這個佛刹是遠在恆河沙世界之外，文殊師利是從那裡來的。」】

講義：這要說明一下，「有頂天」是指色界頂，就是那個世界的四禪天，或「色究竟天」。因爲無色界是看不見的，所以這裡的「有頂」不是講「非想非非想天」。

「到達有頂天之後；文殊師利菩薩就遶佛三匝，一心合掌，頂禮佛足。」要記得「一心合掌」，所以禮佛的時候不要打妄想，要「一心」，這個很重要；因爲你禮佛就要跟所頂禮的佛感應道交，所以不要打妄想；打妄想就無法感應，所以要一心。

「一心合掌，頂禮佛足」之後，在蓮花臺上結跏趺坐正念向佛，心就向著佛，沒有第二念。這時候 善住光華開敷如來問 文殊師利菩薩說：「你從什麼地方來到這裡呢？」這是一種禮貌，是主人應該有的禮貌。如來不可能不知道他從哪裡來，而且 文殊師利菩薩名號遍十方界，無人不知、沒人不曉，但還是得要問：「你從哪裡來？」文殊師利總不能自己直接開口吧？要等佛開口，這是位卑者對位尊者應該有的禮貌。然後 文殊師利菩薩向 佛稟白說：「世尊！我是從娑婆世界特地來到這個國土。」

那麼阿鞞跋致義論音聲世界有兩位菩薩：第一位名爲善音，第二位名爲善聲；這兩位菩薩摩訶薩都已經住在不退轉地，再不久將會成就無上正等正覺，也就是即將成佛了。他們全部都從蓮花臺中下座，然後在佛前重新整理衣服；這是說禮佛前一定要整理衣服，不要不整不齊就直接禮佛，是佛弟子應該有的禮節，表示恭敬的意思。更整衣服之後，右膝著地，一心合掌，也就是沒有第二念；一心合掌同時稟白 佛陀說：「世尊！娑婆世界距離這裡有多遠呢？」這時候 善住光華開敷佛答覆二位菩薩說：「娑婆世界距離我們這個佛刹，有一個恆河沙數世界那麼遠之外，文殊師利是從那個地方來的。」

經文：【是時善音、善聲菩薩俱白佛言：「世尊！於彼世界，佛號何等？今欲知之。」爾時善住光華開敷佛即便答言：「娑婆世界有佛、如來、多陀阿伽度、阿羅呵、三藐三佛陀，號釋迦牟尼，今現在世。」是二菩薩復更問言：

「釋迦牟尼佛為說何法？」彼佛答言：「說三乘法。」而彼菩薩復白佛言：「云何名為三乘？」佛言：「所謂聲聞乘、辟支佛乘、佛乘，釋迦牟尼佛常作如是，說三乘法。」】

語譯：【這時候善音、善聲兩位菩薩同時稟白佛陀說：「世尊！在那個娑婆世界，佛號叫作什麼？我們如今想要知道。」這時候善住光華開敷佛就答覆說：「娑婆世界有佛、如來、多陀阿伽度、阿羅漢、三藐三佛陀，號為釋迦牟尼，如今現在住於世間。」這二位菩薩又重新再請問說：「釋迦牟尼佛為大眾宣說什麼法？」那一尊佛答覆說：「宣說三乘法。」那兩位菩薩又稟白佛陀說：「為何叫作三乘呢？」佛陀答覆說：「就是所說的聲聞乘、辟支佛乘、佛乘，釋迦牟尼佛永遠都是這樣的說法，為大眾演說三乘法。」】

經文：【時彼菩薩復白佛言：「世尊！諸佛說法何故不同？」佛言：「一切諸佛有所說法皆悉同等。」彼諸菩薩復白佛言：「云何同等？」佛言：「不退法輪，一切諸佛皆悉等說。」時彼菩薩復白佛言：「世尊！何以故，釋迦牟

尼佛說三乘法？」佛言：「娑婆世界眾生心多下劣，若說一乘則不能解，是故釋迦牟尼佛以善方便為諸眾生出五濁世，分別說三，引導眾生令入一乘。」】

語譯：【這個時候那兩位菩薩又稟白佛陀說：「世尊！諸佛說法是什麼緣故而有不同呢？」佛陀答覆說：「一切諸佛有所說法，全部都是相同的。」那兩位菩薩又白佛說：「怎麼樣說是相同的呢？」佛陀答覆說：「不退轉的法輪，一切諸佛全部都同樣平等地宣說。」當時那兩位菩薩又稟白佛陀說：「世尊！是以什麼樣的緣故，釋迦牟尼佛演說三乘法呢？」佛陀答覆說：「娑婆世界的眾生心大部分是下劣的，如果演說唯一佛乘就沒有辦法理解或信受；由於這樣的緣故，釋迦牟尼佛以善巧方便，為那一些眾生而出現在五濁惡世，為大家分別演說三乘菩提，引導眾生可以同樣進入唯一佛乘。」】

講義：這個道理倒是要稍微解釋一下，不能單單語譯。如果單看一部經又一部經，就會覺得說法好像不一樣。譬如你以初轉法輪的經典，來看二轉法輪的經典，單從文字表面上看時，會覺得所說互不相同。那如果以二轉法輪的經典來看三轉法輪的經典，就不會覺得有什麼不同，只是層次差別很大；所以讀經不能只讀少數一兩部經典，而應該多讀，這樣才能夠具足瞭解佛法的內涵。可是有個問題很麻煩：「要多讀，哪來的時間多讀？」往往一部經，一生就讀不完了！因爲讀不懂！對吧？對啊！就是讀不懂。可是如果讀懂了呢？喔！千萬小心！（大眾笑…）對！要小心啊！

眞的！別笑，眞的要小心！因爲有的人打三回來，就覺得自己很了不得，好像身光幾十丈一樣，頭光大概可能有兩三丈了，覺得自己很了不得，然後就說：「佛法我都懂了！」這就很危險哪！因爲讀了某一部經典，縱使悟後去讀的，所知也是很有限，這是由於　如來說法成爲經典，祂是從各個層面來講的。整體的佛法是那麼深、那麼廣大，如何可能一時全部說完？所以一定要從各個層面來解說。所以那一部經講的只是那個層面，縱使悟了來讀，也只是知道那個層面；那麼　如來還藉著其他的經典，從不同的層面再來講；也就是說，所有經典都要讀完了，才能具足了知佛法。所以說讀懂了某一部經典，那才危險！因此讀懂了之後，要全部把諸經讀完，你才能夠瞭解佛法的全貌。

但問題是：我出道以來講經、講了幾部？不超過二十部。一生如何能夠全部讀完？我都是想講哪部經，就去讀那部經。《阿含經》我是讀過兩遍，兩千多部我讀了兩遍；但是其他的經典，大乘經典呢？沒有啊！可是爲什麼我能夠瞭解佛法的全貌？我不用寫筆記，一向都是以經本直接上來跟諸位講解。如果要寫筆記才能講，那就不是眞的知道佛法、更不懂得全貌了！你們看，我們講《不退轉法輪經》，幾個字我把它找出來：「不退轉法輪經」六個字（大眾笑⋯⋯），我上週講經的後面講了十幾分鐘，有吧？今天又講了差不多三、四十分鐘，就是「不退轉法輪」，我的經本上面一個字也沒有啊！我有註記是：「一月二十號、二〇一九年、講到位不退」，就這樣。是上回講到哪裡，我就註記一下，沒有講稿。

這就是說：我剛剛講的，要想「得不退法輪」，就要依止善知識。那麼善知識所證的不退也有他的緣由，那就是他至少已經通達了。通達是「入地」的條件之一。那麼通達呢，往世通達了，這一世不必別人教，就有智慧與能力，想方設法來幫助追隨你修學的所有大眾也趕快通達。但是想幫大眾趕快通達，你的時間不過就幾十年，並不是這一世可以活上八萬四千歲！那要怎麼辦？就把《成唯識論》拿來講。當人間還沒有誰講《成唯識論》時，那你得想辦法把它講解並且寫出來。然後《成唯識論》講解完了，再把《根本論》請出來講；因為這是函蓋整體佛法的論，就是把所有的經典、許多的要點，重要的地方集合起來，作一個完整的論述；如果是作比較簡單而完整的論述，那就是《成唯識論》。如果要把它作稍微大一點範圍的論述呢，就要講解《瑜伽師地論》。像這樣，如果大家悟後把這兩部論學完了，完整的佛法就在你心中；可是你還沒有通達之前，那就沒辦法自學，因此就是要依隨善知識來修學。

所以佛法有個完整性，這個完整性是我們正覺所有實證的人都必須盡快把它修學完成的。你對佛法有一個完整的認知和勝解，然後各個部分再一一慢慢去體驗，這樣進步才會快。諸位進步快了，對我好不好？（大眾答：好！）當然很好！你們就不會把我拉著慢慢走，對不對？我有能力拉著你們快點走，就拉你們快點走；未來你們越來越有腳力時，我就越來越輕鬆了；這是互利的行爲，所以菩薩沒有吝法這回事！

因此說，講到這一段經文時，爲什麼要講「三乘菩提」？因爲五濁惡世的眾生智慧不足，歲月也不夠，一生不過百歲，少出多減；在這種情況下，你得要區分爲三乘菩提；如果有因緣實證的人就趕快幫他實證，從聲聞菩提、緣覺菩提、大乘菩提次第往上走。這三乘菩提都有所實證了，要設法讓大家趕快建立起整體佛法的輪廓；心中輪廓分明了，人天善法在這個部分，二乘菩提在另一個部分，大乘菩提在那個部分，諸法的位置分明清楚而不混雜，這就是「**法住法位、法爾如是**」；然後大乘菩提是如何函蓋二乘菩提，如何函蓋人天善法的，這些整體概念都有了，輪廓分明了，就知道自己現在修到什麼地步，還欠缺什麼，應該要修什麼、學什麼。

當大家在這方面進步都很快速的時候，那就是眾生的大利益。因爲當大家將來十生、百生、千生之後，就是可以出世當大法主的時候，表示有許多眾生可以在出世間法中得到利樂。因爲那個時候，可能你們都能夠被 佛陀所指派，到某一個世界去住持正法，這樣對很多的眾生有利益。所以在五濁惡世眾生人壽不足、智慧也不足的時候，只有區分成三乘菩提來宣說，大家才容易實證；然後繼之以三乘菩提各部經典一一宣說，讓大家具足瞭解和勝解。所以「唯一佛乘」不能像一般的淨土世界那樣就直接開始講，一定要區分為「三乘菩提」，這樣才能引導眾生令入「一乘」。今天講到這裡。

《不退轉法輪經》我們上週講到第四頁第一段。我希望仍然保持比較快的速度，在事相上面，速度還是快一點的好，我們可以盡快進入了義法的部分。照說這樣是不太如法的，是有一點兒不恭敬的；但因為前面說法因緣的部分以及當場的某些事相，我們在已往講的很多部經中，都已經講解過了；所以在這部經裡面原則上不要再重複地解釋，這些部分就會盡快地講解過去。那諸位就把五十年當作一天過去，以這樣的想法，我們可以快一點進入了義法的部分。今天就從第四頁的第二段開始。

經文：【時二菩薩白佛言：「世尊！釋迦牟尼佛說法為最甚難。」佛言：「釋迦牟尼佛說法實為甚難。」善音、善聲菩薩白佛言：「世尊！我等今者快得善

利，不生如是下劣惡國。」爾時佛答二菩薩言：「莫作是語，當疾捨離。」善音、善聲菩薩復白佛言：「世尊！以何因緣令捨是語？彼惡世中說此法難，以是故，我等今者不生喜樂。」佛言：「於此世界二十億那由他劫修諸善根，不如娑婆世界於一食頃與諸般若波羅蜜相應，令一眾生歸依三寶受持五戒，遠離聲聞、辟支佛心，使發無上菩提道意，甚難於彼二十億那由他劫者；況復有能勸人出家讚歎功德，廣為說法令出三界，作如是教、逮得己利，修習善法入諸禪定；何以故？此諸眾生，多為煩惱之所濁亂。」】

講義：上週最後一段，兩位菩薩請問　善住光華開敷如來說：「為什麼釋迦牟尼佛要說三乘法？」佛就告訴他們說：「因為娑婆世界眾生的心比較下劣，不能直接宣說唯一佛乘，所以要分成三乘；等到因緣成熟了，再從二乘菩提引入大乘菩提中。」

由於有人是從這一部《不退轉法輪經》開講，才來正覺聽經的，我還是得要稍微說明一下：諸佛世界不是全都像我們娑婆這樣的世界，於五濁惡世而有　佛來降生示現，這是很少數的狀況；必須有大慈大悲，還要往昔有大願才作得到，因此到這裡來說法時就不同於純一清淨的佛世界。在純一清淨的佛世界中，直接就是向大乘佛法修學，所以該如何修？從十信位開始；諸佛就從十信位開始講起，然後講初住位，講二住、三住位，一直到七住、八住等，直接講到佛地去。那諸位不用替他們發愁說：「這要聽到什麼時候才能聽完？」因爲那種純一清淨世界，人壽很長，動輒十萬歲、二十萬歲、五百萬歲……，因此可以慢慢講。

如果在這裡就不行！在娑婆世界若是這樣講，而且要具足宣說時，老實講，整整八十歲還不夠！那麼這裡的世界與眾生由於五濁的緣故，特別是命濁和見濁，所以不能直接就開講「唯一佛乘」，必須要藉著二乘菩提，佐以人天善法一起來宣說，讓大家可以親自體驗：確實可以出離三界解脫生死苦。當大家那樣實證了，然後有信心，如來所說莫不信受，這時候才可以教他修學大乘菩提。

這等於是把很長的修證時間，包括聞、思、修、證四個階段濃縮在幾十年裡面完成，就必須分成三乘菩提來宣講；這也是不得不然，因爲這裡的眾生有五濁的因緣，就得如是。但是從他方世界的佛弟子們來看，如果剛開始只看到表相，他們會覺得奇怪：佛教的修行明明就是一個大乘菩提，就是佛菩提道呀！爲什麼還要分成三乘來講？看來這娑婆世界的 世尊未免也太辛苦了吧！然後一定對娑婆世界不歡喜。而且事相上也令人不喜，因爲這個世界是污濁、不清淨的。這兩位菩薩直接想到的，就是這個道理，但他們沒有想到背後的緣由。

語譯：【所以這兩位菩薩就向善住光華開敷佛稟告說：「世尊！釋迦牟尼佛在娑婆世界說法，那是最爲困難的事啊！」佛答覆他們說：「釋迦牟尼佛爲眾生說法確實很困難。」善音、善聲兩位菩薩就稟白善住光華開敷佛說：「世尊！我們兩個人如今覺得好快樂！眞是得到了最好的利益，因爲我們沒有出生在那種下劣的國度。」這時候善住光華開敷佛就答覆他們兩位菩薩說：「你們不要講這樣的話，應該把這樣的想法趕快棄捨。」這時候善音、善聲兩位菩薩又稟白佛陀說：「世尊！到底是什麼緣故，您要叫我們捨掉這樣的話？在那個五濁惡世裡面，演說這個佛法是那樣的困難，由於這樣的緣故，我們如今對那個國度沒有產生歡喜心、快樂的心。」那位佛陀就告訴他們說：「我們在這個世界經過二十億個那由他劫來修行、修集各種的善根，不如在娑婆世界只要在吃一頓飯的時間，能跟般若波羅蜜相應，而能夠使一個眾生歸依三寶、受持五戒，並且遠離聲聞心和辟支佛心，使他們發起佛菩提道的無上道意，我說的『甚難於彼二十億那由他劫』還有其他的意思；是說何況是還有人能勸別人出家、讚歎出家的功德，廣為眾生說法而度他們證得出離三界的解脫果，作這樣的教導、而讓眾生能夠得到對自己有利益的事，而且能修學、熏習各種善法，進入各種禪定的境界中；為什麼這樣說呢？這一些娑婆世界的眾生，大多是被煩惱所污濁、所擾亂的緣故。」】

講義：諸位現在有沒有覺得說，生在娑婆世界很好？別光只是笑啊！有就說有嘛！（眾答：有！）對啊！大家都沒想到這一點。他們那兩位大菩薩就沒看到這一點，只看到表相，就說：「哇！在娑婆世界那裡當世尊，太辛苦了！」沒想到 善住光華開敷佛馬上勸令他們：「趕快把這種話捨棄！」就是要他們收回。但他們一時不懂，所以認為說：「在那五濁惡世裡面，在那裡為眾生說法太難了！所以我們不想要去那裡。我們對那裡連想都不想！所以對五濁惡世的娑婆世界不生喜樂。」沒想到 善住光華開敷佛就告訴他們：「你們大眾在這個淨土世界二十億個那由他劫，」不是二十億劫喔！是二十億個那由他劫，「修諸善根，還不如在娑婆世界吃一頓飯的時間，在那麼短的時間跟各種智慧到彼岸的正法相應。」

想想看哪：在那裡修行求開悟需要多久呢？但在這裡開悟真的是一頓飯的時間而已啊！（大眾笑…）對吧？「禪三」四天三夜，跟我吃飯就悟了，就這麼一頓飯哪！然後過堂以後的小參，監香老師說：「欸！你怎麼就會了？」很驚訝問他，因為過堂前小參時都還不會呢！他就說：「我在過堂的時候，導師說怎麼樣、怎麼樣啊，我就會了！」真的是「一食頃」。可是你如果在純一清淨世界，諸佛如來不太用教外別傳的法指導，就純粹說法。那你如果熏習很多了（說真的，真的要熏習很多），然後才在聞法或日常生活中一念相應，才能悟入。

有時候想一想說，在娑婆世界追隨 釋迦如來，真幸福啊！真的叫作「化長劫入短劫」，因為 世尊不是只有宣講大般若的義理，當祂宣講摩訶般若的過程中，因為那要講很久，那麼大家追隨聽講的過程中，在講經以外的時間，有時 世尊就會給予機鋒。如果 世尊給了機鋒大家都不懂，有時菩薩就來幫忙。我講過很多遍 世尊跟天帝釋提桓因的例子。比如有一天走在路上，世尊突然撿了一根樹枝，就在地上畫一個圈圈，然後就說：「**此處宜建梵剎。**」說這個地方，很適合建立一所清淨的寺院。大眾當時並不瞭解，釋提桓因正好來奉侍 如來，他聽了就去路邊摘了一根草，往那畫圈的沙地上一插，隨即合掌稟告 世尊：「**梵剎建竟！**」說一所清淨的寺院已經蓋好了。當下會的就會了，還不用「**一食頃**」，多快！可是你若在純一清淨世界，跟著諸佛如來學佛，那是好整以暇為你演說諸經；然後你何時相應，就是你自己的事情。

所以在那裡「**修諸善根**」，善根有五個：信、進、念、定、慧。從信根到慧根五個善根，那你得要慢慢聽經，聽很久以後，終於從信根發展到慧根；然後再從五善根發展成信力、精進力乃至慧力，那時候你才能悟入般若。所以在那一種純一清淨世界，二十億個那由他劫修集各種善根，不如在娑婆世界努力修行於吃一餐飯的時間與般若相應。如果是純一清淨世界的菩薩聽到我這裡講的，還沒有聽到後面，他們會想：「你們娑婆世界的飯有什麼好吃？（大眾笑…）那是不清淨的食物！我們才不稀罕！」欸！等到我繼續講下去，他們可後悔了；因爲在這裡吃一餐飯，有很多的因緣可以讓你悟入。雖然那飯都是土長出來的，不清淨！尤其長出來的過程都還澆糞，或是由糞等不清淨的物質製成的黑顆粒肥料幫助生長的；所以娑婆世界的眾生都是吃土長大的，但是吃這一頓飯往往就能夠與「般若波羅蜜」相應。

當你和「般若波羅蜜」相應了，你就跟「布施波羅蜜」相應，也跟「持戒波羅蜜」相應，乃至跟「靜慮波羅蜜」相應；每一度都通，這就是「與諸般若波羅蜜相應」——每一度裡面都有般若。如果在純一清淨世界，那你就慢慢等吧！反正你能活二十萬歲或是活無量歲，不急啊！不但諸佛如來這樣想，學的人也會這樣想：「我這一生目前活了十萬歲，那我未來還有十萬歲或無量歲可以活，急什麼？」諸菩薩也會這樣想說：「眾生就是這樣想的，就慢慢悟吧！」那時　如來當然也不用急，反正還有十萬歲或無量歲可以活，急什麼？可是在這裡，佛菩薩就不這樣看，要適應這裡的眾生。想一想：如果你這一世活一百歲，現在已經六十歲了，那不幫你快一點悟入不行！所以呢，就有許多的方便施設來幫助你。那麼這樣一來，你是要去活在那二十萬歲之時，還是活這一百歲？啊！你們都是要活這裡的一百歲喔？

對啊！比如我早期講「禪淨圓融」，可以說是佛教界第一次有人提出來：速行道與緩行道、易行道與難行道，以前沒有人講啊！所以生在這個娑婆世界，有很多的因緣可以證悟；不過這麼「**一食頃**」，就能「**與諸般若波羅蜜相應**」。如果「**與諸般若波羅蜜相應**」，每一度都是三輪體空，六度就通了；那麼布施時三輪體空，當你從所證的如來藏來看「布施」這件事，既沒有布施的人，沒有受施的人，也沒有布施這回事。同樣的道理，你從如來藏來看「持戒」這件事，沒有持戒的人，沒有持戒的對象，而且也沒有持戒這件事；所以布施這件事，也沒有所謂對眾生無畏布施的事，也是三輪體空。乃至忍辱、精進、靜慮、般若莫不如是，全都三輪體空；這時候就叫作「**與諸般若波羅蜜相應**」，六度全都是波羅蜜，不是只有般若才叫作波羅蜜。

這時候有慧眼，悟後繼續作觀行，越來越深入；從如來藏的各個別相去觀行，有很好的別相智了，可以出來教導有情；本來只是一個很平凡的人，看起來也沒什麼；沒想到這一悟了，說法滔滔不絕，連聲聞阿羅漢都聽不懂，這時候可以度人了。度人的時候，大家只有仰慕你的分兒，沒有質難的資格！這時候要教導一個眾生歸依三寶、受持五戒不爲難事；眾生看到你這麼有智慧，他們很仰慕，希望自己也能到達這個境界。那他們跟著你修學，你教導他們說：「你們要先歸依三寶，得是個佛弟子才成；如果是個外道，我不幫你實證，因爲這是如來家中最尊貴的珍寶。」那時你叫他們歸依三寶，他們就歸依啊！歸依之後你跟他們說：「這樣還不能證得這個智慧境界，條件還不夠！你們得要再受持五戒。」他們聽了，就乖乖受戒。五戒受持久了，天天習慣了五戒，你仍繼續教導他們：「這個法是菩薩法，如來不傳給聲聞阿羅漢的。你們如果想要得這個法，先把聲聞法、緣覺法學好了，但是不能落入聲聞心、辟支佛心，得要發無上正等正覺心。」也就是叫他們發「四宏誓願」。他們聽了，也就乖乖去發心了。

我們現在三歸依時都叫大家要發四宏誓願，儀軌中就已安排好了，但古時不是這樣的。古時三歸是由信眾聞法之後，自行在佛前胡跪合掌說：「我今歸依佛、歸依法、歸依僧，爲優婆塞（如果女眾就說「爲優婆夷」），盡形壽受持五戒。」以前是這樣的，沒有儀軌，就自己在佛前這樣長跪合掌，或者胡跪叉手，自己宣誓，同時要自己受五戒；這樣說完就是佛弟子了。但現在不一樣，三歸時的儀軌就把這四宏誓願也放進去了。

但以前是三歸之後繼續學法，學聲聞法、學緣覺法、學菩薩法；等到有一天，他想要實證了，就叫他發「無上菩提道意」，也就是發「四宏誓願」。那時候「佛道無上誓願成」得發了！可是單發這一願不作數，還得要其他三個願一起發。發了這四個大願，表示他將來證得羅漢果的時候，不可以入無餘涅槃。如果發了四宏誓願，證羅漢果就想要入涅槃了，任何菩薩都會趕來，在他入涅槃前打他巴掌，要把他打醒；然後就質問他：「佛道無上誓願成，你要自食其言嗎？還有很多煩惱你沒有斷，你不斷嗎？還有很多法要學，你不學嗎？還有很多眾生等著你度，你不度嗎？四宏誓願忘了嗎？」這時候他就會清醒，再也不入涅槃了。所以在大乘法中，三歸依之後，沒有誰可以再入無餘涅槃；如果入涅槃，那就叫作言而無信、出爾反爾，也等於拿刀子割自己的肉吃一樣的愚癡。

所以當他發起「無上菩提道意」，菩薩道的陣容又增加了一分，這只有在娑婆世界才容易辦到。你如果是在純一清淨的佛世界，在那種淨土世界，要叫一個人發「無上菩提道意」並不容易，因為人壽很長。不曉得你們有沒有留意到，釋迦如來為我們說法時有舉出很多世界，也舉出某一些聖弟子被祂授記將來成佛。其他的清淨純一世界中，眾生的壽命很長，但是正法流傳的時間往往等於眾生一世的壽命就沒有了，不是像我們的世界可以流傳好幾世或好幾倍。我們正法有五百年、像法有一千年、末法是一萬年，但人壽不過百歲，那真的是很多倍。可是那種純一清淨世界，假使佛壽十萬歲，捨壽入涅槃之後，正法繼續住世十萬歲，然後就沒了！為什麼會這樣？因為人壽十萬歲的日子過得很安逸，人們不太會跟解脫之法相應，大家覺得日子很好過。那麼這一世十萬歲過完了，下一世照樣十萬歲這麼好過，大不了減一歲，那有什麼關係？沒什麼關係呀！所以那一些與正法有緣的人捨報之後，他們最多再來一世，就不再來了！追隨諸佛去了！所以正法住世就等於那個地方、那個世界人的壽命一倍而已；不過話說回來，即使一倍，也比我們一萬一千五百年多很久了，所以你要叫他學佛很困難！因此你要叫他們發「四宏誓願」並不容易。

那麼 善住光華開敷佛就說：「**我為什麼會說『甚難於彼二十億那由他劫』呢？因為在娑婆世界那種五濁惡世，它的好處不僅止如此；如果有人這樣度化眾生，令眾生於一食頃與諸般若波羅蜜相應之後，這樣繼續度化眾生；甚至於進一步，有人能夠勸某些人出家，而且讚歎出家的功德，廣泛地為大眾說法，使大家可以證得出三界的解脫果，**」意思就是說，娑婆世界的善知識不會只有一個人獨善其身，會度大眾發「**無上菩提道意**」，而且教導他們學法，遠離聲聞心、辟支佛心，教他們出家修行，教導他們解脫道可以出離三界生死，再教導他們同樣證悟而「**與諸般若波羅蜜相應**」；這樣繼續教導，可以讓更多人得到對自己眞正有利益的事。

教導他們悟了以後，還教導他們如何證得四禪八定。在證得四禪八定之前，得要先教他們修習善法；沒有修學熏習善法，不可能證得禪定的，最多就是未到地定。硬修得來的禪定功夫，發不起初禪，二禪就別提了！經文這麼講都有道理，因爲要先降伏五蓋，成就清淨的梵行，才能發起初禪。如果已經斷三結，而且又明心了，那就不是降伏五蓋，而叫作「斷除五蓋」，梵行已經建立了，然後才能發起初禪。

有了初禪，可以進修二禪，有了二禪可以進修三禪，乃至修得非想非非想定，斷我見時便能取證滅盡定。在娑婆世界可以這樣自修自悟而得度，而且還可以度眾生同樣悟入，如此轉化他人；像這樣的功德在純一清淨的佛國淨土中，想要達到的話，那是遠比二十億那由他劫修諸善根還要更難過很多倍，所以說「甚難於彼二十億那由他劫者」。善住光華開敷如來又解釋說：「在娑婆世界要度眾生，像這樣子逮得己利，修習善法入諸禪定，是很不容易的事；而如果能夠作到，當然『甚難於彼二十億那由他劫者』，因爲五濁惡世的這些眾生，大多數被煩惱所污濁、被煩惱所擾亂。」

事實就是這樣啊！所以你們進入增上班修學一段時間之後，到了外面去，看見會外那些出家人時往往就搖頭。但是別這樣！因爲他們被煩惱之所濁亂是正常的事。你在增上班修到今天，發覺自己煩惱很少了，那是因爲你有這個福德斷三縛結，又證悟明心；然後每兩週到增上班來，我不斷地爲你補充營養加強斷煩惱的力量，使你今天可以少諸煩惱；但他們不行啊！他們連斷三縛結都達不到。所以呢，以後不要路上看了人就介紹說：**「欸！正覺多麼好，你趕快來學！」**他們大部分人都是沒因緣的！

所以你得如何給他因緣，讓他慢慢去體會。當他對自己有信心了，才能進入正覺。這時我倒是想起以前弘揚月溪法師的邪法那一群人，他們說的道理我大部分不同意，就只有一個部分我同意，他們約我相見時最後曾說：**「蕭老師您這個法，就像金字塔頂端那個部分，能學的人最多不超過百分之五，大約就是百分之五；但其他百分之九十五的人，沒那個條件或智慧學您這個法。」**但我現在想：他們可能都覺得連自己也還沒辦法學正覺這個法，所以這一句話我是同意的。

因為這裡的眾生都被煩惱所汙濁、所擾亂，要學這種了義法、究竟法很困難！可是在這樣的狀況下，你們竟然有不少人可以悟入，而且可以教導眾生，使很多人來歸依三寶、受持五戒，遠離聲聞心、辟支佛心，還發起菩薩性，還能夠發起四宏誓願，並且還能夠實證；這個眞的很難啦！你只要度一個人可以達到這樣，就超過他們在那個世界「**二十億那由他劫修諸善根**」的人很多倍。因為「**二十億那由他劫修諸善根**」，確實及不上在娑婆世界的「**一食頃**」之中證悟。

如果「**一食頃**」證悟之後，又能夠度眾生一個人歸依三寶、受持五戒、遠離聲聞、緣覺心，能夠發無上正等正覺心，又能夠實證；度這樣一個人，那就超過度無數人成阿羅漢了，當然是超過在那清淨世界「**二十億那由他劫修諸善根**」的人很多倍！如果像我今天度得你們這麼多人，而且增上班已經五百多人了！目前沒有一個人當逃兵，跟我說：「**我想想以後還是要入無餘涅槃算了。**」都沒有！一個都沒有！那你說，我這一世修得的這個功德，超過善音、善聲兩位菩薩多少倍？他們修「**二十億那由他劫**」，還及不上我度一個人入增上班！那我度這麼多人當親教師了，這樣想起來，你們還有沒有意願想要往生諸佛如來的純一清淨世界？沒有了！

所以不要老是抱怨：「哇！這裡為什麼冷的時候那麼冷，熱起來是那麼熱！」出去作義工也是修集善根，就不要嫌說：「哇！我今天汗衫換兩件了，眞辛苦！」可是你如果想回來，我這麼作半天，就超過那裡「二十億那由他劫修諸善根」，這樣作起來會不會歡喜一點？（眾答：會！）對了！

還有一件事情很多人沒想到，就像經中說的：釋迦如來讚歎諸佛如來的世界，還特別介紹西方極樂世界給大家。可是極樂世界就沒有人想要來娑婆世界嗎？因為 阿彌陀佛也會介紹娑婆世界的情況啊。所以《楞伽經》授記：龍樹菩薩捨壽後會往生極樂世界。但他回不回來？一定很快就回來了。為什麼要回來？因為娑婆世界利益殊勝啊！那他到底回來了沒有？（有答：「回來了！」大眾笑…）誰講的？眞的欸！他回來了！諸位不用擔心。但我在，他就不會強出頭了，也許就躲在色究竟天，也許就在會裡默默修行，只是這樣而已。

十方諸佛世界諸如來都會介紹說，在娑婆世界修行有什麼利益，同時也會有但書——會告訴他們：但是那裡修行很辛苦！所以正覺名聲在外，不是只有這個地球上的佛教界知道而已！正覺所作的事，諸佛如來都看著，不要以為說沒人知道，我們眞的名聲在外。那麼名聲在外，我們就不能丟了　釋迦老爸的面子。釋迦老爸也不允許我們丟祂的面子，雖然祂的境界中沒有面子。所以我們正覺同修會的事情，釋迦老子一直照看著。因此，我們將會有一個舍利供奉法會，先偷偷告訴你們（大眾笑…），這表示　釋迦老爸很關心，才賜給我們那麼多的舍利！那舍利很會跳！我一不小心，在瓶子口稍微高一點的地方掉了，它掉到瓶底又跳出瓶外來。現在暫時就不談它了。

這表示正覺同修會的存在，它的實質、它的本質是諸佛如來所關心的。能夠度五百多人證悟，自古以來都不是小事；證悟後又設法攝受大眾而不退轉，這也不是小事！假使我還有可能達成目標，把那一百零八顆「明心」又「見性」的無形瓔珞掛在胸前，這串瓔珞可眞珍貴啊！打破紀錄了！十方世界善知識要破這個紀錄也難。但是你們不可以說：「難道老師在見性這關一定會幫我的忙？」你們也得讓我幫得上忙才行。這是題外話，就不談它。

所以從這一段經文裡面告訴我們說，這個娑婆世界的有情雖然生活辛苦、修道辛苦，但在佛菩提道的修行上面來說，是非常幸福的，而這個幸福的源頭就是 釋迦老爸。因爲很少有人願意在人壽百歲的五濁惡世來示現成佛的，但祂就是願意；那我們常常去體會祂老人家這個想法、這個態度，以後你弘法時，人家怎麼毀謗你，你都不會生氣；你想到的是怎麼樣去救他，不會對他生氣。這是眞的！所以我不曾對退轉的人、謗法的人生氣過。現在臺灣佛教界大概都知道：怎麼誹謗我都不會生氣，所以他們現在不謗我了。那是好事！因爲我從來不生氣，而這事情只會讓我想到：「**他們造的口業將來怎麼辦？**」我只會想到這個。

所以我要設法把法說得更深廣，讓他們更瞭解，趕快在死前懺悔，不要墮落三惡道；那未來世我又多一個弟子，至少不會再少一個弟子，那是多棒的事！那是救他好幾世；救他一個人就等於救很多人，因爲他有未來好幾世會住在三惡道中，那麼一世算一個人，救他一人就等於救很多人了！這個算盤要會打。救人一命，勝造……（眾答：七級浮屠。）諸位都知道。那我造了多少座七級浮屠了？想想就知道。因為有的人來當面懺悔，有人寫信來懺悔，有的在網路上懺悔；也有的人自己在佛前懺悔，我們不一定知道，那我就造了很多七級的浮屠。

可是造了那麼多浮屠，不如度一個人證悟，永遠以菩薩性行道。度一萬個人成阿羅漢，不如度一個人發菩薩性；何況我度了這麼多人發菩薩性、還證悟了！所以從這裡瞭解以後，就不必跟那些大山頭比較說：他們為何規模那麼大？我們正覺是了義的、究竟的正法，為什麼規模這麼小？都不用抱怨！他們都不夠大，因為他們的名聲傳不出這個地球！我們卻已經名聲傳出娑婆世界了，只是你們不知道而已；我知道，告訴諸位。所以開始有他方世界的菩薩們，發願要到這裡來，有的已經來了，他們現在大概一歲多了！（大眾笑…）這是事實。這樣瞭解了以後，可以在正覺安單了，再也不遷單！就算我要趕你走，你也不走了！那麼 善住光華開敷佛開示完了，這兩位菩薩還是會有疑惑，因為他們不知道娑婆世界的狀況。那他們又怎麼請示呢？

經文：【是二菩薩復白佛言：「世尊！云何於彼世界諸眾生等，多為煩惱而濁亂耶？」佛言：「若我盡壽更為汝等說娑婆世界眾生濁亂，貪欲、瞋恚、愚癡無量諸惡不善諸法，猶不可盡，唯佛能知業報善惡。」爾時善音、善聲彼菩薩等俱共歎言：「是眞釋迦牟尼佛！是眞釋師子！是眞釋仙！」作如是等三種讚歎：「善哉說法，善知心念，亦為廣說諸不善法貪欲、瞋恚、愚癡、邪見、無量諸惡，巧說善趣及向聲聞、辟支佛道，皆歸於佛，成就佛智第一清淨，發菩提心，隨順解說，入佛智慧。為諸眾生，成熟善根，心無所染。」彼諸菩薩皆悉共取七寶蓮華若干種色，有百千萬億葉，如金剛藏寶，天紺琉璃為鬚，龍堅栴檀為臺，眾寶為莖，不著塵水。眼識所知其華微妙，於虛空中而自迴轉不可執持，猶如影幻從業報生，亦從解脫諸三昧生。於虛空中取已，遙散娑婆世界釋迦牟尼佛上；持諸華鬘華蓋悉是眾寶，亦有寶雲、寶蓋及雜綵繒蓋、末香、塗香、無量種色，供養釋迦牟尼佛已，五體投地向佛作禮，皆作是言：「南無釋迦牟尼佛！此娑婆世界菩薩摩訶薩莊嚴大乘，精進無

菩提心，而隨順眾生的心性加以解說，使眾生能進入佛的智慧中。世尊為諸眾生的善根可以成熟，而心中都無所染污。」於是在現場的這一些菩薩們大家都共同擷取了七寶蓮花，這些七寶蓮花有各種的顏色，每一朵都有百千萬億的花瓣，猶如金剛藏寶，以天界的青琉璃為鬚，以龍堅栴檀作為花中的寶臺，並且這些蓮花都以各種的眾寶來製作成為花莖，這些蓮花都不會染著灰塵與水。從眼識之所見，那些花非常的微妙，在虛空中自己迴轉著，不是用手可以執持的；這些花猶如影子幻化一般，是從業報所出生，也是從解脫的各種三昧中出生的。彼諸菩薩從虛空中取了蓮花之後，就遙遙地投散到娑婆世界釋迦牟尼佛的佛土，來到釋迦牟尼佛的上方空中；這時候他們就另外執持了花鬘和花蓋，全部都是眾寶所成就的，也有寶雲和寶蓋以及雜綵繒蓋，而且末香、塗香也有無量種的顏色，來供養釋迦牟尼佛之後，大眾五體投地，向娑婆世界釋迦牟尼佛作禮，都這樣子說：「歸命釋迦牟尼佛！這娑婆世界的菩薩摩訶薩們莊嚴了大乘菩提，他們也精進而沒有懈怠，修集各種的功德，都能護持過去、未來、現在諸佛的一切正法；為了想要拔濟苦惱的眾生，大家都用佛法作出了廣大的照明，同樣都住於唯一佛乘中；我們這些菩薩們都想要前往娑婆世界拜見釋迦牟尼佛，以及娑婆世界的諸大菩薩摩訶薩等眾；我們想要與諸菩薩以大莊嚴而自莊嚴，和那些娑婆世界的菩薩摩訶薩一樣，為了紹隆如來的種姓，使如來種姓永不斷絕。」】

講義：這是說他們終於知道，在娑婆世界度眾生很不容易，因為娑婆世界的有情大多數被三毒煩惱所擾亂、所污濁，有情的心大多數不清淨。心不清淨是五濁惡世眾生的正常現象，所以我們看見很多還在十信位的佛弟子有不清淨的行為，要當作是正常事，不要嫌棄他們；只要把正法的因緣傳遞給他們就好，不要對他們有所要求，我們應當寬容一點。

所以這世界可以看見的是：喇嘛教風行於全球，這也是正常事，尤其他們度了一些歐美的電影明星。為什麼他們很容易度那些電影明星呢？因為電影明星的生活很雜亂，講好聽一點叫作生活內容很豐富精彩。那他們喜歡的是各種聲光、幻影的境界，所以電影明星離婚、結婚，再離婚、再結婚都是很正常的事。那喇嘛教講的是無上瑜伽、大樂光明等雙身法，正是投其所好，所以他們很容易度得電影明星；但是電影明星要進正覺來，可就困難重重！因此他們很容易度那一些名人，而那些名人再一號召，就有更多影迷也跟著迷信！然而「迷」就是沒智慧，所以咱們不當影迷，咱們也不當歌迷，各種迷都不當，因爲我們有智慧。

這就表示五濁惡世中，喇嘛教風行全球是正常的，更何況背後還有政治勢力運作，所以諸位不用抱怨，我們努力作到哪裡算哪裡。期待的是，可以讓喇嘛教的那些人——上從法王、下到信徒，都可以瞭解喇嘛教那些法並不是佛法！促使他們回歸佛法。這一世若不能回歸，先把正法種子種下去，讓他們下一世回歸也就行了。所以我們也不要歧視他們，要憐憫他們，這心態一定要正確地建立起來。

但因爲這兩位菩薩不知道五濁惡世的娑婆世界是這樣的情況，所以他們提出來問，善住光華開敷佛就爲他們說明：「**縱使我盡形壽爲你們說明，娑婆世界的眾生是多麼濁亂，經由貪、瞋、癡而引生的各種無量的、惡劣的不善法還是講不完的。**」他們的壽命非常長，盡形壽來講也說不完，所以我們這個世界有一句成語說「無奇不有」，什麼狀況都會發生；有這一句話記在心裡，如果你哪一天看見有個增上班的同修，突然間不自覺地就出現一種不好的狀態，你得要能夠接受，找機會私下跟他勸導就好，因爲這個世界無奇不有。

你們看以前牛呞比丘是阿羅漢，他吃飯都像牛一樣，腳還眞的有點像牛的蹄，所以 如來叫他去天上，不要住在人間，免得眾生毀謗就下地獄了！眞的叫作無奇不有。因爲這裡的眾生本來就是被五濁之法所擾亂，所以那位孫陀羅難陀成阿羅漢以後，有一天又想起他漂亮的老婆，於是又還俗退回三果去了；三個月中極盡五欲之後才回來僧團中，再也不退於阿羅漢。眞的無奇不有，沒什麼可奇怪的！得要這樣看，因爲這裡的環境就是這樣。

所以，如果眞要把各種奇奇怪怪的事情具足宣說，還眞的說不盡；不像純一清淨世界，根本想像不到會有這些事情。所以 善住光華開敷如來最後講了一個結論：「唯佛能知業報善惡。」換句話說，一切事的因果就像 釋迦如來說的：唯佛與佛乃能知之。很多事情只看表相都看不準，有的事情是這一世造的因，有的事情是承受往世的果，所以看事情不能一概而論；不能看見表相就下結論，因爲眼見不足以爲憑。

就如以前臺灣白曉燕被殺，有的法師就出來講：「**那一定是她往世怎麼樣，所以現在被殺了。**」害她母親白冰冰氣得要死！老實說，她有資格生氣：「**你出來說這一句話時，有看見往世的因嗎？憑什麼說我女兒被殺是活該領受的果報？**」所以你如果沒有天眼看見往世的事，不知道因果就不要下斷言。即使有天眼，也不一定準，因爲也許那個因是一萬大劫前的事，而他的天眼只能看見過去三世、十世以內，差太遠了，怎麼能知道她有沒有前因？所以看事情不能只從眼見就下定論，也不能單用天眼所見就下定論。

因此說，一切事情的因果那是要具足「一切種智」以後，才能全部正確觀察出來的，有天眼還看不見那個因。譬如一隻鴿子，舍利弗看到八萬大劫，說八萬大劫前牠還是鴿子。那牠爲什麼會當鴿子？一定有前因，可是超過八萬大劫舍利弗看不見！每一個有情之所以成爲某一種有情，不能當人，都有牠們的前因；業報未盡之前，一定得在三惡道中。但是有八萬大劫的天眼通、宿命通，也只能看到八萬大劫，超過了，也不知道！所以那隻鴿子爲什麼現在還在當鴿子？看不見哪！那如果他有一萬大劫的天眼通，看見的事情是三千劫前有關的事情，當然他可以斷言那個有情造了什麼前因。所以並不是修得天眼通、宿命通時就可以跟人家斷言呢！如果斷言錯了，也是一件口業！未來世也許他成佛的時候，那個人被他造了口業，現在來了，正好又造一件口業還給他。他已經成佛了，那時一看就說：「喔！我往世講錯了，合該現在被毀謗。」所以因果的事唯佛與佛乃能盡知，何況一般人所謂的宿命通，通常都是假的。這就是說，看來是善事，也許它是一件惡事；看來是惡事，也許它是一件善事；光看表面是不準確的，要看到它背後的本質才好下斷言。

那麼　善住光華開敷如來這樣簡單開示完了，這兩位菩薩也是有智慧的人，趕快讚歎：「這是眞正的能仁寂靜如來呀！」「釋迦牟尼佛」就是「能仁寂靜佛」；必須是眞正的能仁寂靜，才能夠在五濁惡世出離人間的污濁哪！否則五濁惡世是沒有什麼佛想要來的，因爲在這裡成佛是很辛苦的。諸位看看：釋迦如來成道，從菩提伽耶去到鹿野苑，我們當年去朝禮聖地時坐遊覽車五個鐘頭，祂就走路去度五比丘；那時候的路還不像現在的路這麼好走，而且你有鞋子穿，如來可是打赤腳的喔！所以在這裡成佛，五濁惡世成佛是不容易的，當然是能仁；而且心地得要很寂靜，否則辦不到，往往不一會兒就動心了。所以他們讚歎說：「**是眞釋迦牟尼佛！果然是釋迦！果然是牟尼！**」那這樣的 如來能夠出於五濁惡世無所畏懼，這不就是獅子嗎？一定是獅王！千萬別懷疑這一點。

如來在世，凡有外道謗佛，如來會親自找上門去說法，幫外道滅除罪業。如來往往去到外道那裡，就跟外道講：「**你放話說要用我瞿曇的法來破我瞿曇，現在不用，我就用你的外道法來破你。**」外道怎麼能懂佛法？所知的佛法當然是相似法，而他們不知道 如來是一切智者，敢誇得大口，如來就用他們的法去把他們破了。當年大部分外道都懂得懺悔，懺悔就不必下墮地獄了，因爲 如來當面接受他的懺悔，所以眞的叫作獅王。

且不說 如來是獅王，無所能敵，沒有人敢來匹敵！單說獅王的兒子我，這「法義辨正無遮大會」的聲明在書中貼出去，《邪見與佛法》每一刷都印上去，印了將近二十年了，沒看見一隻狐狸來，連一隻貓都沒有！所以千萬不要懷疑 釋迦牟尼佛是獅王，眞的是法上之王，這才是眞正的法王。密宗那些法王還不如一隻三腳貓！我這話說得很重，而且是公開說的，但我沒有輕蔑心，我的目的是要說明他們什麼佛法都不懂！如果這話刺到他們的心，害他們法王們都在淌血，那最好！他們就該發憤圖強，好好來研讀正覺的書籍，趕快提升自己。所以 釋迦牟尼佛眞的是法中的獅王，無人能敵。

他們的讚歎眞的有道理，最後又讚歎一種說：「**是眞釋仙！**」在道教裡面，很多神仙他們是如何稱呼 釋迦牟尼佛的？都叫作「大羅金仙」。欸！你們有聽過，叫作「大羅金仙」。「羅」是表示一個很大的世界。你把「羅」字拆開就是兩個字，四維，東、西、南、北都函蓋在內，表示每一個地方都被函蓋到了；而且叫作大，所以叫作大羅。那爲什麼叫作金仙？因爲 如來散放出來的是黃澄澄的光明，是金光。有沒有實證，瞞不了人的，所有的天人都看得清清楚楚；一切神仙有天眼，他們也都看得清清楚楚。

所以那些喇嘛們要瞞那些神仙都瞞不了！要瞞諸天天人也瞞不了！因

爲他們身後若不是綠光、藍光、紅光，不然就是墨綠色的光。如果那個紅光非常的亮而污濁，天人們看見了就罵：「這是一匹淫狼！」臺灣人會罵「色鬼」！那都瞞不了人的！只能瞞世間的凡夫。因爲世間的智者縱使沒有天眼，看不見他們散發出來的光，從他們的言行也能判斷那是邪道，所以只能瞞世間的愚癡人。可是他們這些神仙爲什麼都稱　如來爲「大羅金仙」？他們並不知道佛法，可是一見了就恭敬得不得了！因爲這是從來沒有見過的金色光明，諸天天主都及不上。他們用光就可以看得清楚了。

光可以代表很多法，譬如二禪天的天主爲什麼叫作「光音天」？他是以光明代表聲音，當他想要指示天人作什麼，他就用不同的光明法相顯現出來，二禪天人看見了就知道要作什麼，就去作了或去辦好，所以叫作光音天。他能以光明代替音聲，所以那些諸佛菩薩的光明，天人、天主、一切仙人一看就知道了。那道教中的仙人們對於　如來無以名之，因爲要稱爲什麼仙都沒辦法稱，所以就稱爲「大羅金仙」；是因爲顯現出來的光明都是極亮的金光，而且無所不知。十方一切眾生凡有智慧的，天上天下全部都尊崇，所以他們就尊稱為「大羅金仙」。那麼這兩位菩薩就讚歎 釋迦牟尼佛說：「是眞釋仙！」

作了如是等三種讚歎之後，當然還得要進一步讚歎，就說：「釋迦牟尼佛眞是善於說法，也善於知道眾生的心念；也能夠為大眾廣說各種不善法，所謂貪欲、瞋恚、愚癡、邪見，以及各種無量無邊的惡事。」釋迦如來不但善於演說這些惡法來警覺眾生，而且還能夠「巧說善趣」，就是用各種方便善巧來演說人天乘的善法與三種天界境界的妙好，讓五濁惡世的眾生趣向人天的境界，不要墮落三惡道。

這樣還不夠，釋迦如來還能夠「巧說」「向聲聞、辟支佛道」，讓眾生對聲聞解脫道或者緣覺解脫道有所愛樂，讓眾生羨慕聖弟子們出三界的境界。這眞的要巧說，如果沒有巧說，眾生不能瞭解聲聞、緣覺的解脫境界，又如何能夠生起欣樂之心？幫眾生能夠證得聲聞道、緣覺道之後，還能夠「巧說」而讓他們皆歸於佛菩提道，這眞的很不容易！因為當眾生證得「解脫果」的時候，常常會突然一念世間法跑出來，有時則是出世間法跑出來。比如今天跑出來這個念，明天還會跑出來，就是想要入無餘涅槃，永離生死！以前總是無法取涅槃，現在終於可以作到了；想到未來世還沒有離開胎昧，搞不好未來世出生以後沒因緣學佛而造惡業，就被惡業所轉，那就入不了無餘涅槃！所以常常會有這個念跑出來，這都是正常的。但是 釋迦牟尼佛就能夠「**巧說**」大乘，而使他們發起菩薩性，歸向佛菩提道。

所以 釋迦牟尼佛爲什麼要把諸佛如來的那一些境界加以演說呢？有原因的，就是要讓這一些住在世間中的二乘聖者們知道 佛的境界如是殊勝、如是不可思議；於是大家對 如來更恭敬，對 如來的境界有所希求，然後 如來可以教導他們證得第一義諦。證第一義之後，知道自己現在眞的走上佛菩提道了，就不會退轉，這就是「**成就佛智第一清淨**」。

現在講到這裡，要問諸位了：「**你在增上班了，是你比較清淨、還是阿羅漢比較清淨？**」這要動腦筋了！是誰比較清淨？是增上班的同修喔？可是阿羅漢已經可以入無餘涅槃，你還沒辦法呢，爲什麼說你們比較清淨？（有答：他煩惱很多。）阿羅漢還有煩惱？是想入無餘涅槃的煩惱嗎？（大眾笑…）

阿羅漢如果有煩惱就不會入涅槃了！說的也是啦！但那個不叫眞正的涅槃；那叫作聲聞種姓，被聲聞涅槃所拘束、被二乘涅槃所繫縛；但涅槃沒有繫縛他，是他自己被繫縛，因爲涅槃沒有繫縛。

說阿羅漢不如增上班的你們清淨，只有一個理由：「**因爲他們證的涅槃仍然有餘。**」這是勝鬘夫人說的。爲什麼有餘呢？叫作有餘煩惱未盡。可是你還不能入無餘涅槃，爲什麼說你比阿羅漢清淨？因爲你所證的那個不生不死的境界中無餘煩惱可斷。你的五陰還有煩惱，還入不了無餘涅槃，但是你所證的那個境界是眞如，在第八識眞如的境界中，無任何一法，善法、惡法、佛法全部消失，哪裡還有煩惱？所以從實際理地來講，你們比阿羅漢清淨；但若從事修來講，阿羅漢比你們清淨。

因此所謂的「清淨」要有不同層面的見解，而且你要實際理地看見了，法界的實相裡面是迴無一法的，連清淨這回事都不存在，何況能有煩惱？所以從這個層面來講，就說你們比阿羅漢清淨。但是不能因此就翹起尾巴來，因爲事修上你們遠不如阿羅漢呢！因此說證悟者「**成就佛智第一清淨**」，因爲這是實際理地的境界，當然是絕對清淨的，而且能夠發起菩提心，不會再有聲聞心、緣覺心了；這時候隨順於解脫，你就有智慧生起；這時解脫不是只有二乘法解脫，大乘法才是究竟的解脫，所以證眞如者就是「第一」。

那你隨順於解脫的時候，智慧生起了，三乘的解脫你都懂；這時觀察眾生心，就能隨順於眾生的心想。隨順於他們的心想很重要，如果不能隨順他們的心想，你說的對他們而言就是天馬行空，永遠觸摸不到。你隨順他們的心想來講法的時候，那是隨順眾生心，他們會覺得很受用；然後你這樣爲他們解說，才能叫作「隨順解說」。你這樣子解說的時候，他們就能隨順你的法教，次第修行，終於同樣可以「入佛智慧」。「入佛智慧」的第一步就是「開悟明心」證眞如，生起了實相般若智慧，可以現觀眞如。

像這樣子度眾生，都不是我們以前能作到的。我們之所以今天能作到，是因爲從 佛那裡修學來的；而 釋迦牟尼佛就是有這樣的智慧，能爲眾生「隨順解說」、能夠「巧說」，讓眾生「入佛智慧」。如果眾生有的人入不了 佛的智慧呢？那該怎麼辦？要施設各種福田讓眾生去種；要施設各種方便善巧，就是人天善法，讓他們可以好好去修福；因爲不是每一個人歸依三寶之後都能進入初住位，那你就給他們人天善法去修；也就是十信位中應該有的法來教導他們，這叫作「**成熟善根**」。

先要讓大家善根成熟了，然後他們也付諸於實修了，心地就會漸漸清淨。布施成習慣的人，不會想要再去欺騙人家的錢財；持戒清淨的人變成習慣了，也不會去傷害眾生，這些就是施設各種方便來「**成熟善根**」的方式。菩薩「六度」也是方便施設，讓大家「**成熟善根**」。善根成熟了，就是修到六住位滿足了——從布施修學到般若，般若修學完成時懂得八識論才是正法，善根就成熟。善根成熟，這時候心無所染，可以證悟了；如是證悟就不會退轉，才能眞的進入第七住位，否則永遠在六住位耗時間。

《不退轉法輪經》今天要從第五頁第七行最後一句開始。這是說，那一些菩薩們都共同擷取七寶製成的蓮花，而那些蓮花有很多種的顏色；每一朵蓮花的花瓣各有百千萬億葉，這個很難想像！現在有一種菊花，可能大概有兩三百葉吧！花瓣細細的那一種，看起來就很美啊！如果是百千萬億葉，這個也需要想像一下。這種七寶蓮花如金剛藏寶，以天界的青色琉璃作爲鬚，龍堅栴檀作爲「寶臺」。這「寶臺」要說明一下。因爲蓮花而有「寶臺」，諸位有沒有想到什麼問題？你們看見的蓮花有「寶臺」嗎？有喔？其實那叫作荷花！有蓮子的就是荷花；它的另一個名稱叫荷花，其實天竺也把它說是蓮花。

這個荷花或者說蓮花，因爲它長出來以後，有一句話說它「花果同時」。它長出來的時候，是有一個花苞長出來，花苞長大了，開始打開的時候，一打開時裡面就有花臺了；那花臺裡面就已經有蓮子，只是還沒有長大而已。當荷花謝了，過一段時間，那蓮子就長大成熟了，那也叫作蓮花；但中國人都把它叫荷花。可是荷花爲什麼有蓮子？這得要弄清楚。一般浮在水面的蓮花你看不到有花臺，但是荷花就有花臺；花一開敷的時候，你就看到其中有綠色的蓮臺，所以此蓮花非彼蓮花，這個區別要弄清楚。一般說的蓮花是葉子浮在水面上的那一種，你可以看到花莖，但是不長；然而荷花的莖很長，長得很高，二者不一樣。而且荷花的葉子很大，它的葉子也都是離開水面的。

一般的蓮花其實應該叫作水蓮，葉子是浮在水面上的，這個區別大家要瞭解。那這個是題外話。

但我要說明的叫作「花果同時」。以前淨土宗的祖師很喜歡講這一句話，他們提倡念佛往生極樂，但他們講「花果同時」有沒有道理？諸位想一想有沒有道理？兩個人搖頭，這邊呢？這邊有人點頭，你是點頭嗎？這就表示你沒有好好去讀《禪淨圓融》，我們有講九品往生。九品往生的人，只有一個上品上生是大乘證悟後往生的法，見佛當下就得無生法忍。另外一個中品上生，也是立刻見佛；但見佛當下呢？證得阿羅漢果，那是解脫果。所以往生極樂世界只有這兩品人花果同時。上品上生有一座金剛臺可坐，或者中品上生是坐蓮花臺；這兩品人都是花果同時，當他們坐上金剛臺或蓮花臺後，一剎那頃、一彈指頃，或者「未舉頭頃」，就到極樂世界了；一到達時當下見佛立刻聞法，就得阿羅漢果，或得無生法忍，所以這兩品才叫「花果同時」。

上品的中、下生，以及中品的中、下生，都不是花果同時；如果是下品下生，在極樂世界蓮苞裡面要住很久，好像是那裡的十二個大劫吧！那裡一天等於我們這裡一個大劫。然後花開了，也看不到　佛，也看不到大菩薩！想見　觀世音菩薩也見不到，只有聽到菩薩爲他說法的聲音。他們何時可以證果呢？遙遙無期！所以「花果同時」應該要說明只有兩種——上品上生、中品上生，除此而外，沒有花果同時的，藉這個寶蓮花跟大家說明一下。

接著繼續說下去，就說以天青色的琉璃作成寶蓮的鬚，龍堅栴檀作爲花臺，以各種的寶物來作成花莖。而且他們都「不著塵水」。因爲這不是人間的花，所以「不著塵水」。每一個人眼識所見，都知道這樣的蓮花非常微妙，因爲非世間所有。

那些花都在虛空中「而自迴轉不可執持」。「不可執持」是說，人類的色身要把捉是捉不到的，就類似光影但又不是光影，這個比較難說明。但是諸位想一想我以前講過的色界天的天身，你就能想像了吧？你就把它當作類似那樣。色界天身其實還是可以碰觸的，只是他就像氣球去充氣起來一樣，裡面都是空氣。這色界天身的身體裡面叫作如雲如霧，但跟空氣不同，只有一層皮膚很薄，就像比較薄的保鮮膜那樣；他們全身都有毛孔，跟人類一樣有，而毛孔是內外相通的，通流時就有樂觸。色界天身已經如此，那麼這種淨土世界的蓮花說它「**不可執持**」，因爲粗重的人身是沒有辦法執持它的，你得是那淨土的有情才有可能執持它，所以說它「**猶如影幻從業報生**」。表示這個是淨土世界的有情所化生的，從他們的業報而有。

且不說這淨土，單說忉利天好了。忉利天人要衣服有衣服，要樂器或者什麼享樂的器材都有，不用花錢買。但不是每一個人享用的都一樣，所以說忉利天有一棵寶樹，那忉利天人他想要什麼樣的衣服，去到那棵樹下就會有；他所應該有的福報到哪裡，那樹就會垂下來給他。如果他嫌那件衣服不是最漂亮的：「**我不要！**」那樹也不給他更好的，因爲他的業報就是這樣。所以當他想要有享樂之具，比如說樂器或什麼樂具，他要去到另一棵樹，那棵樹專門供給這一類的；那他去了，也是依照他的業報，能得到什麼樣的樂具，那棵樹就垂下來給他；所以他的業報所得的規格到哪裡，就那個規格以下的他都可以用，以上的不可以，這是有它的規律。所謂的犯了「天條」該處罰，天條是什麼？釋提桓因也沒有規定要作什麼，但是那個規律就是這樣；所以干犯天條該怎麼處罰那就怎麼處罰，其實那就是業報。

那麼說這一些蓮花「**猶如影幻**」，猶如影子、猶如幻化一般，是從那裡有情的業報而產生的，當他們需要用的時候，就會出現了。也說是「**從解脫諸三昧生**」，表示那裡的有情都是證果的人，有解脫果，至少是斷身見、證初果，那他的快樂異熟果報有所增上，他就會有「空、無相、無願」三昧；由這些功德，可以報得一些蓮花作爲他的所用。諸位也許想：「**有解脫的各種三昧，想來那裡比這裡好，每個人都得解脫。**」但是你在這裡不能斷三結嗎？不能證初果而得「空、無相、無願」三三昧嗎？也可以啊！只是他們要修很久才能證，我們這裡大不了十幾年就證這三三昧了！我還是要跟諸位提醒一下，上一週有講過了，別忘了喔！

接著說，「**於虛空中取已**」；剛才不是說：不可執持嗎？現在爲什麼又「**取已**」？因爲這是那個淨土的有情才能執取的，人類是無法執取的。彼諸菩薩取了以後，「**遙散娑婆世界釋迦牟尼佛上**」，也就是向 釋迦佛散花供養。你們有看過外國人結婚的時候，或者說古時候國王或皇后遊行，前面就有兩個人拿著籃子，裡面放了很多花瓣，一面走著就往空中散花有沒有？這叫「散花供養」。

但是那個佛土多遙遠哪！這一散可以散到娑婆世界來，表示它不是我們人間這種物質；否則你以那麼快的速度散到這裡來，都全散光了！花都不像花了，花瓣也一定掉光還燒光了！表示它不是人間的這種物質。

散花之後呢？「持諸華鬘華蓋悉是眾寶，亦有寶雲、寶蓋及雜綵繒蓋、末香、塗香、無量種色，供養釋迦牟尼佛已，五體投地向佛作禮」；表示他們在那個世界是可以看到娑婆世界　釋迦牟尼佛，表示這是在淨土世界才有的事，也是在　善住光華開敷如來加持下，才能辦到的事。因為想要來禮拜供養，先要具足世間法講的禮節。致敬時就要禮拜，所以「五體投地向佛作禮」。但是在這之前，要先作供養，總不能兩手空空、兩串蕉就來；這是要去見佛，不是見孫子！見孫子你搞不好也得給個小紅包；那麼要去見佛，先要作供養，這是佛弟子應該有的行誼，那我們這些細節就不用解釋。

「皆作是言：『南無釋迦牟尼佛！』」就是口中聲稱「歸命釋迦牟尼佛」。

「南無」就是歸命的意思。然後接著就說到我們這個娑婆世界的菩薩摩訶薩們，「此」講的是這個娑婆世界，不是他們那個世界。說「這個娑婆世界的菩薩**摩訶薩**們莊嚴大乘」，特地指出來：莊嚴大乘的是菩薩摩訶薩，不是指凡夫菩薩。因爲能莊嚴大乘的一定得要證悟才行；還沒有證悟者莊嚴不了！每天讀經被經所轉，但你證悟了就可以轉經。轉經的人才能夠莊嚴大乘，而且「**精進無懈，修諸功德**」，這就是娑婆世界菩薩們的模樣。所以成爲菩薩摩訶薩的人不應該懈怠。

還沒有成爲菩薩摩訶薩之前，心裡想著：「**何時可以親證？**」乃至已經看話頭功夫很好了，到那個時候大家都會想：「**我很有希望可以開悟。**」但是眞要問起來說：「**你眞的能開悟嗎？**」又好像沒辦法！有一句話說：「**人人有希望，各個沒把握。**」就是這樣啊。而且事實上，也是這樣想，想要眞正的親證是不容易的。但是也別愁！在正覺賴久了就有機會。

爲什麼呢？因爲你只要賴久了，菩薩性就夠了！當你菩薩性夠了，不急著求悟，佛菩薩比你還急呀！瞧著說：「**這幾個弟子因緣都到了，怎麼還不**

悟呢？」祂們急。所以有時候夢裡就來指點你了，也有很多人夢見了！他們見了如來，可是弄不清楚：「為什麼如來要這樣子？」都搞不懂！等到悟的時候說：「原來如此！我怎麼那麼笨？」這時才知道自己笨，可就不笨了！就悟了！

娑婆世界的菩薩們呢？懈怠的都還在凡夫位。可是進了正覺，就有很多人成為見道位，不再懈怠了。那麼菩薩摩訶薩們更是如此，所以「精進無懈，修諸功德」，因為都已經悟了，知道這個佛菩提道真的可以步步上升，所以精進不懈，各種功德都努力修集。

接著說：「悉能護持過去、未來、現在諸佛一切正法，」說到三世諸佛的正法，但是未來諸佛還沒有成佛啊！那麼未來諸佛的法是什麼？就是現在諸佛的法，就是過去諸佛的法；因為佛佛道同，沒有不同的地方，所以諸位將來成佛以後，法還是一樣，不會有變化，不會更易；學術界所謂佛法的弘傳一直演變的事，全都是聲聞部派佛教凡夫僧們落在六識論的邪見中，被菩薩們辯論一番以後就不得不繼續演變，都與大乘菩薩們不相干。所以諸位未來佛將來成佛後要說的法，我現在得要鼎力護持。護持了誰？護持了諸位。所以我現在護持正法時，就是護持諸位未來成佛要講的法；那當然也是護持未來諸佛一切正法，因為三世諸佛的法都一樣。

那娑婆世界的菩薩**摩訶薩**們這麼辛苦努力，目的呢？「**為欲拔濟苦惱眾生，作大照明住於一乘**」，目的就是想要拔濟還有苦惱的眾生，因為眾生得要實證三乘菩提以後，煩惱才會減少。如果還沒有實證三乘菩提，煩惱一定還很重，所以如果要拔濟他們，就是把大家拔離於煩惱；要濟給他們什麼？正是佛法！但接著說「**作大照明住於一乘**」，為什麼要叫作「**大照明**」？我們學佛都說要斷除無明，無明斷除了就表示有明。譬如說「千年暗室」，你要把千年暗室的暗滅除，那你就點起一盞燈來，燈亮了就有光明，千年的黑暗就立刻消除了。

同樣的道理，無明滅了，就是光明出生了，「明」出生了就沒有無明。「明」叫作智慧，但是這「智慧」可以照明一切諸法，有差別的。譬如說二乘菩提，它能夠照明的就是生死輪迴苦的煩惱，除此以外，無所能為；但是大乘法呢，既有二乘法的光明，也有法界實相一切諸法照明的功德，所以叫作「大照明」。不用懷疑這一點！我是個現成的證明；我悟得如來藏，我見到佛性，然後我漸漸地就把三乘菩提全部會通了；且不說大乘佛法都沒有人教我，二乘菩提也沒有人教我，但是我自己可以通，而我所入的是大乘法。

這眞如佛性親證了以後，不但通大乘法，連二乘法也通；可是二乘法親證的人，通不了大乘法，不懂眞如與佛性，所以大乘菩提在四教判裡面，說它叫作「別教」，因爲有別於三藏教與通教。四種教判是藏、通、別、圓。「藏」講的叫作三藏教，三藏教就是四阿含諸經所說的解脫法義，那是二乘菩提。通教呢，這通教開始就已經是大乘了；但通教是說大乘法中，有的人只有因緣修學解脫道，他們沒有因緣修學佛菩提道，所修的解脫道通於二乘法，但是他們的根性不是聲聞種性，所以他們修學解脫道證得羅漢果之後，都不入無餘涅槃而起惑潤生，樂意繼續度化眾生、同證解脫；而他的法道通於二乘菩提，所以就說他是「通教」，這樣的菩薩就名爲「通教菩薩」。

接著說別教。爲何名之爲「別」？因爲你這個法教跟二乘菩提不一樣，你所證的並非二乘聖者之所能知，有別於二乘菩提；而且有別於通教菩薩，所以通教菩薩們也不懂你的所證。那我現在要問諸位了！你們已經到增上班的人，是藏通別圓四教中的藏教聖人（藏教沒有菩薩），或者是通教的菩薩？或者別教的菩薩？（有答：別教。）對！是別教菩薩。可見你們學法有學好！因爲你們的所證不是通教菩薩之所能知，也不是二乘聖人之所能知；有別於通教，有別於三藏教，所以你們是「別教菩薩」。

那麼別教菩薩繼續進修到通達位，發現唯持一法可通世間、出世間、世出世間一切法；繼續進修到通達位時，就看見這個特性，於是由這個法可以圓滿一切諸法。所以天台宗有一句話講得很好：「**一圓一切圓。**」就算悟前身爲講經的大座主，講了很多經，但其實都講錯了！因爲他只能依文解義。但是等他悟後，可以把以前講錯的那一些佛法重新再講，全都圓了起來，只要重新作個解釋就好了。雖然以前講的是依文解義，表面上看起來對，但內行人一聽就說你講錯了！可是當你悟後重講時，講的還是那一些字句，但內行人一聽就說：「**喔！這回講對了！**」因爲這個法可以圓一切法，這個法叫作「無名相法、無分別法」，又名如來藏、阿賴耶識、異熟識、本地風光、莫邪劍……無量無數名。所以這個別教的法只要你學到通達了，可以照明一切法；能照明一切法的時候，就叫作「大照明」。

所以二十幾年來，我常常講：「縱使南洋有阿羅漢，來到正覺也開不了口。」我二十幾年前就這麼講了！那些六識論的聲聞法師聽了很不爽，但是又能奈我何？因為我講的是事實，不是誇口。為了崇隆大乘三寶的威德，我得這麼講，無關自讚毀他；否則大乘法被他們踩在腳底，已經在臺灣踩了幾十年！我們正覺出來弘法之前，都被他們踩在腳下，所以我們得要崇隆大乘三寶；故意這麼講，給他們聽了很不爽快，可也沒奈何！他們對正覺已經沒奈何二十幾年了，就請他們繼續沒奈何下去，因為這個法能「作大照明」，非二乘法之所能；更何況他們弘揚的所謂佛菩提，其實是二乘菩提，內容卻又錯了，無法使人證得解脫果，如何有「照明」的功德？所以只有「別教」之法次第修行，能含攝三藏教、通教的法；次第修行之後，還能夠圓滿一切諸法，所以最後就成為圓教的法。

那麼　如來到了晚年就開講《法華經》。《法華經》之前講什麼經？講《無量義經》，說第八識這一個法，雖然只有一個法，卻有無量義。有時候我會想：「**我是不是應該先講了《無量義經》，再來講《法華經》？**」可是有時候想：要講的經很多，我是五十歲才出來弘法，所以只好選擇性地先來講《法華經》，讓大家知道《法華經》的勝妙。當大家讀過我們的《法華經講義》以後，恍然大悟：「**原來這不是在講事相，果然是最勝妙的無上法！**」所以現在佛教界開始漸漸懂了，因爲都已經出版到二十三輯了吧？

這《法華經講義》再四個月出版完了，我就要開始出版《佛藏經講義》。可是我現在還沒整理完，日夜在趕著。意思是說，我們要讓佛教界去閱讀了以後，才知道原來以往大家都是依文解義，根本沒有讀透《法華經》的內容！那顯示唯有大乘菩提別教之法，能爲眾生「**作大照明**」，然而能「**作大照明**」的這個法，只有唯一佛乘；函蓋的不是只有世間法、出世間法、世出世間法，並且函蓋十方三世一切佛教，這就是大乘法「唯一佛乘」之所以爲「**大照明**」的緣故。所以只有唯一佛乘才能夠「**作大照明**」。

這兩位大菩薩率領諸菩薩這樣稟報過了，五體投地作禮之後、歸命釋迦牟尼佛，也稟報了 善住光華開敷佛，最後提出請求；因爲你從這個世界要去那個世界禮佛，要先請求該世界中住持正法的佛陀允許；不告而來，那是對佛不恭敬的，這個規矩要學著。所以接著就講：「我等欲往見釋迦牟尼佛，**及娑婆世界諸大菩薩摩訶薩眾，以大莊嚴而自莊嚴，爲紹佛種使不斷絕。**」眞的面面俱到！這是說：「**我們想要前往拜見釋迦牟尼佛，也想要拜見娑婆世界的諸大菩薩摩訶薩眾。**」總不能來拜見 釋迦牟尼佛，而不見諸菩薩吧？當然同時要見啊！但是要見之前，得先讚歎。先讚歎時，諸大菩薩們聽在耳裡，暖在心裡！於是就有個期待的心：「**那些大菩薩們要來了！**」就有意願想要相見。

如果連一句讚歎的話都沒有，菩薩摩訶薩們怎麼想？會想：「**他們大概不太怎麼看重咱們。**」對吧？對啊，就是這樣！所以先要讚歎這些菩薩摩訶薩眾。要怎麼讚歎呢？「**以大莊嚴而自莊嚴。**」說娑婆世界的諸大菩薩摩訶薩眾，都是以很大的莊嚴來莊嚴自己。那到底是用什麼來莊嚴？嗄？是不是去買了很多的金項鍊掛起來、鑽石項鍊掛起來，還做了紫磨金的臂釧來戴起來。是不是這樣？不是！諸大菩薩摩訶薩眾各個都有瓔珞莊嚴，各個都戴著瓔珞。那瓔珞代表什麼？現在問你們這個問題其實沒道理，因爲我還沒有講《菩薩瓔珞本業經》。菩薩的瓔珞至少有六個內涵，就是講六種種性，從外聖內凡的凡夫種性叫作習種性，然後性種性、道種性，接著是入地後的聖種性、等覺性、妙覺性，共有六個；這就是菩薩們的瓔珞莊嚴。所以大菩薩們掛瓔珞時不是隨便掛的，要有這六種的功德才有那一串瓔珞項鍊。可是這些瓔珞是怎麼來的？要修剛才說的那六種本業；菩薩的本業就是這樣修的，除此以外，都不是菩薩的本業。

所以如果進得正覺同修會來，具足六度萬行之後明心又見性了，你就有兩種瓔珞了，因爲習種性的瓔珞也已經滿足了，就是邁入初行位，開始修集第二種瓔珞，就是性種性的人了。如果十行位圓滿了，這性種性的瓔珞就圓滿了，再進修道種性。道種性是從初迴向位開始，到第十迴向位滿心，就有另一種瓔珞；然後要進修十地心，這就是進入聖種性了。當十度波羅蜜都修好了，聖種性完成了，就是另外一個瓔珞；聖種性瓔珞最難修，總共要兩大阿僧祇劫，然後才是等覺性，然後再修妙覺性。所以菩薩的瓔珞有其根本，就是這六種種性要具足完成，這樣整串瓔珞才算完成。所以掛那種最莊嚴瓔珞的菩薩，都是等覺位、妙覺位的菩薩，他們這樣就是「作大莊嚴」。如果沒有這一串瓔珞，就不是「以大莊嚴而自莊嚴」。所以將來你們如果修到四地以後，有意生身了，就開始要學著怎麼樣去分辨菩薩們的瓔珞。從他們的瓔珞莊嚴，就可以瞭解這些菩薩是修到什麼地位了。

這是讚歎的第一句話，還有第二句話要讚歎，然後才能拜見娑婆世界的諸大菩薩摩訶薩眾，這句話叫作：「爲紹佛種使不斷絕。」爲了讓諸佛的種姓可以紹繼不斷，也就是「紹隆佛種」。修六種瓔珞本業而有那一串寶瓔珞作爲莊嚴，目的是爲了「紹隆佛種」，令佛陀家族的種姓永不斷絕，綿延不斷，這就是一切菩薩摩訶薩之所應行、之所當行。但是所應行、所當行，能不能行，這就要看你修得了多少瓔珞莊嚴？那我從世間法中退休下來，專門弘法，不受供養還貼錢出來；老實說，你們大多數人護持正法所捐的錢財不會比我多，比我多的人，永遠是少數。那我把正法送給大家還捐錢，這麼傻是幹啥？正是爲了「紹隆佛種」，希望 佛陀的種姓延續不斷，可以讓佛菩提道繼續崇隆，這是我所修的瓔珞。

所以從世俗法看來，我是個大傻瓜。但我其實不傻，我很清楚知道我在作什麼，因爲我正在修這一串瓔珞，最後階段還沒有完成，當然要繼續努力呀！所以現在見了諸大菩薩摩訶薩眾要覺得不好意思，因爲人家那一串瓔珞那麼莊嚴，咱們這一串呢？還差得遠！所以你十住位圓滿了，進入初行位時有兩種瓔珞，但其中一種還不滿足。我來算一算，我有一、二、三、四種，但第五種還沒修好，第六種就別提了，還早著哩！我是這樣修，諸位也得這樣修！所以努力修集福德、利樂有情之後，哪一天可別說：「**導師啊！我爲您作了好多事情咧。**」那都是爲你自己作的。也不可以在 佛前就託大，「託大」大約是不敢啦！就是討人情吧：「**佛陀啊！我爲您作這麼多了欸！**」不可以！那全都是爲自己作的。因爲你作再多，佛陀的福德也不會增長！佛陀的瓔珞已經圓滿了，也不需要你來增長。你所作的全都是爲自己作，爲你那一串瓔珞好好去修學！

所以我從來不曾跟 佛討過什麼人情，我就是努力去作，作的都是為自己，就好好去體會 如來想要我們作的是什麼。祂沒有所求，祂要的就是：更多的眾生可以快速地得解脫、可以成佛。如來要的是這個，當然不是為自己要的。那咱們仰體佛心，就得努力去幹，不能說苦。「紹隆佛種」才是最大的功德，可是「紹隆佛種」得要修各種的瓔珞莊嚴；所以，這個習種性、性種性、道種性、聖種性，各個部分你都要設法去把它圓滿，才有資格進修等覺性、妙覺性，不要妄想一步登天哪！在我們正覺弘法之前，很多人都說「**一悟就成佛了！**」而且還振振有詞說：「**六祖也是這麼講的呀！**」好像我蕭平實講錯了。可不知道六祖是方便說，因為他開始要弘揚禪宗，大眾都還沒有信受，他得要這麼講，鼓舞大家的信心，讓大家心生愛樂，所以他作了方便說。

可是到了二十世紀末，臺灣佛教界好多人都把方便當作隨便；個個都悟錯了，還說他們成佛了。那就表示他們連信位的基礎都沒有，所以「紹隆佛種」很重要。那我提出一個願望，就是希望有那一百零八顆的無形的念珠，那就表示要有一百零八位擁有兩種瓔珞的人。那我這樣作也蠻辛苦的，但是爲了「紹隆佛種」就是得要作；也使得未來世當大家重新再來時，或者其他會外的人讀到正覺留下來的這些文獻，知道正覺有這樣的復興佛教的豐功偉業，而竟然能有這樣一串瓔珞；大家信心就起來了，就可以繼續「紹隆佛種」，這個才是最重要的事。

所以一切的修行都是爲自己修，修集各種功德、福德也都是爲自己修的。千萬別來到佛前，禮了三拜，起一個念頭說：「**世尊！我爲您作了好多事情喔！**」千萬別這麼講，那都是爲自己作的，因爲 世尊也沒有拿了你的福德，你修的功德都是在你自己身上，不會跑到 世尊那裡去；這見地要建立起來。那麼接著下一段：

經文：【善住光華開敷如來聞諸菩薩作是說已，觀察其心，復重爲說諸佛功德，示教利喜，告諸菩薩言：「汝當隨學釋迦牟尼佛本所行道，於一切眾

生發大慈心，生利益心，於諸深法莫生驚怖及諸誹謗，而起無相，具足善根不求果報；如是菩薩摩訶薩，皆悉當往釋迦牟尼佛國，以本願力俱生於彼，護持正法，隨順諸佛本所修學，汝可往見。」彼二菩薩作如是言：「我當乘佛神力，及過去、未來諸佛之力而詣於彼。」善住光華開敷如來告善音、善聲菩薩等：「汝今當共文殊師利詣娑婆世界。」亦語文殊師利：「與二菩薩俱共到彼。」】

語譯：【善住光華開敷如來聽聞諸菩薩講出這些話以後，觀察他們的心，又重新為他們解說諸佛的功德，這樣開示、教導利益他們對諸佛心生歡喜之後，又告訴諸菩薩摩訶薩：「你們應當隨著修學釋迦牟尼佛以前因地所行之道，於一切眾生要發起大慈之心，應當對一切眾生生起利益之心，並且對於各種深奧的法不要生起畏懼、恐怖之心以及各種的誹謗，而應該要生起無相之心；並且要具足善根，而不要尋求有什麼樣的果報；像這樣的菩薩摩訶薩，都應當全部前往釋迦牟尼佛的佛國，未來以本願力全部出生到那裡去，護持正法，隨順諸佛因地本來所修、所學的佛法，你們都可以前往拜見。」那二位菩薩就這麼說：「我應當乘著如來的神力，以及過去、未來諸佛的威德力而前往娑婆世界。」善住光華開敷如來告訴善音菩薩、善聲菩薩等人：「你們如今應當和文殊師利前往娑婆世界。」並且也告訴文殊師利說：「你帶領他們兩位菩薩共同去到娑婆世界吧。」〕

講義：從這裡諸位聯想到什麼？善音、善聲及諸位菩薩要去娑婆世界，善住光華開敷佛有沒有像某些凡夫大法師那樣把眉頭皺起來？嗄？世間凡夫大法師就是這樣啊！聽到徒弟稟報要去拜見哪位大師時，他們眉頭就皺起來。諸位聽了覺得好笑，但事實上是這樣；凡夫與菩薩摩訶薩的差別就在這裡。所以二十幾年來，有時候有的同修說，他們幾個人約好要去哪個地方，比如說去哪個寺院、哪個山頭，要去朝山，或者說要去那裡參觀、禮佛，我沒有皺過眉頭！因爲這本來就是佛弟子應當要作的事啊！

如果我把眉頭皺起來，你們看了就該走人了！那你們看看：這一回，善住光華開敷如來聽到諸位菩薩這麼說，就觀察其心，爲他們重新再演說諸佛的功德；因爲怕他們去了以後，看見釋迦牟尼佛身量只有這麼小，然後生起輕心，所以重新爲他們說明諸佛的功德；意思就是告訴他們：「不要以表象來看，應該看實質。」因爲諸佛的功德都一樣，不因身量大小而有差別，讓他們聽了以後都很歡喜，然後吩咐他們：「你們應當前往依隨著釋迦牟尼佛，修學釋迦牟尼佛因地本來所行之道，」就是要他們學習「能仁和寂靜」，心是寂靜的，但卻一直都有仁愛之心，持續慈悲於一切有情。

祂沒有告訴他們說：「你們留在這個淨土世界不是更好嗎？爲什麼還要去那個不清淨的娑婆世界呢？」任何一尊佛都不會這樣講的，十方諸佛都只有互相讚歎。所以早期我只要聽到誰推薦說：「某某人眞的是證悟了。」我就想要把對方引爲知己，然而總是被騙，因爲根本都沒有斷我見，還說是證悟呢。既然騙人的這麼多，害眾生團團轉，一直都在他們講的五陰境界裡面轉不出來，那我乾脆開始救護眾生；因爲以前我們要跟人家隨喜，可人家不讓我們互相隨喜，都要繼續打壓我們的正法，那我乾脆開始拈提吧！才會有《公案拈提》七輯的逐年出版。

「我救護眾生比較重要，不跟你們隨喜了！是因爲你們不跟我隨喜，我就不跟你們隨喜了！當然，若是跟你們隨喜的時候，我可以暫時不拈提、甚麼都不作，我只把正法講出去，度有緣人；但你們不隨喜我而攻擊正法時，那我就開始拈提了。」所以，我這個人還眞是被逼上梁山，原來現在變成梁山好漢了！（大眾笑…）但菩薩行就是這樣行，當你跟諸多凡夫大法師們隨喜而不可得時，就得要設法救護被他們誤導的眾生；隨喜而可得時，是應該在一個前提下才能隨喜，就是你隨喜他們，他們也隨喜你而不壓制正法，那你就可以隨喜他們。可是即使今天我拈提諸方，我還是隨喜他們接引初機眾生的功德，沒有抹煞他們這部分的功德；這是佛弟子應該有的正知見。

善住光華開敷如來開示說：「釋迦牟尼佛因地本所行道，是你們應該學習的。」但爲什麼祂這樣講？因爲　釋迦牟尼佛「行人之所不能行，忍人之所不能忍」。你們如果讀過《本生經》，看祂因地是怎麼樣辛苦爲眾生，就知道爲什麼祂可以那麼快成佛。在一千個兄弟中，祂已經於無量無邊百千萬億那由他劫之前就成佛了，現在是配合以前的一千位兄弟，共同再來示現一次成佛；表示那一千位兄弟有人是要到這個賢劫才能成佛的，而祂已經那麼早就成佛了。爲什麼那麼快？因爲行人之所不能行，忍人之所不能忍。這就是釋迦牟尼佛本所行道，善住光華開敷如來就告訴他們要學這個。而且釋迦牟尼佛成佛快速，是因爲不斷地利樂眾生，盡快地讓大家可以實證；當大家道業快速進步了，祂便能快速成佛。

但爲什麼能夠這樣作到？是因爲「**於一切眾生發大慈心，生利益心**」。所以諸位要學這一點，將來你們當法主時，每一個人你都要攝受；眞要是無法攝受的人，這一世先把他擺著，來世也得攝受。不要先起一個心念說：「**這個人我不要！**」不能這樣。每一個人都有他不同的因緣，假使他需要另一種因緣，而你能夠施設，你就施設出來幫助他，讓他在那個方面可以具足福德，那他的道業就可以快速提升。所以善知識要作的，不是只有法上的教導，還要開闢福田，因爲福德不足時無法證道，勉強幫他證道時還會退轉，往往還會毀謗正法；所以善知識要作的事情很多，開闢福田是其中一個很重要的部分，你如果沒有開闢福田，大家要在正法中修福就很困難！

如果大家都在世間善法上修福，無法在正法中修福時又要怎麼證道？因爲佛菩提道的特性就是六度。六度以「施」爲首要，有布施度的圓滿，才有持戒度的進修；乃至要有靜慮度的圓滿，才能有般若度的修學；若沒有六度的圓滿，你便進不了第七住的「不退轉住」；這每一度都是與前後度息息相關，一環扣一環。那你身爲法主，要求大家要具備見道的福德資糧；又不開闢福田給大家種，那你讓大家去密宗外道種福田喔？嗄？要不然去凡夫大法師的道場種世間福田？那樣種得來的那些福德，跟你要見的「道」不相應啊！這個道理諸位要懂。

所以爲什麼我要建設正覺寺，是跟這個有關聯的。除了我有很多計劃要在正覺寺作以外，讓大家種福田也是一個目的。正覺寺目前大略的估計，大概要三十億，我們目前還差十幾億，但沒有關係！慢慢來，不急啊！因爲建設計劃的變更也還沒通過。那如果十信位還沒有修滿足，布施度修不下手，心裡面老想：「**哈！老師弄這麼一大塊地皮，花那麼多錢！到底是要作什麼？**」作什麼事情，現在不能公布，到時候作了，你們看了後就會知道；尤其在眼前的局面，這一定要作。

但本來我也沒有想要作這麼大！我在大溪買了一塊建地一千四百坪，然後再收購旁邊的乙種建地，還有農田；我的希望是五公頃就夠了，結果買不齊啊！現在剛好遇到這塊地，算來也不貴，二十幾公頃才賣五億多臺幣，所以我買下來。之前石門水庫旁有一塊地，類似這樣的地，但格局沒這麼好，本來仲介說大約七億元可以成交，但看完地以後地主卻說要十億「以上」，我轉頭就走，不談了！因爲後面的建設要花更多錢。那麼我開闢這個福田，就是讓大家種，福德才能快速增長啊！

又譬如說寒冬送暖是以正法的名義作的，那也是福田哪！又如出去流通書籍、送結緣書，這也是種福田。有很多種的福田可以種，讓大家隨著個人的因緣去種，但是這個福田得要由我來開。除了弘法有一些規劃，必須要用這個場所，我們也不想繼續在這棟大樓傳菩薩戒；因爲這大樓的住戶很煩惱，一千八百人擠在這大樓的講堂裡面，他們很煩惱！那將來可以移到那邊去，大家也不用再去住飯店，把雙北市的飯店住到都漲價（大眾笑…），因爲有的人後來沒辦法住臺北，住到哪裡去？有的住到淡水、住桃園，有的人還住到臺中的飯店去！但是我們還有別的計畫，現在不能公布，將來就一步一步去作。這在弘法上面的需要，也是開闢福田讓大家來種；這也是善知識應該有的義務。

那麼正覺寺這個福田種了以後呢，來日再有福田，大概就沒這麼大了，都是小的。以後就是該設講堂了，可是沒辦法買到大樓，因爲有的地方沒大樓可用；你總不能買公寓來作講堂吧？那時候就是買地來蓋講堂，就是中南部別的地方。所以我們在彰化縣買了一塊地，將來是蓋獨立的講堂，就在高鐵的彰化站，未來你們一出站就會看見了。蓋起來以後就會看到了！（大眾笑：）大概就是這樣；那我這一生要作的硬體大概就完成了，所以這就是開闢福田。那你們還有別的福田可以種，譬如說「隨喜」也是福田吧！「**啊！正覺寺要蓋了，以後可以作很多事情，太棒了！太棒了！**」你在口頭上隨喜也就種了福田。又譬如說，有能力的人發願：「**我將來出來當親教師！**」當親教師這福德很大呢！如果你想要眼見佛性，怕福德不夠，沒關係！親教師好好幹上十年，再來三年作功夫，應當就可以看見了；這也是種福田。

當親教師也是種福田，親教師當了，還有別的福田可以種；比如說有能力的人，那出來當理事長、當董事長，當什麼都可以，那也是一大方的福田；所以福田有很多種，大家可以自行選擇。但是不要在背後嘟嘟噥噥抱怨說：「啊！老師又買這麼一大塊地！花那麼多錢要作什麼？」這就損了福德！因爲我有計畫，我要作的事情現在不方便說。我們將來作的時候，諸位看到就看到，也不要嚷嚷，知道就好。

這就是說，對一切的眾生要發起大慈心、要生利益心。所以在不同的階位，你要有不同的認知：在現在的階位，你要隨喜一切功德。隨喜也是種福田，但是不能捨棄任何一人；除非他堅持要離你而去，那就另當別論，否則呢，你應該要攝受任何一個人。假使他有過失，那就加以導正，導正後就過去了，再也不記掛；沒有導正之前，你就繼續導正他；要這樣，你的成佛之道才會快速，因爲你的佛土將很快速圓滿。

你如果像古時候很多禪師那樣，動不動就說：「啊！你因緣不在我這裡！」趕人！而且各個手頭很儉，那他攝受佛土一定很慢哪！要等到何時成佛？這個見解，諸位要學。那善住光華開敷如來，祂告訴我們這個道理；祂沒有告訴善音、善聲等諸菩薩說：「你們如今在我這個淨土世界多麼好！為什麼要去娑婆世界？」沒有這麼講啊！反而鼓舞他們要學習釋迦牟尼佛因地的本所行道，還教他們：「釋迦牟尼佛於一切眾生發大慈心，生利益心，你們也得學！」所以我從來不輕一切人，原因就在這裡；因為每一個人都有他的因緣，只有遲早的差別；沒有人是對佛法全都沒有因緣的，除非他有業障。

至於什麼是業障？《佛藏經》講的啊：「往昔無量劫前，謗佛、謗法、謗勝義僧，所以歷經九十九億尊佛之後，來到現在已經是過無量無數阿僧祇劫了，能夠值遇釋迦牟尼佛時，他們依然不得順忍，連初果向都證不得。」那除非是有業障的人，否則你都要為他們「發大慈心、生利益心」。這就是為什麼我在禪三時，總是會盡量設法幫助大家的原因。

但是不只如此，善住光華開敷如來還開示說：「於諸深法莫生驚怖及諸誹謗。」換句話說，對於聞所未聞的深妙法，不要驚懼、不要恐怖，一定要信受！假使眼前自己還無法實證，就信著，但不要毀謗！最傻的人、最愚癡心的人，總是聽不懂的時候就毀謗，說：「這個道理不通啊！怎麼可能非一非異，這不是佛法吧？」他就毀謗。就像正覺還沒有廣為弘法之前，佛教界好多人在毀謗：「正覺現在出來弘法了，講什麼如來藏？那是外道神我！蕭平實？蕭平實是個邪魔外道！」這話一出口，完了！就是一闡提人了！因為他已經同時謗「菩薩藏」了。謗蕭平實罪過雖然很重，遠遠及不上謗如來藏，因為《楞伽經》裡面 如來講過：「作是語時，善根悉斷。」說講這一句毀謗第八識如來藏的話出來之後，他所有的善根全部斷了；也許幾千萬劫修來的善根就這樣沒了！那就使他未來世學佛時，一直都不離業障。

所以聽到聞所未聞的第八識妙法時，「莫生驚怖及諸誹謗」，這是很重要的事情。所以我說那些聰明人都是傻瓜，聽到這個聞所未聞的第八識妙法時，他們就想：「欸，這個不垢不淨聽起來不合邏輯！」其實是他們不懂，就毀謗說：「這個應該不是佛法！」然後就罵人家：「那不是眞正的善知識，那是邪魔外道！」又謗大善知識。這如來藏最深妙的法，他出口誹謗時立刻成爲一闡提人！什麼業不好造，要造這個業？眞笨！

要造惡業起碼得作很多事，很辛苦才會完成！比如說，去搶人家的錢，也要計畫很久，然後作很多事才會完成；可是那個業還及不上這個業，他造這個謗最勝法的業是天下、天上最大的惡業！但只要一句話就完成了，所以那叫作愚癡人！但這種愚癡人，在世間總是有很多人追隨，因爲他們貌似聰明、智慧。他們看起來很聰明、很有智慧，但其實是最愚癡的人，簡簡單單一句話就成爲一闡提人！所以「**於諸深法莫生驚怖及諸誹謗**」，這是大家都要建立的知見。

話說回來，聞所未聞法不一定正確，譬如說密宗講了很多的法，他們剛出來講的時候，都是聞所未聞法呀！但是你要看它合不合乎清淨、解脫以及寂滅的本質？如果不合乎清淨、解脫、寂滅的本質，那就是外道法。可是如來藏這個妙法，什麼地方不符合解脫、寂滅、清淨？完全符合啊！既然是這樣，觀察過了、確定下來，應該要想一想：「**是否要試著深入去理解祂？**」學佛人應當如是，千萬不要人云亦云！

很多人是盲從的，世間法如此，佛法中也如此。在世間法上，你如果開車，有時候會注意到：明明前面是綠燈了，前車駕駛也看見綠燈了，可是旁邊的人沒開動時他就不敢開動（大眾笑…）。有沒有？有啊！就是有這種人啊！他要等旁邊的人開動了，他才會跟著動。佛法中也一樣，如來藏妙法出現世間，這種人要等很多人去學了，他才要跟著學，他自己沒有判斷的能力。

但更多的是，當大法師開始毀謗的時候，他就馬上跟著站出來極力毀謗。他想得很簡單：「**大法師都確定這是邪魔外道了，我為什麼不敢講？我要護法呀！**」好！這一護法就變成一闡提人！這就是盲從。應該要自己有智慧先試著去把它瞭解，得要瞭解到這跟佛法的精神有沒有符合？如果與清淨、解脫、寂靜相符合，再怎麼勝妙我也不驚懼、不恐怖，我一定要學！不管別人怎麼毀謗，我就是不毀謗，這才是學佛的人首要之務；千萬別盲從！

那 善住光華開敷如來接著說：「**而起無相，具足善根不求果報。**」除了要修學 釋迦牟尼佛的本所行道之外，也應該生起「**無相**」之心。如果所修的法是有相的，就是有問題！所以應該「**起無相**」之心，但是「**起無相**」心時，總得要親證啊！在親證之前，應該要先「具足善根」；如果善根不具足，想要求親證，不可能的！就好像我弘法早期，不觀根器，不論誰來了，都幫他們證悟，結果就悟出問題來了！才會有那三次法難。

雖然說，三次法難使咱們因禍得福，那也得要我有無生法忍才行，否則那就是禍事。所以後來開始觀察根器，根器如果還不夠時，就讓他們繼續去廣種福田、伏除性障，去作各種功夫和慧學的修證，繼續去努力。如果差那麼一點點，於是我從後面踢一腳，讓他入門。所以想要實證無相的境界，得要先「具足善根」，那麼「具足善根」就有很多個層面了，自己要去衡量。

但不只如此，實證以後，還得要「不求果報」。要「不求果報」，有的人接到禪三錄取通知單，知道要上山了，開始打妄想：「我這一下悟了，可以馬上出來弘法；我就可以開疆闢土，當開山祖師。」他又打妄想了。都還沒有悟呢！欸！想來還眞可愛！這就是求果報。但有的人，他的城府較深、心機較沉，沒講出來。而我們早期也不太去觀察，沒有管個人善根夠不夠，反正統統有獎。於是這類人悟了出來，私心開始作祟了！私心作祟就會出問題，將來也許會變成《佛藏經》講的產生業障！

有些事能作，有些事不能作；有些事作了，世尊說：「三位十地一切皆失！」這三賢位跟十地的修證，即使修到十地了，如果幹了那些事，「一切皆失」！一定墮無間地獄或阿鼻地獄；無數劫後回來人間，再從凡夫位開始，而且還有業障。什麼時候才能再回到十地？很遙遠哪！那不是三大阿僧祇劫的事！而且以前一切修證，全部都失去了！所以要「具足善根」以外，還得「不求果報」，悟了就是爲崇隆正法、利樂有情去作，不要用自己的私心去運作！善住光華開敷如來是這麼開示的。

然後，又有個重點來了：「如是菩薩摩訶薩，皆悉當往釋迦牟尼佛國，以本願力俱生於彼。」告訴大家說：像這樣的菩薩都應該往生去釋迦牟尼佛的國土。祂沒有反對人家往生娑婆世界。如果有的人可能會想說：「那我講『反對人家往生釋迦牟尼佛國』，這不太好聽；不然我就不要讚歎說：『你們要往生釋迦牟尼佛國。』這樣也行吧？」行不行？不行！如果有人是這樣，我告訴你：「那個是假佛，不會是眞佛。」假使有個弟子，要去哪個佛國禮拜某一尊佛，那麼那一尊佛的好處、祂的功德你就應該為他講解。如果這位菩薩仰慕於那一尊佛，那你就要鼓勵他往生去那個世界。所以 善住光華開敷如來讚歎 釋迦牟尼佛、勸勉他們之後，還告訴他們：「**像你們這樣的菩薩摩訶薩，全部都應該往生娑婆世界釋迦牟尼的佛國；因為你們跟祂的本願相應，所以你們就用這個本願的力量，捨壽以後就全部往生去那裡。**」這就是諸佛如來之所行，是我們之所應學。你可別說：「**我離成佛還早著咧！現在就學這個？不急、不急！**」其實不對！很多法不是到時候才學的，而是三大阿僧祇劫之中，次第把它學上來。

就好像《阿彌陀經》，世尊告訴我們說：「**如同我讚歎諸佛如來，諸佛如來也讚歎我釋迦牟尼佛在這個五濁惡世如何度眾生。**」道理是一樣的。所以釋迦牟尼佛觀察五濁惡世的眾生，有些人與三乘菩提無法相應，而且他們可能流轉的過程中會造下大惡業，所以鼓勵這些人往生去極樂世界；祂沒有想說：「**那我娑婆世界的弟子就越來越少了！**」沒有！所以完全沒有私心。老實說，入地就不會有私心了，何況成佛以後哪可能還有私心？其實其他的諸佛世界的菩薩們聽到那裡的 世尊告訴他們說：「娑婆世界現在有個正覺同修會，修證佛法很快速，你們福德夠的人應該要去！」一定會有這個情況。所以不必發愁說：「將來彌勒尊佛龍華樹下三會，那麼多人成阿羅漢，那些人要從哪裡來？」不用擔心啦！很多諸佛的世界，陸陸續續會有菩薩往生到這裡來的。

然後呢，等到這裡的末法時期已經過去後，大家就回去原來的世界，有的人就上兜率陀天追隨 彌勒菩薩；可是即使回去他們原來的世界，將來 彌勒佛成佛時，他們一定得要事先往生到這裡來等候；因爲也許他們已經修了很多劫了，證不到阿羅漢果，來到這裡就證了——龍華樹下三會說法，很快就證阿羅漢果了。諸佛都是互相讚歎的，隨順眾生的根性，該如何開示就如何開示，不夾雜絲毫的私心。那麼 善住光華開敷如來這樣開示之後，告訴諸多菩薩說：「你們往生到那裡去，要護持正法。」欸！點出這個重點來了，還是「護持正法」！顯然「護持正法」的事情很重要，但是今天時間到了！

《不退轉法輪經》上週講到第六頁第二段第四行，今天要從「護持正法」

這一句開始。上週最後說的那一句是說：「**以本願力俱生於彼。**」這是說：所有的菩薩都有同樣的本願，那「四宏誓願」是永遠都存在心中，而不會有所改變的。而諸佛都不會有眷屬欲，所以隨著眾生適合的心性，就把十方諸佛世界對祂座下的弟子有幫助的佛世界來告訴他們。就像《淨土經》裡面說的，如來介紹十方佛國世界給修「念佛法門」的弟子們；但是 世尊也說，猶如祂介紹十方佛國一樣，諸佛如來也介紹娑婆世界：「**釋迦牟尼佛以無比的大慈悲、大願力示現在這個五濁惡世；而這個地方的修行速度非常快，有這麼多的善力。**」所以諸佛也會介紹娑婆世界。

瞭解了這個道理以後，心裡就不要再起念頭說：「**我爲何福德這麼差，生在這個娑婆世界？**」可是人家別的佛國聽到別的 如來介紹娑婆世界時，卻急著想要往生過來。有一點像世俗的笑話說：「**有個象牙塔，裡面的人想出來，外面的人想進去，叫作什麼象牙塔？**」沒聽過喔？婚姻的象牙塔！（大眾笑…）對啊！已經進去的人想跳出來，但在外面的人又都很想跳進去；其實裡面跟外面差不多！（大眾笑…）對啊！眞的是這樣啊！所以娑婆世界跟純一淨土世界也差不多，沒有絕對的好，也沒有絕對的壞。

這個世界雖然不是清淨佛土，人心也不淨，但正因爲如此，所以這個世界修行很快呀！你如果往生到極樂世界去，那住在蓮苞裡面那麼長的時間，都是誰在布施給你？大聲一點哪！（眾答：阿彌陀佛！）對呀！本身福德已經不夠了，再給 阿彌陀佛布施那麼久！又沒多少機會修福德，何時才能成佛。這道理要想一想。可是你如果在這裡，隨時隨地都能布施；在這裡，畜生道的有情流浪狗等，你要布施太容易了！要不然到市場去，假冒爲比丘、比丘尼的那些人，你也可以布施，當他們是世俗法中的乞丐就行！到處都行啊！再不然，如果覺得這樣布施還嫌不愜意；那不然，你每天開個一億元支票到什麼慈善機構去，一家一家輪著開，沒有人罵你神經病，大家都歡喜接受。但你去極樂世界，蓮花開敷後你出生了，你能布施給誰？沒機會啦！沒機會布施，表示你的福德增長很慢。所以在這裡說國土不淨、人心不淨，別抱怨了！正因爲人心不淨所以你才好布施，否則你哪有福田可以布施？也許有人想：「那在極樂世界我也可以布施呀！我供養阿彌陀佛。」請問：「你從哪裡拿供物來？要拿阿彌陀佛的財物供養阿彌陀佛喔？」

所以很多事情單從表面上是看不出來的，那我們這個世界說國土不淨，人間有情也都是色身不淨；吃的食物也不淨，因爲是澆糞、澆尿而長出來的，當然不淨，而且泥巴也髒；所以說娑婆世界的眾生叫作「**食土眾生**」，都是吃土長大的；但是正因爲如此，所以在這裡學佛時修福德快。

但這個道理，釋迦如來不好說，否則這麼一講，有的愚弟子就會想：「**釋迦老爸怕我往生到別的世界去！**」因爲這裡人心不淨，就是會這樣想的，所以不講，由別的佛來講。所以有的人求生諸佛清淨世界，後來聽到那裡的佛說娑婆世界有這個好處，於是又回來；繞了一圈又回來！所以我把這個道理講清楚，以後就不用去繞一圈。假使有時候去諸佛世界，那是去供養、禮拜，快速地增長福德；接著還是要回來這裡，繼續來修六度。

想想看，在這裡單單一天持八關戒齋，勝過極樂世界修行一百年，那還是極樂世界的一百年，他們一天等於我們的一大劫。都還沒有修六度喔！只是持八關戒齋。那麼諸位想想看：在極樂世界，在那邊修行了可能幾千萬年以後，這裡已經過無量數劫了，結果他可能才剛剛開悟；那時留在這裡的人可能都已經入地乃至成佛了，而他才剛開悟，所以我說那叫作「易行道」。容易修行的，就表示修行的速度很慢哪！「難行道」呢？就是速度快。但是不管易行道、難行道，成佛修行的內容都一樣；不可能去極樂世界修行，成佛所需要的內涵就幫你優待、打個八折、三折，不會這樣！內容都一樣多；但是在那裡逆境很少，表示歷緣對境的修行機會少，那你想要成就「一切種智」就很困難！在這裡的逆境多，所以要修正自己的心性很快，除非沒有下定決心；如果有下定決心，每一個境界出現就去修正，馬上修改，那一切種智成就很快。所以有時候，有的大菩薩在下方世界、上方世界那已經修行無數劫了，為何還沒有成佛？因為要修易行道嘛。修易行道就表示他歷緣對境的機會很少，那他的習氣種子就一直隨眠在如來藏中，現行的機會太少，所以變易生死很難度過！

因此 善住光華開敷如來告訴他們說：「**皆悉當往釋迦牟尼佛國，以本願力俱生於彼。**」沒有吝惜這些菩薩弟子們，沒有想要把他們留著；因為讓他

們先去禮拜 釋迦牟尼佛;然後,回到國土以後就儘快往生去娑婆世界,讓 釋迦牟尼佛攝受,對他們是比較好的。這就是諸佛的考慮。那我們弘法也要這樣考慮,才能叫作孝子,否則就不像佛,就是不孝子。所以每個人的狀況不同,你要看誰適合怎麼樣的修行方法,就告訴他;福德不夠的人,再開福田給他去種;需要修忍辱行的人,偶爾把他叫來訓一訓;如果戒度持不好的人,那就從持戒方面去爲他加強,從各個層面去作。但是話說回來,還是在娑婆世界,常常有各種境界法來讓你去轉依如來藏的眞如法性,也能轉易如來藏中含藏的不淨煩惱種子。所以有很多大菩薩們還是願意留在娑婆世界,因爲境界很多,歷緣對境而修行的機會很多,斷煩惱與實證的速度就快。

所以我們往常也說,悟後不要躲到深山去隱居,反而是要出來爲眾生作事。爲眾生作事時逆境很多,反而可以磨鍊自己,將煩惱改易爲清淨法種。那 善住光華開敷如來說「**以本願力俱生於彼**」,也就是勸勉他們:「**下一世要往生到娑婆世界去,去到娑婆世界不是享樂的,是要護持正法。**」不是告訴他們說,來了娑婆世界先把修行修好;而是告訴他們說,來了要先「**護持**

正法」。所以正法有什麼波折、有什麼橫逆，就要設法去解決，讓正法可以發揚光大起來。「**護持正法**」的工作作好了，接著才是「**隨順諸佛本所修學**」。既然往生到娑婆世界來，爲什麼不是隨順釋迦牟尼佛本所修學、而是隨順「**諸佛**」？因爲「**諸佛**」的修學內容都一樣，內涵都相同的，所以祖師說「佛佛道同」，每一尊佛的法道都一樣；諸佛成佛所應該斷、應該證的內涵都一樣，所以成佛只有一種，沒有兩種。

但現在末法時代的怪象呢？以前妙天也是自稱爲佛，現在沒有了！現在換妙禪是佛，後山那位比丘尼也是佛，釋印順也是佛；問題是「佛的內涵」他們有沒有？這才是個癥結啊！這些人統合起來，都有一個特點，就是落在意識心上，所以能夠歸類爲同一類；這種假佛，大家現在都差不多清楚了。可是還有一種「假佛」跟傳統佛教大不相同，他們的成佛都要抱個女人。而他們的教義也怪，爲什麼沒有女佛、只有男佛？很不平等！對不對？因爲成佛既然要兩個抱在一起，那也可以主客易位啊！而且依照印順的講法，釋迦佛成佛只是人類歷史中的偶然，那就應該偶然也有女人成佛！那時就應該由女人來抱男人成佛了，可是又沒有！所以那是個很奇怪的邪教！

從因明學來講，或者說世俗法邏輯上講的，或是從理學哲學來講，根本講不通啊！所以密宗他們那個成佛，跟人家都不一樣！可是無始來的諸佛只有一種，沒有兩種！他們卻另外有一種佛，顯然那不是佛！所以「諸佛本所修學」、所成就的那一些內涵固然很多，但是說簡單一點，就是三賢位修六度波羅蜜多，地後修十度波羅蜜多。從見道開始，就是斷三縛結，加上開悟明心，然後眼見佛性，而後把三賢位應修的非安立諦修好，乃至到七地，總共十種現觀要完成；再後面一大阿僧祇劫，就是願波羅蜜多、力波羅蜜多，加上智波羅蜜多。接下去等覺位，百劫修相好，學習諸佛之所行，累積廣大福德；最後成就一切種智，就是成佛。

成佛的內涵是固定的，但是要把這個過程完成，什麼地方快速可以完成？就是娑婆世界！也許有人想：「應該也有別的佛世界，像我們這裡這樣吧？」是有這樣的世界，但是你得費神去找；諸佛世界大多數是純一清淨世界，你要找這樣的世界還不太容易呢！因為這種世界大部分時間沒有佛法住世，沒有幾尊佛願意在這種時節來示現的；與其費神到處去找，不容易找到，你留在娑婆就好了，幹嘛捨近求遠？因爲找到了，也是不清淨的世界，所以留在這裡恰恰好！那麼「隨順諸佛本所修學」，它是有一定的內涵，咱們大家知道了，就不會再受人瞞。

然後吩咐完了，告訴他們說：「汝可往見。」先把道理告訴他們，免得他們去到娑婆世界，起了輕心、慢心，所以先要告訴他們這個道理。那麼　善住光華開敷如來說完了，善音、善聲菩薩就說了：「我當乘佛神力，及過去、未來諸佛之力而詣於彼。」說我們應當要藉著　善住光華開敷如來您的威神之力，並且還要藉過去諸佛之力、未來諸佛之力而去到娑婆世界。

這有沒有帶著奇怪的意味？難道　善住光華開敷如來沒有威神之力、把他們送到娑婆世界嗎？還得要藉過去、未來諸佛之力而詣於彼。這裡面有玄機吧？對啊！是有玄機啊。所以讀經時，不是一目兩行、讀過去就算了，要讀出其中的意涵。那有的人開始在猜了，我就作個提示：「過去諸佛之力、未來諸佛之力是指什麼？」（眾答：如來藏）欸！對了！諸位好聰明！假使不是如來藏之力，他們兩個菩薩那兒也去不了！善住光華開敷如來要幫他們送去，也送不去！你看，這時候跟你點出來了！所以這部經很深妙的，才叫作《不退轉法輪經》。

換句話說，單靠自己的如來藏沒有這個能力，因爲太遠了！想想看：那麼遠的地方，譬如說有個雷射你可以一直照到那裡，都不會擴散掉，現在還沒有這個科技；就算可以一直照到那裡，都不會擴散掉，只要方向差一點點就到不了；那可不是十萬八千里，是超過十萬八千個佛世界之遠，所以還眞的需要 善住光華開敷如來之力。但是自己如來藏也得配合著，如果你的如來藏不配合著，哪能去呢？誰能幫你去？

譬如說《觀無量壽佛經》「上品上生」好了，這個佛弟子捨身之後，要往生極樂世界，他到底要不要中陰身？到底要不要？（有人答：要。）你們呢？女眾呢？也是要喔！以前就有愚癡人說：「不要中陰身啊！爲什麼要經過中陰身？」他們就是讀經讀不懂，經中明明就說了：「自見其身乘金剛臺，隨從佛後如彈指頃，往生彼國。」自己看見中陰身，或說「自己看見自己的色身」坐金剛臺上往生極樂，難道那色身還會是肉身嗎？不可能肉身往生極樂世界啊！那肉身要怎麼運送？對吧？中陰身就沒這個問題，因爲念佛的有情捨報時會生起中陰身，必須有中陰身才能讓如來藏托質；如果沒有中陰身這個微細物質作爲如來藏的所托，他如何坐上那個金剛臺？坐不上去啊！

又譬如說上品中生：「行者自見坐紫金臺。」蓮花中有個紫磨眞金的花臺出現後，要坐在那臺上，然後蓮花合起來以後，阿彌陀佛就把他帶去極樂世界。所以都是自見其身，坐在蓮花上面；這表示要有個托質，否則如來藏無形無色，佛如何能帶你去？譬如說你送孩子上學，說把他的心送去，色身留在家裡，行嗎？當然不行啊！所以一定要有個托質，心要托質於色身同行。那中陰身是祂的托質，依中陰身形質，佛就可以把他的如來藏送去極樂世界。同樣的道理，他們純一清淨世界的菩薩，可以這樣；所以除了要自己的如來藏，也要　善住光華開敷如來的威神之力，才可以送他們到娑婆世界來。這時候有沒有人想到說：「那文殊師利菩薩辦不辦得到？」如果祂知道是什麼世界自己就可以到，就表示祂有能力辦到，何況祂是成佛之後倒駕慈

益一切眾生。」爾時文殊師利，便禮善住光華開敷如來，遶佛三匝，恭敬尊重，與諸菩薩并舍利弗俱詣於彼，到已聽法，受佛教敕諦觀如來，散華供養，末香、塗香、繒蓋、幢幡清淨第一，悉為過去諸佛神力之所護持，念慧堅固，悉遍供養佛、法、僧寶，為一切眾生得解脫故。如大力士屈伸臂頃，於彼東方恆河沙佛前忽然而現，於諸佛所即便勸請廣說清淨不退轉法輪。】

語譯：【這時候善音等兩位大菩薩告訴文殊師利菩薩說：「我們想要晉見釋迦牟尼佛，以及諸位菩薩和一切大眾，我們應當依靠您的神力，而可以看見那尊釋迦牟尼佛。」文殊師利菩薩告訴兩位菩薩說：「善男子！你們應當先禮敬那位釋迦牟尼佛，也應當親近、供養、恭敬無量無數的諸佛，全部為利益十方世界的一切眾生，為了想要增長佛菩提的緣故，也是為了成就佛地智慧的緣故。」那兩位菩薩就隨順文殊菩薩的教導而這樣子說：「我們也應當隨著您逐一供養諸佛如來，一一親近、禮拜、尊重、讚歎，我們應當學習文殊師利菩薩，為了想要利益一切眾生。」這時候文殊師利就頂禮善住光華開敷如來，遶佛三匝，恭敬尊重，與諸菩薩們並且連同舍利弗一起到那一些地方，到達以後聽聞佛法，受佛的教導和敕令，並且詳細地瞻仰如來，散花供養，加上末香、塗香、繒蓋、幢幡都是清淨第一；他們全部都被過去諸佛的威神力之所護持，念心所、慧心所都非常地堅固，全部普遍地供養佛、法、僧三寶，目的是爲了讓一切眾生得解脫的緣故。猶如大力士屈臂、伸臂那麼短的時間，就在那東方恆河沙佛之前忽然出現，於諸佛的所在隨即就勸請廣說清淨的不退轉法輪。】

講義：這兩位菩薩因爲 善住光華開敷如來吩咐了，他們就向 文殊師利菩薩說：「**想要晉見釋迦牟尼佛，也想要晉見娑婆世界的這些菩薩和一切大眾。**」當時自己沒有能力，所以說：「**當依汝神力得見彼佛。**」因爲 善住光華開敷如來，已經把他們兩位交付給 文殊師利菩薩了，那他們當然就有理由賴上 文殊菩薩了。但這也是禮節，因爲 如來吩咐了，當然要依 如來的告誡，奉命而行。接著就是 文殊師利怎麼教導他們的事了，所以 文殊師利教導兩位菩薩說：「**善男子！你們應當先禮拜娑婆世界的釋迦牟尼佛。**」那爲什麼要先禮拜？爲什麼不是直接就去了？這就好像說，你如果想去拜訪某甲，先打個電話：「我什麼時候到，您有空沒？」有時候來得不巧，那就白來一趟了！所以先要頂禮。

你頂禮的時候，總不會先想著別的佛吧？不會啊！頂禮 釋迦牟尼佛，就是憶念 釋迦牟尼佛；你這時候一心頂禮了，釋迦牟尼佛就知道：「有這麼兩位菩薩要來。」或是五十位、一百位，你們這一心頂禮，佛就了知了！這也是個禮節。所以如果哪天你有了意生身，可以到千佛世界、萬佛世界去時，你哪天心血來潮：「我想去親近某一位世尊。」並不是直接就去了，要在這裡先頂禮。如果那位 世尊祂的時間不湊巧，也許祂正在講經、正在作什麼；有事情正在辦，時間不湊巧，就會給你一念，你就會知道：「現在不合適！」諸佛如來都是這樣，祂會給你一個念頭，沒有語言、文字，但你馬上知道了。所以不方便，那就換個時間再去；所以應該要先頂禮，頂禮之後才可以去。

但是要去到位在西方恆河沙數世界外的娑婆世界時，因爲這是 文殊菩薩先往東方的 善住光華開敷如來的世界，所以娑婆世界變成在西方了；但是 文殊菩薩去那麼大老遠，經過那麼多的佛世界，都不跟諸世界的如來打聲招呼喔？得要打聲招呼！順便廣作佛事。這功德的修集、福德的修集才會快；如果把這個大好機會放棄了，多可惜！兩個佛世界中間的諸佛如來知道誰過去了，也會笑：「眞不懂禮貌！」這個道理也要學。

也就是說：佛法是很圓融的，那我們在這裡學到這一些法，帶到日常生活中，面對同修們、面對師長、面對晚輩也應當圓融；所以作事情的時候，不要像刀切豆腐，一刀就變成兩半！當然「刀切豆腐」還有一個解釋，這一切就是兩面光。但道理是說，作事情都要圓融一點，不要橫衝直撞直接就把它解決掉。那麼因此經過那麼多的佛世界，也應當有所作爲——正確的作爲應當要作，所以說「亦應親近、供養、恭敬無數諸佛」。這中間要經過那麼多的佛世界，每一個世界都要去作，你心裡面別想說：「那無量無數的世界，一一佛都去頂禮、供養，我回到娑婆世界是什麼年代了？」不用想！因爲祂們的威神之力足夠，文殊菩薩就夠了！那這個後面再講，現在提示一下就好。

所以接著就說明爲什麼要這樣作，「悉爲利益十方世界一切眾生」，因此一切皆是佛事。不要像一般學佛人那樣，學佛的時候是佛事，然後其他就全部都是在世間法中流轉。這幾位菩薩可不是這樣的，一切都是佛事，爲了要利益十方世界的一切眾生。那麼利益一切眾生，對自己也是有利益的，所以說「**爲欲增長佛菩提故**」。經過那麼多佛世界的時候，同時要對所經過的諸佛世界的世尊，都要親近、供養、恭敬，這是修福的好機會；可以增長自己的佛菩提，也可以利益十方一切的眾生。利益了十方一切眾生的時候，表示你的佛土跟著增長了；因爲這些眾生得到你的利益，跟你有緣了，將來你成佛的時候，他們也會來親近。不要以爲說：「**這跟我好像無關吧！**」不要這樣講；因爲進了正覺同修會既然可以實證，這就跟你有關。現在就開始學，將來也一步一步這樣作。那麼這樣利益十方世界一切眾生以及增長佛菩提，目標就是最後這一句：「**亦爲成就佛智慧故。**」這個是結論，這是目標：爲成就佛地的智慧。

文殊菩薩吩咐完了，那兩位菩薩「**即如其教**」，就遵照他的教導，就這樣說了：「**我們也應當隨從文殊菩薩您，隨逐於您的身後，一起去供養諸佛如來，去親近、禮拜、尊重、讚歎；我們應當效法文殊師利您，爲了利益一**

切眾生。」你們看：這兩位受教不受教？（大眾答：受教。）眞的受教啊！好有智慧！可是娑婆世界學佛人有時候很奇怪，有的人我派給他一個差事，他老是推託：「**我沒那個能力啦！我行嗎？**」到最後還眞的不行，因爲他都說他不行了，哪能行？所以佛菩薩派給你什麼事情去作，你就不二話，接了就作；因爲會派你去作，一定是認爲你有能力；如果你有什麼地方作得不好，祂會來協助你的；那時也許有些地方需要改一改，就改一改，你聽話改了就好。如果老是說：「**我的能力不夠啦！我太差啦！**」那你就永遠不會進步。

所以跟隨著大菩薩，你就好好學著，他說可以，你就可以；你還覺得不行，他說你可以，就表示他會拉拔你；千載難逢的機會，不可以往外推！尤其遇到　文殊菩薩，這種菩薩是可遇不可求；他說可以，你就可以了，你就趕快應諾。這時候，他們兩位表達很清楚了：「**我們追隨文殊菩薩您，您教我們怎麼樣，我們就怎麼樣。**」於是這時　文殊師利，就禮拜　善住光華開敷如來，「**遶佛三匝，恭敬尊重，與諸菩薩并舍利弗俱詣於彼**」。這時候，禮拜　善住光華開敷如來，這就是告辭。如來吩咐完了，把他們交給　文殊菩薩；

文殊菩薩也跟他們吩咐完了，那就可以離開了；所以離開之前，不是轉身就走，要先禮拜佛，就是「告辭」的意思。

禮拜完了，然後恭敬、尊重，跟舍利弗同時到達其他諸佛如來的面前。那麼假使如來正在說法，就聽一會兒；得要聽一會兒，不可以一來就打招呼，然後就走了。那麼諸如來看到他們來了，當然會把正在講的內容講一個段落，這個段落講完了，然後對他們「教敕」，吩咐他們哪些要注意的地方。吩咐完了，他們就散花供養，包括末香、塗香、繒蓋、幢幡都是清淨第一；並且被過去諸佛的威神力之所護持。

這時候「念慧堅固」，就是把諸如來所教導的、所吩咐的都記住了，念心所成就；如來的教導也啓發了一部分的智慧，這智慧也都心得決定，有如實的勝解而不猶豫，這叫作「念慧堅固」。然後就普遍地供養佛、法、僧寶。剛才是供養、禮拜所經過諸世界的如來，現在要離開了，再作一遍供養。供養三寶，就是再一次供養諸佛如來，也供養諸如來座下的一切僧寶。那麼如法供養就是「法供養」、就是「供養法」；這個目的是爲了一切眾生得解脫的緣故，因爲大眾之中，不是每一個人對諸佛如來都具足信心，有的可能都還在十信位；這一些人你也得利益他們，所以說「爲一切眾生得解脫故」，要讓他們對諸佛如來具足信心，這很重要。

接著揭曉了！那麼遠的距離，經過那麼多的佛世界，他們怎麼禮拜、供養的？「如大力士屈伸臂頃，於彼東方恆河沙佛前忽然而現，於諸佛所即便勸請廣說清淨不退轉法輪。」這就是 文殊菩薩的威神之力！猶如大力士，就這麼一屈一伸這麼短的時間，在東方恆河沙佛之前，突然出現了！他們四個人率領諸菩薩眾就突然出現了。出現時並不是只有出現在一個佛世界、一尊佛前，而是「於諸佛所」；就是這麼多的恆河沙佛之前，全部有 文殊菩薩，也有善音、善聲菩薩，也有舍利弗及諸菩薩，全部出現，諸佛所之前都有；然後同時「勸請（諸佛）廣說清淨不退轉法輪」，爲什麼要勸請？文殊菩薩面面俱到，因爲在娑婆世界，釋迦牟尼佛即將開講這部經典，文殊菩薩等於去作廣告，於這麼多東方恆河沙佛世界一一勸請。

勸請之後，諸佛座下的弟子們會不會問？一定會問的！所以 釋迦牟尼佛即將開講時，諸佛也介紹完了，他們就可以來聽。這一招得學吧？對啊！因爲 釋迦古佛要講這麼好的經典，怎能不宣告天下？也就是宣告東方諸佛國，讓諸佛如來告訴大家：「娑婆世界的釋迦牟尼佛即將宣演這一部經。」這個經名提出來了之後，諸佛國終究會安排時間也講這一部經。這個在告訴我們：諸佛所說的法都是相通的；那麼這樣就消除了某些人胡思亂想說：「也許我們娑婆世界學的佛法比較低吧？」有的人眞會這樣想，因爲他的知見太膚淺，總是想：「那極樂世界的法一定比娑婆世界好，那個世界比較高級，而且都是蓮花化生；我們這裡是肉胎出生而且又不清淨，可能我們這裡的佛法層次也是比較低吧？」有的人會這樣想，這也難怪！因爲他們還在十信位，這都是正常的。

但是諸佛菩薩就要告訴大家：「娑婆世界沒有比較差，而且娑婆世界第四尊佛釋迦如來是古佛再來、是在無量無邊百千萬億那由他劫之前已經成佛；現在爲了一千位兄弟當年的約定，再來示現成佛一次，這是很難得遇到的。」當然啦！古佛與今佛其實沒差別，因爲證量都一樣；但是古佛而願意在人壽百歲的五濁惡世來成佛，這不是很令人尊敬的事嗎？這得要有大慈心、大悲心、大願心才辦得到；並且還得要有大雄、大力，否則無足以降伏外道。因爲五濁惡世的外道都不好惹，這個道理大家也要理解。所以勸請諸佛廣說「清淨不退轉法輪」時，就讓他們所經過的一切世界的佛弟子都知道有這麼一部經，知道它是勝妙的，否則不會有這樣的大菩薩來勸請。那麼我們不必再解釋太多，把重點解釋了就好，趕快要進入主題。下一段！

經文：【是諸佛國無有女人，亦無二乘聲聞、辟支佛名，亦如善住光華開敷佛國等無有異，諸世界中純大菩薩以爲莊嚴。是諸菩薩毛孔臍中皆出蓮華，蓮華臺中皆有菩薩，一一蓮華臺上皆有文殊師利，悉作如是神通變化，供養諸佛。南西北方、四維上下，乃至十方世界，悉有文殊師利，說不退轉法輪，皆有二菩薩，從華臺中而出問佛：「彼娑婆世界云何名爲說三乘法？」皆悉欲隨文殊師利，見釋迦牟尼佛。爾時文殊師利法王子於十方世界，安慰諸菩薩等：「我當共汝俱往至彼娑婆世界。」到閻浮提，天將欲明。】

語譯：【這一些佛國之中都沒有女人，也沒有二乘聲聞、辟支佛的名稱，也像善住光華開敷佛國沒有差別；這一些世界中，純粹都是大菩薩來作為莊嚴。這一些菩薩們的毛孔、肚臍中，皆出現了蓮花，而每一朵蓮花的花臺中都有菩薩，每一個蓮花臺上都有文殊師利，全部都作出各種的神通變化，來供養諸佛。東方如是，南方西方北方、四維上下諸方，乃至於十方世界，全部都有文殊師利，在演說不退轉法輪；也全部都有兩位菩薩，從花臺中出來請問諸佛陀：「**那個娑婆世界為什麼叫作演說三乘法？**」他們全部都想要追隨文殊師利，來娑婆世界晉見釋迦牟尼佛。這時候文殊師利法王子在十方世界，安慰諸菩薩們說：「**我應當和你們大家一起前往去娑婆世界。**」然後就帶著他們來到娑婆世界，回到閻浮提的時候，天快要亮了。】

講義：我們講了多久，現在才天將要亮！（大眾笑⋯）因為這段半夜裡的時間，文殊菩薩所作的事情太多了！先回到經文剛開始時，世尊放大光明，整個祇洹精舍只有光明，世尊房間左右充滿池水，光明普照著祇洹精舍⋯⋯，這樣一堆的故事再回來到這裡，才「**天將欲明**」。大概就是金星已經浮現出來了，可是天還沒亮。

回到這一段經文來，「是諸佛國無有女人」，言外之意就是：「是諸佛國無有男人。」全部都是男人的時候，還叫男人嗎？其實就是中性身，那些清淨的佛世界猶如色界天一樣，只叫作「人」，沒有區分了。因為那種純一清淨世界，各有因緣受生，不是像這一種五濁惡世受胎而生，所以沒有男女不同色身之分。譬如說，你如果修得初禪，生到初禪天去，初禪天也沒有女人。沒有女人的意思，就叫作沒有男人，因為都是中性身。這一些純一清淨的佛世界，也聽不到聲聞、辟支佛的名字；這種名稱你聽不到，因為它就是「唯一佛乘」，佛法一開始就是講十信位，十信位講完了，講初住；初住講完了，講二住；講到第六住時，就說「般若」。

這時諸位有沒有聯想到一點什麼？有沒有？嗄？那我問諸位好了！假使我出來弘法，我從初信位開始講；這十信位不要講太久，講十年就好。然後初住位，我該講多久？初住位是要修一大阿僧祇劫的三十分之一，而十信位一劫乃至萬劫可以完成，那初住位我要講多久？如果我講到六住位，那得要幾千年！幾千年講完，你還沒悟（大眾笑…），還在修學「般若」！「唯一佛乘」就是這樣講的啊！那你要聽到什麼阿羅漢、辟支佛等，都聽不見！因爲解脫道就併在佛菩提道中，所以阿羅漢位的成就，是在入地之前才成就的，那是一大阿僧祇劫。所以你要進入第七住位證悟而不退轉，那是一大阿僧祇劫的三十分之七；這樣我講上一千年，你都還沒有開悟！這樣想一想，腦筋轉一下，趕快留在娑婆世界了。

對啊！你看，來正覺同修會，有的兩年半、有的三年、有的五年，多不過十載就悟了！可是如果在那種純一清淨世界，那要等很久；不過也無所謂，因爲那日子太好過了！可是如果你慈悲心切，還是到娑婆世界來。所以爲什麼他們那一些世界沒有二乘聲聞、辟支佛名？這是有原因的。因爲你如果要達到阿羅漢位解脫果，那你修到初地就有了。入了初地之後，還要修十度波羅蜜多，那就起惑潤生，又不叫阿羅漢了，所以也聽不到阿羅漢的名稱。即使你剛入地，之前必須要先證阿羅漢果，也不跟你說那叫作阿羅漢果；就告訴你：「入初地時，可以脫離三界生死。」不給你個封號「阿羅漢」，辟支佛也別提！所以這經文的言外之意你要懂，不要讀過就算了。

這也是說，這一些純一清淨世界的佛國，也就像 善住光華開敷佛國等無有異，同樣都是純一清淨世界。正因爲是純一清淨世界，所以 文殊菩薩可以這樣化現。那麼這一些世界，都是純粹的大菩薩以爲莊嚴；換句話說，這一些世界沒有明心的人去不了！稱爲大菩薩（摩訶薩），至少要證悟了，才能叫作大菩薩。就像《楞伽經》講的，證悟以後成爲「菩薩摩訶薩」，都是以這樣的菩薩作莊嚴，不是一般人所能往生的。

那他們那種世界沒有時間的壓力，壽命很長，所以他們可以慢慢學。但是如果你要超劫精進，要化長劫入短劫，就到娑婆世界來；可是有個前提：娑婆世界得要有「正覺同修會」存在，可不能消失了。如果已經消失了，來也沒用！那我們現在制度化作得很好，所以可預見的未來，一兩百年不會消失！所以現在聽說有一些他方世界的菩薩，陸陸續續往生來這裡。看來正覺同修會可以壽命綿長，一定是這樣的；否則他們爲什麼往生來？往生來了，出生以後還要二十年才會長成。二十年長成後就開始學嗎？不一定！還要有些因緣，大概三十來歲，遇到了正法才進來同修會，所以這是一個光明面。

現在話說這一些世界，諸菩薩的毛孔和肚臍中，都出現了蓮花；爲什麼文殊師利菩薩要作這樣的神變呢？這讓那些菩薩們不注意到都不行！假使你毛孔出現了蓮花，他們會怎麼樣？（大眾笑：）一定會注意到啊！所以 文殊菩薩的一些作爲讓人不能忽視，他是這樣變化的。出現了蓮花不打緊，這蓮花臺上面都有菩薩，因爲這一些蓮花臺上都有 文殊師利。看去這麼多蓮花，上面都有 文殊師利，你不注意也難啦！然後每一朵蓮花上面的 文殊師利菩薩都作各種的神通變化來供養諸佛。

人家福德是這樣修的！誰能夠這樣修福德啊？我們就把它放在心裡面想：「有朝一日，我也要像這樣。」因爲修集福德永遠不嫌多。不但是東方恆河沙佛世界是這樣，南方、西方、北方、四維上下，乃至十方世界，都有文殊師利菩薩如是化現，都在爲人演說「不退轉法輪」。這個時候，也都有那兩位菩薩，就是善音、善聲菩薩，從蓮花臺中出現，來問諸佛：「娑婆世界爲什麼叫作演說三乘法的世界？」因爲在他們那種世界就是唯一佛乘，所以他們好整以暇，從初信位、二信位，一直講到初住、二住、三住……等。

但是我們這裡不行！這裡人壽百歲，少出多減；大部分的人不滿百歲，只有極少數人可以超過百歲。既然是這樣，你直接告訴他「唯一佛乘」，十信位還沒聽完，他死了！那你叫他信什麼？他一定打從心眼裡就懷疑：「到底是眞的、假的？」所以在這種五濁惡世、人壽短促時，要先講二乘菩提，讓大家可以實證；親證之後發覺：「原來眞的可以不受後有、脫離生死苦，佛說法無二，不欺誑人！」知道 如來不欺誑人了，那 如來再說大乘菩提的時候，雖然說要修完三大阿僧祇劫才能成就，大家也就有信心了。

所以這種時候，就是要演說三乘菩提，不能純說唯一佛乘；這就是 釋迦如來的方便善巧。那 文殊師利菩薩故意這樣作，也化現出善音、善聲兩位菩薩來請問這個事情。這也是幫助純一清淨的佛世界那些佛弟子們，知道佛法還有娑婆世界是這樣修行的。那諸佛如來解釋的時候，就會把我剛剛講的道理講出來：因爲人壽百歲，少出多減，所以得要這樣作。因此在幾十年之中，趕快把福德修集起來，次法修集好了；然後斷三縛結，接著可以開悟明心、眼見佛性，就把這個道理講給他們聽。

諸佛如來不會隱瞞下來，這個因緣出現了就會講；一定也會有人心生嚮往，就會求生娑婆世界而來；不怕苦的、不怕死的就來！那你們有沒有想一想說：「**搞不好，我也是聽聞到這樣，不怕死而來的。**」有沒有這樣想？（眾答：有！）有喔？那我出世弘法還眞對了！因爲諸佛世界就是這兩種情形：純一清淨世界以外，就是像我們這一種人間穢土，那麼在人間穢土當然得要這樣作；即使到人壽八萬四千歲時，也是要讓大家趕快去證阿羅漢果。所以彌勒佛將來示現在人間，最初在龍華樹下三轉法輪時只說聲聞法，大家都是聽完就成阿羅漢。

那麼這樣看來，顯然娑婆世界比較好，以後就不要嘮嘮叨叨說：「**這個世界這麼不清淨，人性也很險惡！**」正因爲不清淨，你才好修行啊！如果世界都清淨，誰給你生氣？那你那些「瞋」的習氣種子如何現行？都不現行，你就沒機會斷它。所以如果遇到誰給你一個違心之境，你覺得不爽，一氣起來，開口就說：「謝謝你！」（眾大笑⋯⋯）對啊！應該這樣，因爲你馬上就把瞋砍了！所以對佛法的認知應該要有比較廣的層面，不要只看一個局部。

這時候，諸佛當然會解答他們的請問，說明娑婆世界為什麼叫作三乘菩提之佛法。解釋完了，他們全部都想要追隨 文殊師利，去娑婆世界晉見 釋迦牟尼佛。這時候 文殊師利法王子在十方世界，同時安慰諸菩薩等：「**我應當和你們一起前往去到娑婆世界。**」然後就以他的威神之力，帶著大眾一起回到閻浮提；這時候天還沒亮，是即將要亮了。好，這個鏡頭就轉回娑婆世界了。那我們來看娑婆世界的狀況：

經文：【是時阿難，天既未曉，門籥孔中而見光明，即起出外，便見大光遍照祇洹，淨水澄潔湛然盈滿，淵明鏡徹、無諸塵垢，林樹精舍悉皆不現。爾時阿難見已即作是言：「今何因緣忽有是相？」尋念此瑞必說大法。爾時阿難入其水中，足不沉沒，水不著身，心意歡喜，即往佛所；遶佛住處有十千蓮華，聞大音樂；見諸蓮華皆出光明，其光遍照祇洹精舍，及舍衛國閻浮提內；三千大千世界，悉皆大明如晝光照。阿難踊躍發大歡喜，右膝著地，恭敬合

掌一心向佛。】

語譯：【這時天都還沒有明亮，但是阿難於門的鎖籥孔中，忽然看見了光明，從外面照射進來，立刻就起身走到門外，便看見很大的光明，普遍地照耀整個祇洹精舍。整個祇洹裡面都很明亮，清澈的水很澄清、很清潔，並且不會有波浪，沉靜地盈滿於整個祇洹林中，就好像深淵一樣很寧靜，就如同鏡子一樣照耀得很清楚，而且沒有絲毫的塵垢。因爲很明亮的緣故，祇洹林中的樹木和精舍全部都看不見了。阿難看見了就這麼說：「今天是什麼樣的因緣，忽然有這樣的瑞相？」立刻就想到：「有這樣的瑞相，釋迦世尊一定會演說大法。」這時候阿難就踏入那個水中，但竟然腳不會沉沒，水也不會沾著到身上來。所以他心意歡喜，就前往佛陀的所在；接著看見圍繞著佛的住處有一萬朵蓮花，又聽聞到很大的音樂聲；並且看見所有的蓮花都放出光明，那些光明普遍地照耀祇洹精舍，以及舍衛國和閻浮提中。整個三千大千世界全部都有很大的光明，猶如白天的光明照耀。阿難看見了，心中很踴躍，發起大歡喜心，右膝著地，恭敬合掌一心向佛。】

講義：因為 世尊和舍利弗、文殊菩薩他們是中夜就開始布置這一場法事了。但 文殊菩薩去到十方世界又回來了，「**天將欲明**」，表示天還沒有亮，是即將要亮的時候。那阿難在房間裡，天還沒有亮當然外面是暗的，裡面應該也是暗的；但突然有大光明出現時，一定會從那個鎖匙孔照進來。這時他覺得奇怪，所以出外去看，就看見了那個瑞相——大光明遍照整個祇園林中，而且地面上都是「**淨水澄潔湛然盈滿**」。「**湛然**」就是不會動，它是往下沉而不會有水波來搖動的，那就是湛然，很平靜的模樣；看起來好像是很深的水一樣，而且都透明。這時候他見了，知道一定是要演說大法了。那他跟其他的比丘不同，就試著去踩那個水；結果發覺不會沉下去，「**足不沉沒，水不著身**」啊！所以他很歡喜，就從水面上一直走過去，來到 佛陀的所在時，看見 佛的住處旁邊有十千蓮花，就是一萬朵的蓮花，然後又有大音樂。所以他這樣看見了以後，發覺這個光明不是只有在祇園林中，而且包括整個南閻浮提；甚至照耀到整個三千大千世界，娑婆世界全部都放光明。他看見了，所以很歡喜；右膝著地，恭敬合掌一心向佛。下一段：

經文：【爾時明相便已顯現，日欲出時，見十千蓮華中，有一蓮華於祇洹林最勝特出，尊者阿難發心念言：「今日世尊必應說法，我當敷座以待如來，見有如是說法相故。」即便爲佛敷師子座，於一瞬頃刹那中間佛坐已定；爾時大地六種震動，乃至十方恆沙世界，亦復如是六返震動；三千大千世界遍布天華：拘物頭華、分陀利華、優缽羅華，諸果華樹自然而出。】

語譯及講義：【這時候天色光明相已經開始有些顯現，因爲他走到佛的住處有一段距離，這時候太陽快要出來了，就看見這一萬朵蓮花之中，其中有一朵蓮花，在這祇園林中最爲殊勝特別，這時候阿難尊者發心念說：「**今天世尊一定會說法，我就來把這一朵特別殊勝的蓮花敷設好座墊等待如來，因爲我已經看見有這樣的說法瑞相的緣故。**」所以趕快去把佛座的坐墊取了來，才剛敷設好，一眨眼之間佛已經坐好了。】這眞的叫作「一刹那也遲不得」，所以要當 佛的侍者不容易啊！看見什麼樣的狀況，馬上知道現在是要作什麼。所以有好多人，佛陀就選阿難當侍者，因爲知道他懂這一些；而且阿難的本願——要憶持諸佛如來的法藏，也得是他了！

那麼 佛陀坐定之後，入定了，這時候大地六種震動，這我們不解釋了。乃至於十方恆河沙數世界，同樣六返震動。如果是一般人會怎麼想：「你說法就說法，爲什麼我這裡要震動？」（大眾笑…）但是諸佛之間就是這樣，如果有特殊的法要宣說，那一定是大法；就需要十方諸佛世界大地六種震動，讓諸佛有因緣爲大眾說明有這樣的一個大法。接著「三千大千世界遍布天華」，因爲六種震動之後，又出大音樂聲，諸天都警覺到了，當然他們要散花供養，所以這時遍布天花，所謂拘物頭花、分陀利花、優缽羅花，我們就不解釋了。

那麼「諸果華樹自然而出」，就表示這些諸果花樹不是人間的，都是天上的；諸天天主、天人爲了要供養，所以作了這樣的事情。阿難尊者也作了他該作的事了，再來看看諸比丘怎麼回事？

經文：【時諸比丘皆悉欲出，見其大水而心驚怖，都不敢出。見祇洹林

僧房，池水悉已盈滿清淨無垢，一切樹木及諸僧房，堂舍園苑亦皆不現，唯見光明無不遍照。諸比丘等俱作是言：「今此瑞相必說大法。」】

語譯及講義：這時候，諸比丘因為天要亮了而且有大光明，所以都想要離開房間了。這時即將踏出門來卻看見了大水，心中驚訝、恐怖，都不敢走出房來；因為看起來是很深的水，不敢走出來！這時又看見了祇洹林的僧房，池水全部都已經盈滿，但是清淨無垢；而一切的樹木，以及一切僧眾所住的房舍，乃至於講堂、房舍、園苑全部都看不見了，只看見光明到處遍照著。諸比丘們都這樣說：「今天有這樣的瑞相，一定會演說大法。」諸比丘沒辦法出門了，都在自己的房舍裡面，不敢走出來。接著呢：

經文：【爾時世尊從禪定起安祥而坐，十方世界一切諸佛，放大光明，若干寶網百千萬億無數種色，眼識所識不可執捉。文殊師利共十方恆河沙等諸佛世界大菩薩等，為欲利益無量衆生，於一一諸佛、多陀阿伽度、阿羅呵、三藐三佛陀，皆悉禮拜、供養、恭敬、尊重讚歎，與如是等諸菩薩摩訶薩俱，

神通變化不可思議，欲令衆生使信佛法教化利益，隨其所應皆得聞見，方便爲說悉令解悟。】

語譯：【這時世尊從禪定中出定了，安祥地坐在那個特出的蓮花之上，十方世界的一切諸佛知道世尊出定了，放出大光明來；那些光明中有若干的寶網，有百千萬億無數種的勝妙色彩，是眼識所能夠識別，但不是物質而不可執捉。文殊師利和十方恆河沙等諸佛世界的大菩薩們，爲了要利益無量的衆生，對於十方世界一一諸佛、無上正等正覺、阿羅漢、三藐三佛陀，全部都禮拜、供養、恭敬，而且尊重讚歎。與這樣多的菩薩摩訶薩同在一起，示現了神通變化不可思議，目的是想要使衆生相信佛法教化的利益，隨著衆生們的能力之所應該看見或聞見的，就讓他們那樣看見或聞見；並且運用各種的方便善巧爲他們解說，全部讓他們能夠理解而悟入。】

講義：這樣看來，大菩薩不好當！如果說他成佛了，那他應該更有這個能力啊！所以如果哪天遇見了哪一尊佛，不管叫作「宇宙大覺者」，或者叫作什麼「妙禪佛」，可以告訴他們：「**你變給我看！因爲你說成佛了，所以很**

多事情都可以拿來檢驗了；那你成佛了，也能幫人家斷『三縛結』啊！你的弟子之中有哪一位斷三縛結了？我要跟他結交。」然後當面就跟他勘驗，看他的弟子中有無須陀洹；身邊若無弟子時就勘驗他。如果沒有弟子們斷三縛結，可以轉身對那一尊佛說：「你這個妄語佛！」今天講到這裡。

《不退轉法輪經》上週講到第九頁第一段，今天要從第二段開始：

經文：【爾時文殊師利知釋迦牟尼佛坐已，一切大地六返震動，有諸菩薩從地涌出，一阿僧祇、百阿僧祇，乃至百千萬億那由他數阿僧祇等，悉來集會，俱共遶佛至百千匝。復持無數蓮華若干種色，其葉無量不可思議而散佛上，能令衆生一心專念發趣勝慧，所散之華遍覆三千大千世界，龍堅栴檀種種諸香，持戒、忍辱、精進、禪定、智慧、方便、神通波羅蜜，皆是無相助道之香，并諸栴檀衆雜妙香，悉爲十方諸佛神通之所護持，以用供養釋迦牟尼佛。】

語譯：【這時文殊師利菩薩已經知道釋迦牟尼佛在蓮座上坐定了，一切大地有六種的往返震動，同時有諸菩薩從地涌出，數目是一阿僧祇、百阿僧祇，乃至於百千萬億那由他數阿僧祇等，全部都來到娑婆世界集會，大家全部一起遶佛至百匝、千匝。大眾又手持無量數的蓮花，那些蓮花各有不同的顏色，每一朵蓮花的葉瓣都是無量，不可思議地散於釋迦牟尼佛上，這樣的莊嚴情境能使得眾生一心專念釋迦牟尼佛，而發起趣向勝妙的智慧，所散的花遍布於三千大千世界；並且還從天而降，有龍堅栴檀等種種的香，還有持戒之香、忍辱之香，精進、禪定、智慧、方便、神通波羅蜜之香，全部都是無相的助道之香；並且還有種種的栴檀一類的各種雜妙的香，全部都是被十方諸佛神通之力所護持，以這一些花與香用來供養釋迦牟尼佛。】

講義：希望有天眼可以看見，因爲從他方世界來的菩薩們，不是這種粗重的肉身，所以才能夠那麼快的時間就到達這裡，這當然是要有天眼才能看見。「一切大地六返震動」，我記得我們有一次也是這樣，那次是講《楞嚴經》吧，是《大乘起信論》嗎？那次就是六返震動，只是你們可能沒感覺，我的法座就是這樣動的；很奇特啦！但先不談它。

在《法華經》裡面說：「**有無量無數阿僧祇菩薩，是文殊師利所度化的眾生，從海涌出。**」應該還有這個印象吧！那麼這時說，這些菩薩們從地涌出，數量非常之多：有的一群菩薩是一阿僧祇，有的一群菩薩是百阿僧祇，乃至於百千萬億那由他數的阿僧祇，所以他方世界來的菩薩非常多。他們知道 釋迦如來要宣演無上大法，所以全部都來這裡集會。

來到這裡的時候，總是要向 如來表示恭敬，所以人間最平常的禮節是右遶三匝；但是這些菩薩們不只是右遶三匝，遶佛是百千匝；同時也以蓮花和各種香來供養。除了物質的香以外，也還有六度波羅蜜加上方便波羅蜜、神通波羅蜜的無相之香；這一些香都是助道之法，並且加上各種的「**栴檀眾雜妙香**」，一起來供養 釋迦牟尼佛。諸位聽過《法華經》了，知道為什麼十方諸佛會用威神之力來護持，以各種香來供養 釋迦牟尼佛；因為 釋迦牟尼是古佛再來，祂在無量無邊百千萬億那由他劫之前成佛；在這個過程中，祂已經有多少弟子成佛了。這時人家要來供養 釋迦牟尼佛，祂們當然會知道，所以也會用神通之力共同來護持。

所以我這樣想起來：「釋迦牟尼佛座下，很多弟子已經成佛了，我還在這裡混！」（大眾笑…）很差！（大眾答：不會。）怎麼不會？我覺得是很差啊！因爲都已經很多弟子成佛了，我還在這裡呢！所以有很多不可思議的事情，沒有人把實情說出來，大眾是不會知道的。那我總是要把所知道的，一分一分慢慢來告訴大家。將來龍華三會，聽到 彌勒佛講深妙經典的時候，才不會很驚訝的樣子，否則人家就會說：「原來你們都是一群土包子！」所以諸位到那時候，都要很清楚知道：自己的定位在哪裡，釋迦古佛的定位在那裡，祂跟諸佛的關係又是如何，都應該要有所了知。這一段就這樣快速講完，接著進入下一段：

經文：【爾時文殊師利爲欲供養諸如來故，與眾菩薩莊嚴妙塔，持諸摩尼八楞寶珠，及眾寶樹繒蓋幢幡，以雜寶網羅覆其上。亦以摩尼造作僧房，門屏戶牖種種嚴飾，池泉流渠及諸大河，優鉢羅華、拘物頭華、分陀利華、眾寶蓮華而覆水上；八功德水亦常盈滿，異類眾鳥皆悉遊集，諸天寶樹隨念

皆現，救度衆生使得解脫、爲修佛智發菩薩心，皆是文殊師利不可思議神通變化，乘佛神力及誓願力，亦是釋迦牟尼佛本行願力。文殊師利作是變化，爲欲成就調伏衆生，心不思議、見不思議，發大莊嚴入聖境界。

語譯：【這時，文殊師利菩薩爲了想要供養諸如來的緣故，就與眾菩薩莊嚴各種的妙塔，並且執持了各種不同顏色、不同材質的寶珠，這些寶珠都是八楞的寶珠；以及各種的寶樹，加上繒蓋幢幡，用雜寶織成的網來羅覆在塔上面。並且也用摩尼寶珠來造作僧房，門、屛風以及進出的門戶或者窗戶等都有了種種莊嚴的裝飾；又在所有的池、泉、流渠以及各種大河上面，都有紅色、黃色、白色的這一些花，大朵的、小朵的都有，而且用眾寶作成的蓮花來覆蓋在水上；這些水也都是八功德水，一直都是盈滿的；此時有各種珍禽異類的鳥來到這裡飛翔、集會；諸天的寶樹隨著眾生之所念，也就同樣都現前了；並且能救度眾生使得解脫，爲了修學佛菩提的智慧而發起菩薩心，這些都是文殊師利不可思議的神通變化，並且依著諸佛的神力以及誓願力，同時也是釋迦牟尼佛本行的願力。文殊師利作了這樣的變化，爲了想要

成就而調伏眾生，所以心不思議、見也不思議，發起大莊嚴而進入聖者境界。】

講義：「**八楞寶珠**」，通常寶珠是雕琢成圓形的，但有一種寶珠是八角形，應該諸位也看過，不用解釋了。那麼這些講的是 文殊師利的不可思議神通變化。而上一段講的，供養 釋迦牟尼佛的無相之香，諸位留意到了吧？沒有布施這一度的無相之香，是從持戒開始到方便波羅蜜多、神通波羅蜜多，到八地爲止。但初地的布施無相之香怎麼會沒有呢？因爲不必再講，已經在作了，所以這表示說：「**要供佛最好的、最大的供養，是十度波羅蜜。**」你要從初地，修到七地方便波羅蜜，八地則是於相於土自在的大「**神通波羅蜜**」；用這個無相之香來供養，這才是最大的供養。

接下來，這一段就是 文殊師利作了什麼事情來供養 釋迦牟尼佛，也供養了諸佛如來。爲什麼要作這樣的供養？因爲諸佛有這樣的誓願力，釋迦如來更有這樣的誓願力，這叫作「**本行願力**」；所以 如來不捨任何一個有情，每一個有情都視如獨生子一樣看待。那麼 文殊師利故意作了這樣的大神通，有了各種的變化瑞相出現，目的也是爲了要成就眾生、調伏眾生；顯示

出　文殊師利菩薩的心不可思議，顯示出他的所見不可思議；這樣發起了大莊嚴的神聖境界。那接下來，下一段：

經文：【爾時文殊師利并諸菩薩摩訶薩衆，莊嚴一切如意華樹至於佛前；是諸菩薩若欲坐時，文殊師利先現其相，於刹那頃無相蓮華從毛孔出，作若干種無量百千雜色，其華無數不可思議，金剛寶藏以爲光網，天紺琉璃以爲其鬚，龍堅栴檀以爲其臺，有諸菩薩而在其中結跏趺坐。】

語譯：【這時候文殊師利菩薩以及其他的所有大菩薩眾們，大家一起莊嚴一切如意寶花之樹來到佛前；這些菩薩們如果想要坐的時候，只要起心動念，文殊師利就先顯現出一個法相出來，就在那刹那之中，有無相的蓮花從毛孔出來，而且那種無相蓮花有很多種、無量百千各種不同的色澤間雜；而那些花的數量不可思議，從文殊菩薩的毛孔中不斷地化現出來；這一些不可思議的蓮花，以金剛寶藏作爲花上面猶如光一般的網子，以天紺琉璃作爲它的鬚，以龍堅栴檀作爲花上的寶臺；有無量無數的菩薩在無數的蓮花上面結

跏趺坐。】

講義：文殊菩薩這個威神之力，我們就想像一下，我也不用作解釋，因爲解釋了也會成爲畫蛇添足。那接著就進入下一段：

經文：【爾時釋迦牟尼佛放臍中光，普照六道幽闇之處，億千種光皆如阿提目多伽色，種種無數光明細軟，如蓮華藏清淨香潔，周遍十方通達無礙。蓮華臺中出妙樓閣，佛所護持與法界等，如寂滅樂解脫之色，空、無相、無願，無作無爲，無生無滅，與三世等，悉入空界過於眼境。】

語譯：【這時候釋迦牟尼佛從肚臍中放出光明來，這光明普遍地照耀六道中的幽暗之處；有億千種的光明，都像阿提目多伽色一樣，具有種種數不盡的光明微細而柔和，猶如蓮花藏一樣清淨而且它的香味很潔淨，周遍於十方而互相通達沒有障礙。在蓮花臺中，出現了勝妙的樓閣，爲諸佛所護持和法界相等，猶如寂滅快樂的解脫之色，是空、無相、無願，也是無作無爲，並且是無生亦無滅，與三世平等，全部都入於空界而超過於凡夫肉眼所能看

見的境界。】

講義：諸佛放光從不同的部位放射出來，作用各有不同；如果是放臍輪以下之光，那就會普遍照耀三界惡道有情；如果從頂門放光，那會直接到諸佛頭頂相應，諸佛又會回灌；若是眉間放光，通常是照耀十方世界諸大菩薩們。所以各種不同部位的光，有不同的定義，這不能隨便亂放。放臍中光普照六道幽暗之處，這些光明裡面，呈現一種特別的顏色，叫作「**阿提目多伽色**」。這個花色我們以前沒有解釋過，其他都解釋過了。這個花在天竺有兩種顏色，一種是紅色的、一種是白色的；所放出去的這億千種光都是以紅色跟白色爲主，這是主要的顏色，那主要的光色裡面，還間雜著種種的其數無量的光明細軟；換句話說，它不是一種單純的顏色，是有主色，然後加上其中的各種雜色，就好像極樂世界蓮花的光明，它也是這樣。這樣的光明不會太刺眼，是三界六道有情普遍都能接受的。

我此世初學佛時是還沒有回復到本來的願，在我弘法早期，是發願要往生極樂世界的，那我有一次於定中看見那一朵蓮花，只有蓮苞。那個蓮苞的花色，應該叫作紺青琉璃色，就是介於藍色和紫色之間，但是那花是有些透明的。那花的光明發出來的時候，夾雜著很多奇妙的顏色，但主光是紺青色。我們在世間沒有辦法去形容它，講了，諸位也無法想像。那朵蓮花後來當然是消失了，因爲我後來又改了願，我要留在娑婆世界弘揚正法，所以那個蓮花就再也看不見了。

這是說，佛放出去的光明都是一種主光，主要是某一種顏色爲主的光明，然後那些光裡面夾雜著很微細的其他種色的光。以前看過有用電腦作出來的，一種主要的光色，然後夾雜著其他很多微細的光，就類似那一種，但不像那麼粗糙。這個就是「阿提目多伽色」，主要就是紅色跟白色兩種。這種花在天竺，是可以拿來煉香油的，因爲它很香，所以印度人把它拿來煉香油，現在就叫作「香精」，就是這個意思。

那麼這一些光明，「如蓮華藏清淨香潔，周遍十方通達無礙。」表示向十方世界宣告：「釋迦牟尼佛即將要演說無上大法，叫作『不退轉法輪之法』。」這就是要向十方世界宣告。那麼蓮花臺中出現了妙樓閣，這些妙樓閣都是 釋迦如來威神之力所化現；這樣化現出來之後，是諸佛所護持，而「與法界等」。「與法界等」就表示它其實就是心所變化，它可以跟眾生心相應，所以叫作「與法界等」。「法界」就是諸法的功能差別，這代表的意思是說，眾生心本來就有寂滅樂、有解脫之色。寂滅樂無樂，如果有世間之樂，那個樂就不叫作「寂滅樂」，叫作「生滅有爲之樂」，所以說它空、無相、無願，就是跟「三三昧」相應了。又說這個是無作、無爲，因爲這不是世間色，這要天眼才能看得見，是心所化現的。

這種花呢，你要它出現，它就出現；你不要它出現，它就不會出現，純粹由你所證得的「三三昧」去化現，所以說「無生無滅」。既然「無生無滅」，那就是「與三世等」。當你修到這個地步，你可以化現了，那麼過去世如是化現，此世如是，後世也可以如是化現，所以「與三世等」，全部都入於空界；因爲這是由修到這個地步的菩薩摩訶薩們，以他們的如來藏所化現出來的，所以「悉入空界過於眼境」，不是人間的肉眼所能看得見的。接著下一段：

經文：【文殊師利在樓閣上正身端坐，心不動搖念佛境界，自證空法得金剛三昧，善學釋迦牟尼佛法，決定成就無緣三昧，深入佛慧。文殊師利并諸菩薩摩訶薩，於十方世界作佛事已，心樂正法常勤修集；亦於過去諸佛法中，久種善根，皆是文殊師利之所攝持，志行菩提心無退沒，猶如師子處無畏座。】

語譯：【釋迦牟尼佛放臍中光，而且有一朵蓮花顯示出來，蓮花臺上面有樓閣。這時文殊師利菩薩就在樓閣上面正身端坐，而且心不動搖，憶念如來的境界；自己證得空法所以得到了金剛三昧，也善於修學釋迦牟尼佛的法，並且決定成就了無緣三昧，而深入了佛的智慧。文殊師利並且和諸菩薩摩訶薩們，在十方世界廣作佛事之後，心中愛樂正法，永遠都精勤地修集種種正法；也曾經在過去諸佛的法中，很長久以來種植了種種善根，而這些菩薩們都是文殊師利菩薩之所攝持，他們的心志要永遠行於佛菩提道，心終究沒有退轉或滅失，都猶如獅子一般，處於無畏的法座之上。】

講義：以前有人說：「**念佛法門太淺了！那都是老阿公、老阿嬤在學的。**」

可是諸位想想：「文殊師利是成佛之後倒駕慈航，來襄助釋迦古佛。這時候他竟然也是心不動搖而憶念佛的境界。」所以念佛有很多種不同的層次：持名念佛、體究念佛、實相念佛、思惟繫念念佛法門，乃至六念的念佛，有很多種的念佛法門。文殊師利這時候仍然是念佛，憶念於 釋迦如來的境界，所以念佛法門不淺哪！

而且念佛應該說是最深的法門，所以咱們正覺從「念佛法門」開始弘揚，弘揚出來以後，譬如說正覺光是一本《無相念佛》，好多人讀了說：「讀不懂！」然後有人悟了以後，重新再來讀：「喔！現在我才懂《無相念佛》這本書在講什麼。」這還是很粗淺的，有人還得悟後再來重讀一遍。所以念佛法門不淺哪！

凡是主張說「念佛法門太淺」的人，表示他的知見太淺，因為他認為淨土法門很淺，而他就只懂得很淺的念佛法門。他們都以為說：「持名念佛很淺。」但是持名念佛有個境界叫作「一行三昧」，他們何曾懂得！就只是持名念佛，持唸佛號，唸到可以開悟，這能叫淺嗎？絕對不淺！所以你看：文殊菩薩都已經是妙覺位了，都還念佛歟！怎麼可以說「念佛法門」很淺呢？

下一句說「自證空法得金剛三昧」，換句話說，經由念佛境界可以自己實證「空法」。「空」，我們弘法以來，都說有空性、有空相，空性、空相這兩個空，函蓋十八空、函蓋一切空，這樣叫作「自證空法」；「自證空法」的人所得的三昧，叫作「金剛三昧」，因為所證的這個眞如心，性如金剛、永不可壞，這三昧便是「金剛三昧」；證得之後，心無疑惑，堅定不移，這叫作「制心一處」，這就是「三昧」、就是「定」。所以證得「金剛三昧」，就是證得第八識如來藏之後，心中都不猶豫，完全制心一處，以此為歸，這才叫作「證得金剛三昧」。那麼證得「金剛三昧」的人，才能眞正「善學釋迦牟尼佛法」；沒有證得「金剛三昧」的人，說他在修「寂滅」之行、說他在修「能仁」之行，其實都是口上修的，不是眞正在修學「釋迦牟尼佛法」；因為「釋迦牟尼」就是「能仁、寂靜」，函蓋一切佛法。這樣子得「金剛三昧」之後，次第進修，到達佛地，那時就是「無緣三昧」。

一般人對眾生行利樂之事，都要有因緣，某某人跟他有緣，他就對某某人作布施，或者持戒的無畏施等；對於一般人無所緣，他就不利益一般人。可是 釋迦如來的境界不是這樣，所有一切曾與 釋迦牟尼佛結緣的，以及無量劫來不曾和 釋迦牟尼佛結緣的，釋迦如來一概攝受，不必有所緣而作選擇！這就是佛地的境界。所以在成佛之前攝受眾生，有時會暫時把某一些眾生放過，因爲目前仍不能攝受他，緣還不夠；但是到了成佛的境界時，每一個眾生祂都想要攝受， 沒有「放過」這回事；只有暫時把他緩一緩，無不攝受著，要這樣才叫作「**無緣三昧**」，這樣的人就是深入諸佛的智慧境界了。那麼 文殊師利和那麼多佛世界的菩薩摩訶薩們，在十方世界禮拜、供養，請佛轉法輪，都作好了，「**心樂正法常勤修集**」。而這些菩薩跟 文殊師利菩薩修學很久了，所以於過去諸佛的法中，很久以來就已經廣種善根了，這些人都是 文殊師利菩薩之所攝持。

想想看：文殊師利菩薩成佛之後，倒駕慈航來當妙覺菩薩，來 釋迦佛座下當法王子；將來還要再示現一次成佛，那時候的佛世界，諸位想想看是多殊勝。但你要怎麼想像？祂都繼續攝受這麼多的有情，未曾停止。要有個心理準備：將來祂示現成佛的時候，很可能你已經成佛了，你可能也會想要去參與一下；這個可能是存在的，只是諸位現在還沒有想到，我先幫諸位提示一下。那你將來成佛之後，可能就會想：「文殊菩薩想要成就一個非常勝妙的佛土，是什麼時候？現在成就了沒有？」用你的佛眼觀察一下，如果成就了，那你也去參與一下；無妨你也效法祂倒駕慈航，來當個妙覺菩薩。這時候祂成佛的佛世界裡面，有非常多的妙覺菩薩，你也算共襄盛舉，這可以利益很多眾生的。

所以一般人學佛所知道的佛世界是很粗淺的，根本不可能想像那樣的佛世界。但是諸位現在先有這個種子種進心裡去了，未來一世又一世，再聽到善知識這麼講，你也會接受。可是如果是那一些還在十信位的，特別是「六識論」的凡夫僧們，你可別跟他們講這事；講了，他們會笑你：「你在作夢！」那你就害他造口業了，所以對他們千萬別提！因爲他們無法信受，他們的信根不足，就別提信力！

這些菩薩都是 文殊菩薩所攝持的，每一個人都「志行菩提心無退沒」，他們的所思、所行、所處的境界「猶如師子處無畏座」。獅子是動物之中的萬獸之王，所以牠於一切動物無所畏懼。那麼這些菩薩們就像獅子一樣，他們都是處於無畏的法座上。這樣講有點兒空泛，我講個現實的例子好了。

比如說，諸位在增上班學法十來年了，哪一天我派你說：「你去某某大山頭，拜訪他們堂頭和尚。」你不會畏懼。可是如果你才進了禪淨班，我派你去，你也許想：「欸！我該不該去？」如果是一般道場的學佛人，說我要派他去，他根本就不敢應諾；但你如果在正覺增上班已經修上十年了，你心中再也無所畏懼啊！因為你學到的法太多了，你的「金剛三昧」已經有很多附帶的三昧出現了，所以你無所畏懼！因為那些大師們你一看，都還沒到六住位咧！是他們接到你的名刺之後，要作的一件事情就是推辭：「沒空！我們現在很忙！」或者乾脆告訴你：「我們堂頭和尚不在，他說，他出門去了！」這就是實話。所以你要是真的跟隨　文殊師利菩薩修學很久了，被他所攝受的，他就在大海娑竭羅龍宮，這些人都是菩薩摩訶薩，「處無畏座」。

如果學佛能夠學到這個地步，人家大法師一開口，你馬上看見他的落處了，這你就無所畏懼了！若是對於上位菩薩，你也沒有所畏懼，因為上位菩薩只會護念你、會攝受你、會幫忙你，不會糟蹋你；如果會糟蹋你，表示他還沒有證悟；就算他有證悟，那也是剛出生，步履蹣跚，還不太懂。所以你看這些菩薩們，如果他一天到晚會糟蹋你，你就說：「欸！這個人證悟是有問題的！」因為他那個第七住位——第七樓下面的那六樓跟地基，都是用竹子綁的，不是鋼筋水泥；你只要輕輕一推，它就倒了！但是你可以幫他留個面子，不理他就是了。

這就是說，真正實證的人，要有一個條件來證明他的實證，叫作「轉依」成功。如果他沒有轉依成功，就不叫作開悟的人，知道般若密意的答案也沒有用，仍然不是實證的人！證悟的內涵對他來講，只能叫作知識，不是實證佛法！這個我已經強調很久了！十年來，我一直不斷地在強調。

所以不是知道答案便叫作證悟，而是知道了以後「轉依」成功，使他的身、口、意行成為一個菩薩摩訶薩，這才叫作證悟，這一點諸位要記住。所以如果遇到哪個增上班的菩薩，頤指氣使，你要跟他提點一下，你要幫他，就說：「你轉依不太成功喔！」（大眾笑⋯⋯）他聽了就會警覺，警覺了就會修正；修正了，他的道業就會越來越好。假使被人家這麼指點的時候，這眉毛馬上豎起來、嘴巴馬上翹起來，那就表示他的證悟是有問題的。

這個道理諸位要懂，所以有人幫我們提點，我們得要接受，因爲人家是幫助我們哪；如果都沒有人肯來提點，那我們就沒有往上升進的機會了！修行修行，就是修正自己的身、口、意行；悟後得要修行，如果悟後都在指著別人，都沒注意到這三根手指頭都指著自己，那他就叫作不懂修行！修行就是要修正身、口、意行，這永遠不能終止，一直修到成佛，就不用再修行了；還沒成佛之前，都得修行！好，下一段：

經文：【佛告阿難：「汝語祇洹諸比丘眾，及舍衛國諸比丘尼，如來世尊今欲說法。令舍衛國優婆塞、優婆夷等，信樂三寶善根純熟、悉皆來集一時聽法。」爾時尊者阿難，從其僧房及經行處，皆即告言：「佛欲說法。」時有比丘已來集者，復有比丘住在房中，各言：「已見說法先相，而我等輩不

能得往。」阿難復問：「何故不來？」諸比丘言：「今見祇洹大水盈滿，無諸樹木，唯見光明，未敢便去。」】

語譯：【前面所說文殊菩薩的所作所為都是依於天法界所作的事，現在回到人間來講了。佛陀告訴阿難說：「你去告訴祇洹林中所有的比丘眾，並且去告訴舍衛國中所有的比丘尼們，如來世尊現在想要說法了。教令舍衛國的優婆塞、優婆夷等，凡是信樂三寶、善根純熟的人，全部都來這裡集會，同一時間來聽聞佛法。」這時候尊者阿難，從各個比丘的僧房和經行的處所，一一告知他們說：「佛陀要說法了！」那時，有的比丘已經來到這裡了，但是還有一些比丘依然住在房中，各個都回答阿難說：「我們已經看見了說法之前會顯現的法相了，可是我們這些人沒辦法前往啊！」阿難就問他們說：「你們為什麼還不來聽法呢？」那些比丘們說：「我們如今只看見祇洹林中遍滿了大水，連樹木都不見了，而且只看見光明，我們不敢出去呀！」】

講義：所以人分成兩類。有一類人看見了祇洹林中大水盈滿，他會伸腳出去先探一探，發覺可以踩上去，不會沉下去；那他就走出房門了，因為這是說法之相，要趕快去聽。可是有的人，他不會伸腳去探一下，他只看見水：「喔！不能出門了！」因爲那水好深、好透明，不能出門，那就在裡面等。人就是這兩種，而在佛教界也一樣，有的人聽說正覺可以幫人家開悟，雖然那個法很深，書買來了都不一定讀懂，但是我去試試看；所以來報名參加了禪淨班。另外一種人說：「那個太深了，我去了會被淹死！」他不想要試一下看看，聽到人家說：「喔！那個法很深！修起來又很辛苦的。唉！我看還是別去了。」就是這兩種人。

那你們就是第一種人，先試探看看，先不管眞的、假的，我先試試看；如果我試了，不會被沉沒，那我就繼續走下去呀！那就像阿難一樣，他先打開了房門，先試一下這個大水盈滿看看，踩了，結果不會沉下去，那就一步一步往前走，發覺不會沉下去，原來這是好境界！但有的人他沒這個智慧，或許也是對自己信心不夠，所以他就畏縮在自己的境界裡，不肯踏出第一步，那就失去機會了！所以這時是應該先試探一下，不要當第二種比丘。

那麼 世尊要說法，一定會去通知四眾弟子，而祇洹林距離舍衛國不遠，走路來回大約半個鐘頭多一點，所以阿難奉 佛之命，去告訴那些優婆塞、優婆夷等，凡是信樂三寶的人、善根純熟的人，就告訴他們來聽經。

但這些比丘不看實際，只看表相，現在的學佛者也是只看表相；表相就是水很清澈、很深，如果走進去就是會沉沒，他們只看表相。有些比丘跟阿難一樣，不看表相，先試探一下，發覺這水面是可以走的，於是他們就走出來，準備聽聞佛法。那麼這些比丘只看表相，不敢走出房門，怕淹死了！想來阿難尊者爲他們解說，是沒有用的。所以只好離去，去跟 佛稟告。

經文：【爾時阿難即往佛所，白言：「世尊！諸比丘不能得來。何以故？見祇洹中大水悉滿清淨無垢，亦復不見精舍樹木，以是義故皆不得來。」佛告阿難：「彼諸比丘，於無水中而生水想，無色中生於色想，無受、想、行、識中生受、想、行、識想，無聲聞、辟支佛作聲聞、辟支佛想。阿難！汝今更往喚諸比丘，從其僧房及經行處悉來聽法。」爾時阿難即承佛教到舍衛國，敕諸比丘并比丘尼、優婆塞、優婆夷等：「世尊今者爲欲說法，今使我喚，

宜速往聽。」諸比丘、比丘尼、優婆塞、優婆夷，皆悉來集至於佛前。】

語譯：【這時候，阿難尊者就前往佛陀的所在，稟白說：「世尊！諸比丘沒辦法來到這裡。那是爲什麼呢？因爲他們看見祇洹林中，大水盈滿、清淨無垢，但是卻沒有看見精舍和樹木；由於這樣的緣故，都沒辦法來到這裡。」佛陀告訴阿難說：「那一些比丘們，在沒有水的境界中，而生起了水的想法；在沒有色蘊當中，生起了色蘊實有之想；在沒有受、想、行、識當中，生起了受、想、行、識實有之想；在沒有聲聞、辟支佛當中，作出了聲聞、辟支佛實有之想。阿難！你如今再度前往呼喚那一些比丘們，從他們的僧房以及經行的地方，全部都來聽法。」這時阿難就承襲著佛陀的教誨，並且也去到舍衛國，命令諸比丘和所有比丘尼、優婆塞、優婆夷等人說：「世尊現在想要爲大家說法，如今使喚我來呼喚你們；大家都應該盡快前往聽法。」這時候諸比丘、比丘尼、優婆塞、優婆夷才終於敢踏出門來，全部來到佛前。】

講義：那一些水其實不是水，只是一個瑞相！他們就當作是眞正的深水，就怕被淹死了，所以 佛陀說：「這一些比丘們，在無水當中而生起了水之想……等。」本來就沒有水，那只是光明所化現的。但他們都是凡夫，證量不好，所以就把那個光明當作是水了，所以「**於無水中而生水想**」。可是如果他們於五陰而不作五陰之想，也就不會有水想；當他們起了水想之後，不敢走進水中，是因爲什麼？因爲怕被淹死。如果沒有五陰時，要怎麼淹死？對色陰眼、耳、鼻、舌、身五色根，加上色、聲、香、味、觸、法六塵，不作眞實想，那就不會有水了！可是他們把色陰當作眞實，就怕會被淹死；也把受、想、行、識當作眞實，就怕被淹死。如果沒有色陰，沒有受、想、行、識，雖然爲了道業的增長不能死，至少踩一踩看看吧！一踩下去發覺：不是水啊！那只是變化所成的，就可以走出僧房了，就可來到　佛陀的所在。

這表示這一些比丘們，我要問諸位了：他們斷了我見沒有？（大眾答：沒有。）欸！這樣就可以判斷了！所以要有一個正知見：「**我某甲雖然名不見經傳，但我不見得就輸給經傳裡面那些比丘、比丘尼！**」對吧？爲什麼答這麼小聲？（大眾齊應：對！）本來就應該這樣啊！你如今斷除身見了，三縛結斷了，又證眞如了！你就可以知道：這一切都是幻化的！如果五陰也是幻化，這一切境界也是幻化，就不被這個境界所迷惑。那麼這些比丘及比丘尼們，忝爲經中人物，遠不如諸位，不正是這樣嗎？

可是話說回來，你別高興得太早！因爲搞不好，你就是當年那個比丘、比丘尼；（眾大笑⋯）而你現在斷三縛結，又進一步證悟眞如了。所以說，法無定法！各個層面你都要去留意到，不能單看一面。後來他們終於⋯⋯因爲阿難轉述 佛陀的開示了——於無色陰作色陰想，於無受、想、行、識作受、想、行、識想，於無水中作水想；所以大家去試試看，果然可以走，沒問題！於是終於來到佛前。接下來：

經文：【佛告目連：「汝今當從三千大千世界諸菩薩摩訶薩等發大莊嚴，比丘、比丘尼、優婆塞、優婆夷皆趣大乘，天、龍、夜叉、乾闥婆、阿脩羅、迦樓羅、緊那羅、摩睺羅伽、人非人等，亦皆集會而來聽法，所未聞者皆悉得聞。天、人、阿脩羅皆來聽法，已於過去無量諸佛宿殖善根發趣大乘，求大乘者成最勝乘，亦名清淨第一之乘，菩薩摩訶薩發大莊嚴而自莊嚴。修此

乘者，普告令知悉來集會。」】

語譯：【佛陀告訴目連尊者說：「你如今應當從這個三千大千世界、諸菩薩摩訶薩等人發起大莊嚴，比丘、比丘尼、優婆塞、優婆夷全部都趣向大乘法；天、龍、夜叉、乾闥婆、阿脩羅、迦樓羅、緊那羅、摩睺羅伽、人和非人等，也都告訴他們都來集會，一起來聽聞佛法，以前所未曾聽聞的法，如今都可以聽聞了。天、人和阿脩羅都來這裡聽法，他們已經在過去無量諸佛一世又一世地種植了善根，並且發心往趣大乘，如是求大乘法的人成爲最殊勝的法門，也叫作清淨第一之乘，諸菩薩摩訶薩們發起大莊嚴而莊嚴起自己來。修學這一個大乘的人，你要普遍地告知，使他們都知道而全部前來集會。」】

講義：因爲諸方佛世界的菩薩們已經來很多了，文殊師利菩薩度的菩薩們也來很多了；可是這個三千大千世界的天、人，又說阿脩羅、緊那羅等人，他們都還沒有來；這時就讓目連尊者用神通力，去普遍告知他們。這是說：佛不遺漏任何一個眾生。他方世界那麼多的大菩薩們來了，但這個世界的眾生比較近，最後也得通知他們要來，所以派目連尊者去呼喚他們。那目連尊者聽了，他就採取行動了。

經文：【目連白佛言：「唯然世尊！」如壯力士屈伸臂頃，遍至三千大千世界，於諸菩薩大莊嚴所，諸比丘、比丘尼、優婆塞、優婆夷，天、龍、夜叉、乾闥婆、阿脩羅、迦樓羅、緊那羅、摩睺羅伽、人非人等，以佛神力及誓願力皆悉聞知。即還佛所，白言：「世尊！我悉告已。」爾時四衆一切雲集，縱廣千由旬，高五千由旬，滿中天人心樂聞法。文殊師利白佛言：「世尊！四眾已集。」是時諸天遍滿虛空，皆悉合掌而白佛言：「今此大眾皆悉驚懼如來威德，不敢輒坐，唯願世尊賜聽令坐。」】

語譯：【目連尊者稟白佛陀說：「好的！我就去通知他們。世尊！」就猶如很雄壯的力士，把他的手臂一屈一伸那麼短的時間，他就普遍地到達娑婆三千大千世界的每一處，對諸菩薩有作大莊嚴的地方，眾多比丘、比丘尼、優婆塞、優婆夷，以及天龍八部、人、非人等，憑藉著佛的威神力以及誓願力，使大眾全部都聽聞到佛陀即將說法的消息。然後他又回來佛的所在，稟白說：「世尊！我已經全部都告訴他們了。」這時候，娑婆三千大千世界的四眾，全部的人都猶如雲一般集會到這裡來了；縱廣有一千由旬，高有五千由旬，在這裡面遍滿了天和人，大家心中都愛樂聽聞佛法。文殊師利這時稟白佛陀說：「世尊！四眾已經集合了。」這時候諸天遍滿虛空，全部都合掌而向佛陀稟白說：「如今這一些大眾全部都驚恐、畏懼如來的威德，不敢直接就坐，唯願世尊恩賜，聽令大家可以坐下來。」下一段：

經文：【爾時如來即現瑞相，於剎那頃，有閻浮提金蓮華百千萬億葉，從地涌出，光色照耀猶如火藏，以天琉璃爲鬚，赤眞珠爲臺，七寶爲莖。一切大衆皆各自知，坐如來前；比丘、比丘尼、優婆塞、優婆夷、天、龍、夜叉、乾闥婆、阿脩羅、迦樓羅、緊那羅、摩睺羅伽、人非人等，皆面向佛，瞻仰世尊。爾時文殊師利菩薩最爲上首，諸菩薩摩訶薩皆以三十二相而自嚴身，色如眞金，勇猛精進，威德熾盛。爾時諸菩薩摩訶薩、文殊師利等，皆

從華臺起，合掌向佛，勸請世尊，一心念佛。】

語譯：【這時候釋迦牟尼佛示現了瑞相，就在一剎那的時間，有一朵蓮花，那是閻浮提金的蓮花，花瓣有百千萬億葉；這麼一大朵的蓮花從地上涌出來，它的光色照耀，就像是一個大火聚集放出來的光明一樣；這一朵大蓮花，以天琉璃作爲花鬚，以赤眞珠作爲花臺，七寶作爲花莖。這時候一切大眾各個都看見、都自己知道已經坐在如來的面前了；比丘、比丘尼、優婆塞、優婆夷以及天龍八部、人、非人等都坐在那裡，面向著如來，瞻仰世尊。這時候文殊師利菩薩最爲上首，其他的諸菩薩摩訶薩們都以三十二相而莊嚴自身，身色猶如眞金，都是勇猛精進，而且威德熾盛。這時候諸菩薩摩訶薩和文殊師利菩薩等人，都從花臺上站了起來，合掌面向如來，勸請世尊說法，並且一心念佛。】

講義：諸位要學這一點喔！如果哪一天，你在 彌勒佛座下學法，彌勒佛放出瑞相，招喚十方世界諸大菩薩來聽法，因爲要講《不退轉法輪經》了。但你不可以說：「十方菩薩都來了，彌勒如來！您趕快說法吧。」還早著呢！

不可以開口！開口就是造次，因爲還沒有全部到齊。諸方佛世界的大菩薩們來了，可是這娑婆世界的大菩薩們、天龍八部、以及四眾弟子還沒有來；你若開口了，人家會看著你；搞不好，人家還給你白眼，所以要等候；如果全部都到齊了，你也要看臉色，以 文殊師利菩薩馬首是瞻；他沒有動作，你就別動作；他站起來了，因爲大家現在由於 如來的威神之力，都已經坐在那大寶蓮華臺上了；然後 文殊師利站起來，你就跟著起來，可別大剌剌坐在那裡，看人家在作什麼；大菩薩都站起來，你就趕快站起來，這個佛教倫理要懂。

比如說，如果你哪一天修到了十行位，現在成爲第十行的菩薩了，突然間來了一位初迴向位的菩薩，你就不可以坐在那邊，要趕快站起來！初迴向位菩薩來了，他的證量比你高，你雖然是十行位了，也得要趕快站起來示敬。如果你現在已經到了第七住位了，有一位十住菩薩來了，你就趕快站起來，別大剌剌坐在那邊！你如果繼續大剌剌坐在那邊，護法神不會笑你，但是都會笑我：「這蕭平實沒有教好！弟子們都不懂尊卑！」他們會笑我，別讓我丟臉喔！雖然我沒有臉哪！但這佛教倫理要懂。所以你即使修到了妙覺位，遠遠看見 佛來了，雖然還很遠，但你一知道是佛來了，就要趕快站起來等候；不要坐在那裡，等祂走近了你才站起來，這些佛教倫理要學著。

那麼這時候勸請了 世尊，當然一心都在 世尊身上，這叫作「一心念佛」，心裡面沒有第二念，就只有佛在，這叫作「一心念佛」。禮佛的時候，最忌諱的就是胡思亂想。你禮佛時就是要一心，不能有第二念，這樣才能讓如來常常感應到你。譬如說，有的人喜歡有事、沒事到我眼前晃一晃，就是讓我記住他；那麼我們佛弟子也得是這樣，當你禮佛的時候如果散亂心，那佛就不感應你了；你如果是一心，佛就感應你，馬上就知道：「是誰在禮拜我。」那如果 佛要說法，就會記得你，就招喚你來聽，有好處就會想到你。所以禮佛的時候，最忌諱的就是打妄想，禮佛時就是要一心專想。那你每天禮佛，等於就是每天跟 如來有往來，這個感念力就會越來越強；而且「念佛一聲，罪滅河沙」，何況你每天早上禮佛三拜！結果用散亂心去禮佛，那功德大損！這個知見要懂。

所以禮佛時什麼都不管，管他地震、不地震的！當你禮佛的時候地震來了，佛會幫你頂了，你怕什麼？能這樣想就好。那如果真的壓死了，佛接引你去就好了！（眾大笑…）你擔心什麼？對不對？佛安排得最好了。所以禮佛時一定要「一心念佛」，不要打妄想，這個知見也要懂。所以你看，即使是妙覺菩薩，禮佛的時候也是「一心念佛」。這裡是告訴我們大家：這麼多的菩薩都在「一心念佛」，包括誰呢？包括 文殊師利法王子，都是「一心念佛」，所以這個地方就要學起來，不要說：「這個好像沒什麼意思。」有一些東西該學的，我們得要學起來。

經文：【爾時文殊師利白佛言：「世尊！四眾皆集，寂然已定，一切諸天遍滿虛空，唯願世尊廣說清淨不退法輪。」是時比丘、比丘尼、優婆塞、優婆夷、無量百千諸天，有信行、法行者并諸八輩，有須陀洹想、斯陀含想、阿那含想、阿羅漢想、聲聞想、辟支佛想、佛想，各作是想：「願佛演說安慰其心：何因緣，說信行、法行乃至八輩須陀洹、斯陀含、阿那含、阿羅漢？

何以故作如是說？」世尊默然。】

語譯：【這時文殊師利菩薩稟白佛陀說：「世尊！弟子四眾都已經來到了，並且寂然而定心，沒有妄想，一切諸天也都遍滿虛空，唯願世尊爲大眾廣說清淨不退法輪。」這時比丘、比丘尼、優婆塞、優婆夷，以及無量百千諸天，其中有信行者、法行者以及四向、四果八輩；其中有人作須陀洹想，有人作斯陀含想、阿那含想、阿羅漢想，有人作聲聞想、辟支佛想、佛想，他們都各個這樣子想：「唯願佛陀爲大眾演說，安慰大眾渴求佛法之心：到底是什麼樣的因緣，佛要爲大眾演說信行、法行乃至於八輩，例如須陀洹、斯陀含、阿那含、阿羅漢等？是爲了什麼緣故而要這樣子演說？」這時候世尊默然。】

講義：「四眾皆集，寂然已定」，要來聽聞佛法，可不能一天到晚這腦子裡一直都在打妄想。腦子裡打妄想時，就會出之於口，然後就互相有所談論，那就很吵鬧；這時候就能看出來：這個道場如法、不如法？你們也許身歷其境、不覺其異，但是有的人就會發覺到。我舉個例好了，你們去到任何一個道場，等候聽經的時候，是不是大家都在講話？大家都是在講話的啊！一直到大磬一敲，大家轉頭去看，「**喔！大法師來了！**」然後大家才閉嘴，對不對？

可是你來到正覺講堂，我上座講經之前，大家有沒有大聲喧嘩？沒有啊！除非有的人有事要通知某人，輕聲細語，說了就走！否則大家都是憶佛，都在無相念佛，所以我們這個道場跟人家不一樣，這個叫作「異類」，不是人哪！爲什麼說不是人？因爲是菩薩！你講對了，就是菩薩！因爲在等候說法的時候，就是專精「**一心念佛**」，一直到佛法開始宣講時才一心聞法！應該要這樣才對。

那麼這一段經文說弟子四眾、天龍八部等都來了；這時經文又說到，這一些佛弟子眾有信行、法行總共四雙、八輩，那我們現在不解釋，因爲信行、法行在《阿含正義》這些都講過了，包括須陀洹、斯陀含、阿那含、阿羅漢，《阿含正義》我都寫過了，現在不要再重複說明，我們要趕快進入主題，後面的經文中也會有從大乘第一義諦而說的四雙八輩等法。

但是這時候，他們「各作是想」，表示他們有所認知，這個「想」就是「了知」。某甲說：「我是須陀洹。」知道自己是須陀洹，某乙知道自己是斯陀含，某丙知道自己是阿那含，某丁知道自己是阿羅漢，某戊知道自己是辟支佛，然後大家對於 釋迦如來作「佛想」。這裡開始點出來了，但是沒有菩薩摩訶薩是這樣想的。也就是這一部經要講的：「其實沒有須陀洹、沒有斯陀含、沒有阿那含，也沒有阿羅漢、也沒有辟支佛，更沒有佛！」這就是《不退轉法輪經》要講的內容。

換句話說，你依止於第八識眞如的時候，什麼法都沒有；當什麼都沒有的時候，就不需要強出頭啊！什麼法都沒有了，就只有眞如心，而眞如心的自住境界中一法不立。於眞如自己的境界中迴無一法，這時候也不用再起私心了，也不用想要坐地爲王說：「你們都要聽我的，我最大！」再也不需要了。如果不懂這個道理，悟了歸悟了，也沒什麼好處，反而生起慢心障道！這就是告訴大家「轉依」的道理。

轉依了眞如之後，你再來看初果、二果，乃至辟支佛、諸菩薩摩訶薩、諸佛，才能夠到達究竟解脫的地步；這一段經文要點出來的就是這個道理。說這些人，他們證得初果以後，知道自己是初果；但知道自己是初果的時候，已經是在五蘊的境界中了！那天魔就是有須陀洹想、斯陀含想乃至佛想，所以 佛爲他說法，他就會想到另一邊去；但菩薩們聽了以後，各個得「無生法忍」，然而天魔卻是落到另一邊去，接受了 佛陀語言表義上的安慰，結果他的佛道根本不會有進步！因爲他落到事相裡面去了，而菩薩們都知道 如來在講什麼。

其實 如來講的就是第八識眞如的境界，所以菩薩們聽完以後，好多人得到「無生法忍」。那麼這一段經文就開始……人家寫書時都先有個「楔子」，有沒有？欸！這等於是「引文」的道理。那我就希望，當我把這一部經講完的時候，有很多人得無生法忍，那就是一大樂事！但是你得要先「證眞如」，再進修**非安立諦**三品心，以及實證阿羅漢果，這是前提。

如果有先證眞如，也許聽完此經以後可得無生法忍，我是希望這樣啦！但能不能如我所願？我不知道，希望不大！假使你在增上班已經學上十年了，聽完這一部經，滿腔的快樂，初禪發起了！這叫作「梵行已立」，回家別睡覺了！趕快去佛前發「十無盡願」。不過話說回來，這可能是我一廂情願；但是能作的，我總是要作。那麼他們「各作是想」，所以證初果的人，認為自己是初果人；證阿羅漢、證辟支佛果（緣覺果）的人，認為自己是緣覺果。所以 文殊師利請 佛轉「清淨不退法輪」的時候，佛知道眾生心是否適宜聽聞此經，所以這時候默然，還不打算說法，要等有人出來請法之後才會開講。那接下來，情況又如何演變呢？

經文：【爾時尊者舍利弗白佛言：「世尊！我於夜後分天欲明時，從坐而起，出其住處，即向文殊師利房。到已前入其舍，見如來室有十千蓮華周匝涌出，天鼓自鳴，聞歌詠聲，見祇洹林及舍衛國三千大千世界光明普照。今何因緣而現此瑞？」舍利弗作是語已，佛即告言：「為說法故先現斯瑞。」是時文殊師利請問如來：「為說何法，先現此瑞？」】

語譯：【這時候尊者舍利弗向佛陀稟白說：「世尊！我在夜後分天即將要

明亮的時候，從我的座位上起身，出離了我所住的地方，就走向文殊師利的房間。到達以後，往前進入他的房間裡面，卻看見如來的房間有一萬朵蓮花，周匝涌了出來，天鼓無故自鳴，又聽聞到歌詠的聲音；也看見祇洹林中以及舍衛國中，包括三千大千世界光明普照。如今是什麼樣的因緣而示現出這樣的瑞相呢？」舍利弗作了這樣的言語之後，佛隨即告訴他說：「為了要說法的緣故，事先顯現了這樣的瑞相。」這時文殊師利就請問如來說：「為了想要演說什麼樣的法，而事先顯現出這樣的瑞相？」】

講義：這時候，就是還要有人來請　佛轉法輪，因為　文殊師利稟白了之後，佛陀沒有隨即說法，而是默然，所以舍利弗知道他該上來問了。他就起身向　佛陀報告，然後請問，為什麼會事先示現這樣的瑞相；請問了之後，佛就告訴他：「是為了要說法的緣故，先示現這樣的瑞相。」而　文殊師利當然就來請問　如來：「那是為了想要演說什麼法，而示現了這樣的瑞相呢？」

下一段：

經文：【爾時阿難復白佛言：「世尊！我於夜後天欲明時，於户牖中光從而入，見已即從坐起，便出其房，見祇洹林滿中淨水，無垢無濁，不見樹木、精舍、僧房，惟見大光。何因何緣先現此瑞？」爾時世尊告阿難：「如來爲說清淨法輪，亦是文殊師利神力勸請瑞相。」】

語譯：【這時候，阿難尊者又稟白佛陀說：「世尊！我在後夜天將光明的時候，在户牖中，看見光明從户牖的縫隙照進來；看見了以後，我從座位上起身，便走出我的房間，看見整個祇洹林中都是清淨的水，沒有污垢、也不污濁；那時沒有看見樹木與精舍，也沒有看見僧房，只看見很大的光明。是什麼樣的因、什麼樣的助緣而事先顯現出這樣的瑞相？」這時候世尊告訴阿難尊者：「由於如來爲了要演說清淨法輪的緣故而示現這樣的光明，也是文殊師利的神力來勸請而示現的瑞相。」】

講義：這就是說，諸佛菩薩不像一般眾生晚上都在睡覺，所以佛菩薩半夜裡不睡覺是正常的。你們破參後，有時爲了作一些義工，一直作到半夜也沒有在睡覺，這樣像不像菩薩？（有人答：像！）像啊！就是要這樣。因爲菩薩沒有時間觀念！時間是世間人定的，菩薩只有事情，沒有時間，所以半夜在作事也是正常的。你看這部經典的緣起，是從中夜就開始了！哪有在睡覺？這個觀念要記著，不要老是掛著：「啊！九點了，我該趕快去睡覺了！」事情沒作好，趕著什麼睡覺？（大眾笑…）菩薩就是爲了佛法、爲了眾生，根本不管睡不睡覺的事。睡覺是因爲很累，才需要睡覺；但睡的目的不是睡覺，是爲了讓身體健康，但該爲眾生作事時就爲眾生作事，這個知見要建立好。今天講到這裡。

《不退轉法輪經》今天要從十四頁第三段的偈開始：

經文：【爾時世尊爲文殊師利，即說偈言：「

此乘清淨，成得佛智；文殊妙辯，發問斯義；
一乘無垢，得佛上智；文殊爲顯，故作斯問。
乘無分別，離諸戲論；文殊爲顯，故作斯問；
本無有來，亦復無去，猶如涅槃，文殊所問。

現五濁剎，爲諸下劣，於一乘道，驚疑不信；
故說四果，開示羅漢；從聲聲聞，入佛教門。
說數無數，因緣差別；現見四諦，證諸法相；
聲聞羅漢，緣覺辟支，同得無上，是爲菩薩。
行空無相，無願三昧；入解脫門，安住涅槃；
去來今際，心無所著，能開十方，無生無爲。
如是深法，阿難文殊，方便發問；無相慧力，
乘一乘道，知法無相；是故問佛，今說諸果；
三世平等，皆空無相；諸聲寂滅，無佛菩提。
無數恆沙，諸佛世界，來求菩提，文殊召集；
聞彼諸佛，菩薩所行；欲說三乘，集娑婆界。
文殊發問，爲決疑惑：乘果分別，請說菩提；
以佛神力，及誓願力，故說三乘，度苦眾生，
令勤修習。文殊聲辯：願救世說，菩薩所行。

億千諸天，供養救世，生果想者，安慰彼疑；
如是比丘、及比丘尼，清信男女，作最勝想；
文殊所問，爲慰疑惑；是諸菩薩，爲法故來。」

語譯：【這時候世尊爲了文殊師利發問的緣故，就說出這樣的偈：「

這個能夠到達佛地的法門是清淨的，可以使人成功證得佛地的智慧；文殊師利有勝妙的辯才，發起這個問題來請教這其中的義理；

唯一佛乘是沒有污垢的，能證得諸佛如來無上的智慧；文殊師利爲了顯示這個勝妙，所以作了這樣的請問。

成佛的法其實並沒有分別，離開各種的戲論；文殊師利菩薩爲了顯示這個道理，特地作了這樣的請問；

本來就沒有來，同樣也沒有去，就好像是涅槃一樣，這就是文殊所要問的法義。

實證菩提的人其實沒有得到什麼果位，也沒有什麼所說，只是以各種的方便施設，來引導眾生成就佛道，遠離了一切的聲音，而聲音其實只是唯一的一相；文殊師利爲了顯示這個道理，所以作了這樣的請問。

尋求聲音追究它的來處，其實根本就沒有聲音存在而沒有所取；聲音的名字也是空，這也是文殊師利的所問；

這個聲音猶如風一樣，並沒有什麼依止；而聲音本身即是解脫，這也是文殊師利的所問。

阿難你詳細地聽好：文殊師利所問，方便和菩提，其實全部都無所有；諸佛以及覺悟，只有聲音而沒有實質，也沒有方位或者所在，諸法也都是這樣。

覺悟沒有色法，因緣也不曾有生，沒有去也沒有來，是諸佛的所說；無爲也沒有形相，猶如空而無有所見；菩提沒有言說，這是文殊的所問。過去、未來、現在諸佛，一切都是這樣子的實證；而智慧自身沒有方所，沒有聞也沒有見；

實相的法性和法相就像是這樣子，顯現出了諸法的功能差別，只是施設了假名，來開示眞實法。

修行清淨的布施，受持戒法而沒有缺漏，修忍辱行而堅固其心，立定志向求證佛菩提；

精進而沒有懈怠，修學靜慮而收攝意根、意識，能使智慧發起而得清淨，用這樣的方法來求悟菩提。

佛陀善巧方便，度過各種神通的境界；對沒有依止的眾生，爲他們演說覺悟之法；

於是分別了聲聞、緣覺、佛乘，說明了有四果的差別；用如實的智慧，隨著眾生心之所應而救護世間。

示現在五濁的世界之中，是爲了種種下劣的有情，他們對於唯一佛乘的究竟道，心中驚恐、懷疑而不信受；

以此緣故爲大家說有四果可證，而開示阿羅漢的境界；從聲音的聽聞而成爲聲聞，然後進入諸佛的教門之中。

說有各種法數的時候其實並沒有數量可說，只是因緣不同而有差別罷了；現前看見四聖諦，證得諸法的實相；聲聞、阿羅漢，緣覺、辟支佛，同樣都可以證得無上法，這樣就稱之爲菩薩。

行於空而無相的三昧，因此而無有所願並且生起這樣的三昧；進入了解脫之門，安住於涅槃之中；過去、未來、現在的一切時中，心中都沒有所執著的事物，能夠爲眾生廣開十方一切世界中，無生也無爲的勝妙境界。

像這樣的深妙之法，阿難！文殊菩薩是巧設方便爲大眾而發問；以無相的智慧力，乘著唯一佛乘的法道，了知諸法全都無相；由於這個緣故而請問如來，如今爲大眾解說各種的解脫果；

而這一切在三世之中平等、平等，全部都是空而沒有法相；種種的聲音都是寂滅的，也並沒有佛菩提可說。

無量無數恆河沙數，那麼多的諸佛世界，來到這裡求證菩提的菩薩們，都是文殊師利之所召集；

聽聞到彼彼諸佛，在因地的菩薩所行；爲了想要演說三乘菩提的勝妙法，而合集到這個娑婆世界來。

文殊菩薩發起這樣的問題，是爲了解決大眾的疑惑：三乘和所證果位的分別，請佛演說菩提之道；

以佛的威神力，以及因地誓願的大力，所以爲大眾演說三乘之法，度脱苦難的眾生，使得眾生可以精勤地修學和熏習。

文殊師利發聲、如是請求和論辯：唯願救世的世尊爲大眾演說，菩薩因地之所行。

億千之數的諸天，因此供養救世者，產生了證果之想的人，要爲他們安慰而解除他們心中的疑惑；

就像是這一些比丘，以及諸比丘尼，和清淨信的善男善女，心中作了最殊勝之想；

文殊的所問，就是爲了安慰和解釋他們心中的疑惑；而這一些無量數的菩薩們，也是爲了法所以來到這裡。」】

講義：現在經文所說開始要進入勝妙的法義了！文殊師利菩薩費了好大的勁兒，從那麼多淨土世界召集好多的菩薩來，這是何等大事因緣哪！一般講經說法時，來聽聞的不會像這麼多的。既然 文殊菩薩敢從那麼多的世界召集那麼多的菩薩們前來，顯然這個法一定是很勝妙的；而且聞到這個法以後，所有已經證悟的人就不會再退轉了，所以叫作《不退轉法輪經》。

以前我們正覺同修會有三批退轉而發動法難的人，諸位都知道，後來陸陸續續也有一位、兩位退轉的，都退回意識去了；因為他們沒有聽我講解《不退轉法輪經》。現在我們增上班有那麼多人，我不想再有任何人退轉，所以特地選了這部經來講。凡是已經證悟的人，聽完這一部經的講解，還會退轉的話，報在地獄！我把話先講在前頭：如果證悟了，而又聽我講解這部經完畢了，還會退轉，他的果報一定在地獄，下一世不在人間！這一點我先說清楚；或說你證得眞如了，還沒有被我印證，還沒拿到「金剛寶印」以前，也就是還沒有經過錘鍊，那麼你聽完本經時，也應該不退轉了，否則那個悟都是假的！

那麼「此乘清淨，成得佛智」，這是說：「唯一佛乘」的法也就是大乘法，這是清淨法。這言外之意是不是說，那另外一個二乘法不清淨嗎？不是喔？是喔？兩種答案都有人答，到底哪個才對？到底二乘法是不是不清淨？嘿！有人搖頭、有人點頭，有人說是、有人說不是，這表示你們還沒有融會貫通。其實我以往講經已經講過很多次了，我說：「大乘菩提之所觀行的對象，是法界實相的第八識心。第八識心中沒有清淨、沒有汙垢，所以叫作不垢不淨；沒有生、也沒有滅，所以叫作不生不滅；不屬於三界世間法，所以這是清淨法。」因此不增不減、不來不去，說個俏皮話叫作不男不女，都對啊！因爲祂是實相、祂是清淨的，沒有男女相存在。

但二乘菩提觀行的對象是什麼？（有人答話。）對了！諸位都知道是蘊處界。蘊處界清淨嗎？這不就明白了！蘊處界諸法中但說這五色根，早上起床得要刷牙、洗臉，晚上上床前得要趕快沐浴；爲什麼要刷牙、洗臉、要沐浴？對！就是不清淨。那也許有人想：「我這個覺知心無形無色，那不就清淨了嗎？」可是我說眞的，這覺知心比色身更髒！因爲住在人間，周遭都是財、色、名、食、睡。如果是正當地領受財、色、名、食、睡，倒也無妨；偏偏大部分的人，一天到晚都要求不正當的財、色、名、食、睡。如果世間人都不求不正當的財、色、名、食、睡，我看我們買一百棟大樓當講堂也不夠用！所以我現在臺北大樓這樣七戶房子（編案：此是二〇一九年三月所說，當時有一個大辦公室、六間講堂），現在剛剛好、剛剛坐滿，不會擠不下；這是因爲像你們這樣的人都叫作「異類」，不是人！叫作菩薩；所以「**此乘清淨**」言外之意，就是二乘法不清淨。

也許有人想：「**那如果證得阿羅漢以後，不就清淨了嗎？**」但諸位替阿羅漢們想一想：「**他們肯爲眾生留下來，繼續住在人間嗎？**」不願意的！諸位都知道，他們只爲自己想，希望不再有未來世，就不會輪轉生死了；想的是一己之私，那你能說他們清淨嗎？所以他們那個清淨是相對於世間人而說清淨，不是絕對清淨！眞正的清淨要像菩薩們那樣——可以不必來人間，卻又特地來人間；可以出離三界，還特地留在三界中。這樣對他們有什麼利益？沒有利益可得啊！但他們爲了眾生，就願意這樣作，就是爲眾生而犧牲，這樣才叫「清淨」，所以阿羅漢不清淨！普天之下，就一個蕭平實敢罵阿羅漢不清淨，膽子何其大喔？老實說，我膽子小，我若是要跟老天借膽，老天也沒有那個膽可以借我；而我也不用借膽，因爲我說的是實話。

而這「唯一佛乘」爲什麼清淨？因爲在眞如法界之中無一法可得，連「清淨」這個法都不存在。清淨存在的當下，意味著它與不淨相對立。所以清淨是離開不淨，閃避著不淨的境界。其實，那不清淨還是追隨著清淨，這是相對法；可是眞如的境界中，沒有清淨、也沒有汙垢，一切諸法都不存在，這才是絕對的清淨。所以我說二乘菩提不清淨，那是 如來大慈大悲方便施設，爲了救護五濁惡世的眾生免於生死恐懼，先讓他們證聲聞果，然後循循誘導，讓他們證得阿羅漢之後再聞熏般若；阿羅漢們知道自己可以出離生死之後，而竟然聽不懂般若，導致這些阿羅漢們開始自慚形穢，於是漸漸地發起想要實證般若之心。如來再用「教外別傳」之法，幫這些阿羅漢們實證般若；接著再進入第三轉法輪，演說「一切種智」的最勝妙理，幫助這些菩薩阿羅漢們一個一個轉入諸地；但是進入諸地之後，到底得了什麼？依舊是無有所得！正因爲無有所得，所以成就了、得到了諸佛所傳的智慧。

所以不要想著說：「哇！我開悟了，可以當大師了！」難道我蕭平實是每天坐在佛案上，等著人家來供養？我上週也講過，二十年來我也常常提醒說：「出家人不許有在家法，在家人不許有出家法。」我還是再解釋一遍。出家的人不可行於男女欲，也不可以追求世間法的錢財，因爲這是在家法。但是在家人呢，不可以接受供養，不可以利用佛法去取得任何的錢財。不能受人供養，因爲那是出家法，所以在家人不許有出家法。這就是爲什麼有時候，有的同修住在臺北的、臺中的、高雄的上來小參，他說要供養我什麼食物，我一定要當場先拆開；因爲那裡面有可能會是錢，我不能破例。

因爲我有一次，有個人（編案：是二〇二〇年退轉的張志成先生）來正覺拜訪我，他寫個懺悔書給我，很厚。我說：「這懺悔書這麼長喔！那我讀到什麼時候？」他說：「慢慢讀沒關係。」（大眾笑…）我講經完，回到家，吃過晚飯、洗過澡，我想爲何寫這麼長，心裡好奇，先把它拿來讀一下；才一打開，看見是藍花花的（不是綠花花的）一千塊的鈔票這麼一大疊！我說：「當時沒有當場打開看，這就有麻煩了！」趕快打電話給孫老師（她坐在這裡！今天沒出差）。我說：「妳趕快打電話告訴他，我們不收這個錢財；這例子不能開，一開就後患無窮，法很快就會滅。」孫老師說：「都十二點多了！明天再打電話。」我說：「不行！妳得要現在就打！不要讓人家一個晚上在想說：『欸！導師也許跟我收了！』」（大眾笑…）所以就請求她的學生轉告那位供養的人，當晚就跟他講（編案：事後知道當時是孫老師親自打電話給當事人）。

所以後來我已經變成習慣了，如果是圓圓的、好像水果什麼；我拿一拿，知道說：「啊！這是水果，那無所謂！只有一顆嘛。」可是那個形狀有一點像鈔票時（大眾笑…）就不行了！這是我一向的規矩，我奉行這個道理：「在家人不許有出家法！」說到作到，而且我不是這一世才這樣作，兩千五百多年來，就是奉行這樣的規矩。（有人發問…）嗄？我都出家？但是我也三世當過國王啊！但我只有布施，也不受供養（大眾笑…）。那我依律向民眾收稅金，你不能說我收供養！（大眾笑…）因爲那是國法呀！

這意思就是說「大乘佛法」是清淨的，誰要是以在家之身收供養的話，不論拿的是臺幣還是人民幣，我是一定要處理的；所以弘法以來，就遇過這樣的事情。我出來弘法是把法給大家，我還拿錢出來護持正法；但有些人來正覺得了我的法，還用這個法去賺錢，不但我不能容許，護法神團隊也不會容許的。

而我這個原則一定不會打破，不管誰跟我交情多麼好，我都不許打破這個原則；這一直要奉行到未來成佛，但成佛以後誰要供養我，都沒關係！所以說，唯一佛乘是清淨的，當你轉依眞如的時候，你看見眞如境界中無一法可得，連淨、垢都不存在了，而你轉依成功的時候，你就不必去貪那一些非分之法。是你本分中的事、物，是你的福報實現了，你就得到它，無可厚非——如果你的本分是應該得到幾百億的錢財，也無可厚非；但如果不是福報的實現，而是用不正當的手段去獲得，護法神團隊不會容許的，這樣才叫作「轉依成功」。如果證得眞如了，然後藉這個法去斂財，那就表示，他所證得的只是知識，而不是眞正的開悟。菩薩們頭上的光環是金黃色的，他的光環則是花花綠綠的，因爲他貪鈔票，人家護法神團隊一看就知道了，鬼神看了也都知道，那這樣就無法「成得佛智」！

所以有的人悟後，一直在第七住位原地踏步；甚至於有的人原地踏步是越踏越往後走。原地踏步都還算好的，原地踏步是正常，要不然三賢位的三十心爲什麼要走上一大阿僧祇劫？所以有的人悟後整整一世都在第七住位的入地心中，都沒有再進步，他要過完第七住位要過很多劫，但這個無可厚非，我都不強求，我只要求他原地踏步的時候，不要一步一步往後走。

我們既然把一個小獅子出生了，就要把他養大，不要讓他夭折；所以凡是可能造成他夭折的事情，我們都要盡量、盡快去挽救，趁早把他改變過來，讓他的法身慧命不至於夭折。所以說二乘菩提不是絕對清淨，但大乘菩提絕對清淨，理上已經是這樣，那麼事上就是要講「轉依」——轉依第八識眞如，以眞如作爲自己所應該安住的境界，去把貪、瞋、癡的纏、縛斷斷，進而要把貪、瞋、癡的隨眠種子等粗重也要次第斷斷；最後還要把異熟法種的變異也終止，成爲永遠不再變異的純善法種，這時候就是證得「一切種智」——成佛了！

所以佛菩提的清淨有理上的清淨，也有悟後加上事修而得的分證清淨，乃至最後到達佛地的究竟清淨，因此 如來才說：「**此乘清淨，成得佛智**。」如果理上不是清淨的法，你再怎麼修，到最後還是不會清淨，也不可能得到佛陀所證的智慧：實相般若與一切種智。但因爲這個究竟理——第八識「**無名相法**」，祂本來就是清淨的，所以轉依祂修行到最後才能成佛，究竟清淨。而這清淨的第八識心所含藏的種子，容或有所不淨，那就是悟後要去修行的部分。所以心體清淨而種子有所不淨，這叫作因地的「**不垢不淨**」。所以「**不垢不淨**」不是指佛地的境界，而是菩薩們因地的境界。修行到佛地了，所含藏的種子全部轉爲清淨法，那就是裡外俱淨，這才是究竟的清淨，稱爲常、樂、我、淨。所以 世尊說法無有虛誑，「**此乘清淨，成得佛智**」。如果這不是清淨法，再怎麼修都不可能成就、都不可能證得佛地智慧。

「**文殊妙辯，發問斯義；**」文殊菩薩是智慧的代表，世間人也知道這一點，所以有人說：「**要參加聯考了！趕快去拜文殊菩薩。**」什麼時候 文殊菩薩管到世間法來了？（大眾笑⋯⋯）但是我也不反對！因爲有人爲了求得聯考成績好，他想到 文殊菩薩，或者父母親叫他去拜 文殊菩薩，這就跟 文殊菩薩結上緣了，這倒也是好事，所以咱家也不反對。但是 文殊菩薩有無上勝妙的辯論智慧，無人能及；所以你們看 金粟如來倒駕慈航，來扮演 維摩詰菩薩的角色，那些阿羅漢們其實那時都已經成爲大菩薩了，然而各個都不敢開口，誰敢跟 維摩詰菩薩對話？所以 如來叫這些阿羅漢們，一個一個命令他們去看望 維摩詰菩薩的病，無人敢去！最後就是 文殊菩薩去了。那 文殊菩薩一說要去時，諸大菩薩與一大堆阿羅漢就跟著去了，因爲知道有妙法可聞。但是，當那一些菩薩們說不二法門，各個說完了，最後 文殊菩薩說：「那麼維摩詰大士你呢？」結果 維摩詰杜口，什麼都沒講！文殊菩薩就讚歎祂：「這是眞正的入不二法門！」

《維摩詰經》我講過了，想要知道詳情，你就請一套回去讀。欸！我賣書來了！（大眾笑⋯）所以 文殊菩薩善於論議，智慧第一，但祂其實並不是菩薩，祂也是成佛之後倒駕慈航，爲報因地從 釋迦古佛得到的恩德，所以倒駕慈航來護持 釋迦古佛。但 文殊菩薩很清楚五濁眾生和諸方世界菩薩們的狀況，因此特地發問，問的就是這個道理；也就是「此乘清淨，成得佛智」。接著說：

「一乘無垢，得佛上智；文殊為顯，故作斯問。」唯一佛乘的道理，我們在《法華經》講得很清楚了，事實上諸佛淨土世界也都只有唯一佛乘，無二亦無三。可是五濁惡世的眾生很混濁，特別是見濁而且人壽短促，所以直接講「唯一佛乘」的修行，眾生難以信服；由此緣故，釋迦如來巧設方便，施設為三乘菩提。這部《不退轉法輪經》上面講過，文殊菩薩從許多佛世界帶了那麼多菩薩來，那是純一清淨的佛世界，壽命無量，所以諸佛好整以暇，從次法開始慢慢講；因為大家很長壽，活個一、兩百萬歲並不是什麼難事，所以諸佛可以從次法慢慢講起。

十方虛空有很多佛世界，可能現在都還沒有講到初住位的布施、二住位的持戒，就別說第六住位的般若！更多的是還沒有講到第七住位所證的「位不退」的內容。還有一種，更多的是第七住位的法已經講了很多了，可是大眾心裡還是有疑惑，因為那種純一清淨世界，你要告訴他們說：「貪可以貪到什麼程度，瞋恚可以起瞋到什麼程度，愚癡可以愚癡到什麼程度。」他們往往還是聽不懂的。

就這個世界有現成的例子，平常往往就會意識到，或是就會遇到貪、瞋、癡具足的人，所以很容易講，但是五濁惡世的人們善根不夠；而純一清淨世界的那些菩薩們，善根很足夠，只是修行很緩慢。因爲那是唯一佛乘，所以從次法開始講，先說施論、戒論、生天之論，然後講「**欲爲不淨，上漏爲患，出要爲上**」，也要爲大家講解三寶的意涵，讓大家對三寶起信。然後初住位講布施，二住位講持戒，大家努力修行；三住位講忍辱，一直講到第五住位，你要修靜慮，第六住位講般若；這一講下來，可能是娑婆世界的好幾劫過去了。至於證悟了的人，那《大品般若》講詳細一點，不像娑婆世界 釋迦如來《大品般若》只講了六百卷，只有六百卷！可是在那種純一清淨世界，那要講下來是十百千萬倍！因爲他們對五濁惡世的這一種煩惱不知道，但他們那些種子還在，可是無法現行，那他們要修到什麼時候？欸！只能慢慢修。

可是在那些世界一旦悟了，來到娑婆世界聽聞 釋迦如來演說《不退轉法輪經》，聽完了，心得決定。「定」就是三昧，心得決定後就可以發起「無生法忍」，再也不退轉了！文殊菩薩作這一件佛事，功德與福德無可限量。人家修福德、修功德是這麼修的，我們是這樣一點一滴慢慢修，很不容易累積起來；但愚癡的人呢，一把貪火、一把瞋火就全燒光了！夠不夠愚癡？可是也難怪！因爲在這個世界可以誘惑他的事物太多了；但也因爲這樣，所以對那些可誘惑的事，一件把它斷了、隨後又一件把它斷了；只要斷一件，就比那些純一清淨世界修上一百劫還要快。所以在極樂世界，蓮花開敷之後出來修行，修上那裡的一百年，不如在娑婆世界「八關齋戒」一天一夜。那裡一百年，這裡等於多久？你算算看啊！那裡一天等於這裡一個大劫。所以這娑婆世界有的是機會，讓你歷緣對境修除煩惱，這才是可貴的地方。

在純一清淨世界沒機會讓你修除煩惱，但修除煩惱是成佛的要件之中，最難的兩項之一。四宏誓願最難的有兩項：「**煩惱無盡誓願斷**，**法門無量誓願學**」，其中法門並不是最難的！（有人答：佛道無上誓願成。）那也不是最難的，眾生度盡，很難啦！可是「佛道無上誓願成」其實是目標，那個目標最難達成；然而最難達成那個目標的原因有兩個：第一個就是斷煩惱，第二個就是福德。你在純一清淨世界，譬如說你在極樂世界，要怎麼修福德？只有一個辦法呀！你們不能夠說：「我在極樂世界，想要吃什麼，就有什麼；所以我要永和豆漿就有永和豆漿，要有永和豆漿的燒餅，也都有！很好吃啊！我可以拿來布施給誰。」問題是你有，人家也有。而且那裡離開蓮花後的所有的人都叫作「諸上善人」，你要對誰持戒？那你持戒就沒什麼功德了，因為大家都是諸上善人，所以你持戒的功德很小，那你要修福德也很難。那裡都是諸上善人，誰會讓你生起煩惱？不會呀！那你要怎麼斷煩惱？所以這娑婆世界還不談修行，只說持八關戒齋一天一夜，勝過極樂世界的一百年精進修行。

那麼正因為福德難修、煩惱難斷，讓大家先聽聞聲聞法，證實自己眞的可以出離三界生死，於是對 如來生起大信。這時候再講緣覺法，可以實證辟支佛果，然後再來講般若，大家就信了。否則一開始就講般若，大家聽來聽去說：「如來到底在說什麼？都聽不懂啊！」聽不懂就完全沒信心了。可是因爲先有二乘菩提的實證，所以 如來宣講般若的時候，大家會想：「這個道理我們不懂，但如來說的一定是誠實語。」所以就繼續聽。聽受正見到達一個地步時，如來就用「教外別傳」幫他證得如來藏，然後般若就懂了。再依照 如來所說次第進修，可以完成三賢位的修證。所以「唯一佛乘」是清淨無垢的，但對五濁惡世的眾生而言，不能只講「唯一佛乘」，一定得要先施設二乘菩提，然後次第引入大乘菩提中，證得諸佛如來的無上智。

那爲什麼這個證悟般若是諸佛如來的「無上智」？因爲這個智慧可以使人最後成爲無上正等正覺，可以成爲正遍知；可是這個智慧稱之爲「無上」，要從理上和果地來解。從理上來講，說菩薩只要證得眞如，現觀第八識如來藏的眞實如如法性，無有一法能超越其上；轉依於眞如之後，凡有所說，不迴心阿羅漢們都聽不懂，所以叫作「無上」。也許有人心裡懷疑：「人家都是阿羅漢了，你憑什麼說人家聽不懂？」原因很簡單：因爲菩薩證得這個眞如，不是現象法界中的法；祂是一切現象法界諸法背後的根源，屬於實相法界，不是阿羅漢之所修證的法，所以他們不懂。

因此一個第七住位的菩薩證悟之後，說到實相法界時，阿羅漢們聽不懂；雖然這位菩薩還無法出離三界生死，但他的智慧已非阿羅漢所能臆測，所以叫作「**無上智**」。那麼如果再次第進修，把三賢位修完了，十地也修完了，等覺位「百劫修相好」也完成了大福德，在妙覺位下生人間成佛了——成爲正遍知覺，那便是究竟的「**無上智**」，都是從證眞如而開始的。

十幾年前，我講經時就公開講過了，我說：「**縱使南洋還有阿羅漢，他們來到正覺講堂也開不得口。**」當年那些六識論的法師們氣得要死，私底下罵這蕭平實多麼狂、多麼傲！但我不狂、也不傲，我只說如實語；更何況南洋根本沒有阿羅漢，那些都叫作「假名阿羅漢」，因爲那些人的底細，咱們不用法眼，用慧眼觀察就夠了，可以判別他們根本就是個凡夫！所以十幾年過去，快二十年了，沒看見南洋哪裡來的哪一個阿羅漢敢來正覺講堂；這就證明，這大乘的眞如智慧眞的是「**無上智**」，而且這個「**無上智**」是如來所傳，菩薩實證了，就稱爲「**得佛上智**」；文殊菩薩就是爲了顯示這個事實，故意作了這樣的發問；如今經文中也提出這件事來說：「**乘無分別，離諸戲**

論：文殊爲顯，故作斯問。」

其實小乘、中乘、大乘，或者說是聲聞乘、緣覺乘、佛菩提乘，本來沒有三乘，就只有「唯一佛乘」，所以三乘菩提其實就是一個「大乘菩提」，本來沒有分別三乘；但是爲了五濁惡世的眾生，如來大慈大悲，特地施設三乘菩提，而其實當你修學大乘菩提到通達位之後，也就是「入地」之後，你就看到其實二乘菩提之法，本來就函蓋在大乘菩提裡面，哪有三乘菩提的分別？

在二乘菩提中容有戲論，但在大乘菩提中無有戲論。別以爲我在毀謗二乘，二乘菩提講的都是三界中的法；凡有所言，不及「第一義諦」，所以就稱爲那四個字，叫作什麼？大聲一點！對啦！就是「言不及義」。「言不及義」不就是戲論嗎？可是大乘菩提講的是實相法界的事，實相法界中是眞如的境界，不是虛妄法，是眞實法；但是此法中無一法可得，當你說個不生不滅，已經是戲論了；當你說個不垢不淨、不來不去、不增不減、不一不異，都已經是意識層面的所知，都已經是戲論了！而在眞如的境界中沒有這一些，所以《心經》講得最好，歸結到一句來：「無智亦無得。」根本就沒有戲論。

其實三乘菩提都要歸結到「眞如」來，那歸結到眞如的意思就是要回歸到「大乘佛法」裡面，就是唯一佛乘，所以才說「乘無分別」。「唯一佛乘」的所證純是第八識眞如境界，而眞如的境界中迴無一法，什麼戲論都不存在，連三乘菩提都不存在；所以沒有你、沒有我、沒有他，因此說沒有四相；也沒有山河世界，一切諸法永滅，所以「離諸戲論」。文殊菩薩就爲了顯示這一點，所以弄出這麼大的一件佛事來，就是要請 佛來解說《不退轉法輪經》，講的正是這個道理。

「本無有來，亦復無去，猶如涅槃，文殊所問。」你們以前有沒有聽誰講解這一類經典？你到三民書局去找找看，那裡佛書最多了。我出來弘法之前，也讀過一些人家寫的書，也沒有人講這個法；因爲他們都把佛菩提當作解脫道在講，而且所講的解脫道還錯了，所以講解這一類大乘經典是咱們的專利；不用註冊就有專利，因爲他們講不得。這也是你們的專利，因爲你們聽懂，他們聽不懂啊！所以我兩個月出版一本書，他們每一本書要讀四個月或半年還讀不好，因爲那一本書讀完，我已經又出三本了。而我這些書不必打草稿，就一面看著眞如、一面就講，這個現觀就是佛法的厲害所在。

那麼說個來、去，那已經是「意識」的事情了。諸佛爲什麼叫作「如來」？翻譯成白話叫作「好像來了」，所以「釋迦牟尼佛」該怎麼講？說 釋迦牟尼好像來了，那到底是來了？還是沒來？嗄？無來也無去？可是如果無來，爲什麼能夠讓大家親近受學呢？那如果沒有去，應該現在都還看得見祂老人家了，但爲什麼沒看見祂老人家？怎麼樣？大聲一點！無處不見？無處不在？那到底在哪裡？（大眾笑…）所以說，在印度說佛叫作「如去」，不叫作如來；但中國人喜歡來，就翻譯成如來，而印度人叫作如去。那到底是如去好、還是如來好？有的人說如去，有的人說如來，有的人說都一樣，莫衷一是。如來是好像有來，其實沒有來；如去是好像有去，其實沒有去；那到底哪一個好？其實如來、如去都一樣，因爲祂沒有來，所以也不用去。

「有來」是說本來不在，而現在出現了；本來是沒有的，現在有了，所以叫作「來」；那麼「如去」是說本來有，現在好像消失了。所以這「來」

與「去」是因爲本無今有，或者本有今無，才會說來與去。那如果一直都「不生不滅」，就沒有來與去可說了。這也就是說，諸佛如來示現在人間，或者示現在純一清淨的佛世界中，看來是有來，但有來的是祂的報身，或者祂的自受用身、他受用身；可是祂的法身無垢識本來就存在著，本來存在的法就不會有消滅的時候，就沒有去；本來就存在的法，就不必來，因爲現實沒有，突然出現的才叫作「來」。但祂本來就存在，所以說祂沒有來、亦復無去。

那你剛剛講的「無處不在」，也是講得很好！你知道嗎？「好」在哪裡？我就跟你點了一下：那個「處」叫作十二處，由於遍十二處所以無處不在。你要去找祂是何時出現的？找不到，因爲就像一句世俗話講的：「**先天下之先，後天下之後。**」還沒有天下以前，祂就在了；然而未來天下壞了祂還是在，所以說祂本無來去，祂沒有來、也沒有去。如果以一世的異熟果來講時，叫作「去後來先作主公」，死時諸法都去了以後祂沒去，下一世諸法都還沒來時祂已經在了，祂其實是諸法之主。

這沒有來、沒有去，表示祂不生不滅，不生不滅就是不生不死的眞人。

我們六個講堂坐滿一千多個人，這其實是一千多個假人，可是每一個假人身上都有一個「無位眞人」。當你住於初住位、住於二住位、證得第七住位，或者證得十行位、十迴向位、證得第幾地，當菩薩的全都是假人，可是你身上都有一個無位眞人；不管你證得什麼菩薩果位，祂永遠無位，所以叫作「無位眞人」。

那這個「無位眞人」本來已在，所以叫作「自在」；祂自己本來就存在著，所以祂是自在心，因此有的祖師說：「**祂是最初心，也是最終心。**」若論一切有情的心，祂最早已存在；一切有情不管去到未來世，沒有哪個有情的心可以跟祂比賽到最後，祂永遠都會存在，所以叫作最終心；這最初與最後，表示祂不生亦不滅。經中有說：「**涅者不生，槃者不滅，不生不滅，名爲涅槃。**」可是這幾百年來的佛教界就沒有人講這個道理。

所以我十幾年前在桃園講了一個晚上，我說：「**涅槃其實就是如來藏獨住的境界。**」那時候書印了出來，就是那本《邪見與佛法》，當時佛教界譁然！但大家不敢公開罵，私底下罵翻了；還有人收集了去燒掉，臺灣燒、大陸也燒。燒得最有名的就是河北那個柏林禪寺的住持，好在他死前懂得懺悔，還算不錯，保住人身了。

其實涅槃就是依如來藏施設，否則就沒有涅槃可證了，可是現在都沒有人講；但是古時候我在論中就寫過了，而演講當時我也沒有讀到那些論，我只是依著自己的證量講出來。後來有一天讀到了，發覺：「喔！原來這裡都有寫了！」那你別問我是哪一部論？這就是說：這個法是不生不滅的，是無生無死的，無生無死就是涅槃，所以阿羅漢入涅槃以後就無生無死了；但他們那個涅槃，六祖罵過說「將滅止生」；他們是把五蘊滅了，停止了未來世重新再出生，說這樣叫作證得「涅槃」的「無生」。六祖說他弘揚的法是本來無生，所以六祖也真的很有智慧，能講出這一點：本來無生的法就永遠不會滅。凡是有生之法一定會到一個時間就壞掉，有生則必有滅，那不生不滅就是涅槃。

可是從一個菩薩證眞如以後的現觀來說，阿羅漢將滅止生，不再受生，因爲他們不受後有了；可是不受後有時的「涅槃本際」究竟是什麼？依舊是第八識如來藏。所以菩薩在第七住位，雖然說還沒有證得有餘依、無餘依涅槃，卻是眞正的親證涅槃者；因爲在善知識指點之後，現前就看見無餘涅槃的無境界境界了；所以菩薩看見如來藏的不生不死，就是看見涅槃本際。阿羅漢死時滅掉了蘊處界，不受後有，那時阿羅漢已經不在了，他沒有蘊處界了，那時他能看見如來藏嗎？看不見！所以他也看不見涅槃。

因此十幾年前，《邪見與佛法》書中我說：「**阿羅漢沒有證涅槃。**」這話沒有人敢講，我膽子好大，竟然敢這樣講。《阿含經》中明明說阿羅漢有證涅槃，我就說：「**他們沒有證涅槃！因爲他們蘊處界滅了，沒有辦法看見涅槃裡的境界；而他們沒有滅掉五蘊之前，生前也沒有證得如來藏，所以他們也看不見涅槃中的本際，所以我說阿羅漢沒有證涅槃！**」我說得理直氣壯。當時佛教界好多人很生氣，有的教授還放話，說他要寫書、要破斥我；如今快二十年了，一個字也沒看見！所以說，這個法是沒有去來的，沒有去來的就是「**涅槃**」。

所以說，所有的法界中，不論什麼法，不論什麼功能差別，你找不到一個法是涅槃；而你在這一些法界之中，只有找到唯一的第八識如來藏，祂「**本無有來，亦復無去，猶如涅槃**」。那現在諸位有沒有想到一句《般若經》中的話：「**設復有法過於涅槃，我亦說如幻如夢。**」記不記得這一句話？記得了！翻譯成白話文說：「**假設有一個法是超過涅槃的境界的，我也是說那個法相好像幻化或作夢夢見的。**」因爲當你說是如來藏時都已經不是如來藏了。

現在諸位可以來檢驗，無餘依涅槃是依第八識離一切法的境界來說的。那麼這個識是眞實而如如，不生亦不滅，這就是涅槃哪！晚近這幾百年沒有人講過，其實在天竺的論中就已經寫過了。奇怪！爲什麼都沒有人講？難道沒有人讀過那部論嗎？我這一世沒讀過，但卻講出來了！所以說涅槃其實就是如來藏的異名，涅槃就是如來藏的另一個名稱；唯有如此，涅槃是寂靜的，涅槃不是斷滅空，所以《阿含經》中說二乘聖人所證的涅槃「常住不變」，說阿羅漢所證的解脫果是常住不變。那麼 文殊菩薩的目的就是要幫大家問這個問題，讓 佛來解釋：「涅槃是『**本無有來，亦復無去。**』」接著說：

「**實無得果，亦無所說，但以方便，引導眾生，遠離音聲，聲即一相；**

文殊爲顯，故作斯問。」說聲聞法中的證果，或者菩薩法中的證果，都只是方便說，其實沒有得果可講。我剛弘法那幾年，我們那時候只有九樓這個講堂，那時講《起信論》擠下了多少人？七百十五雙鞋子。九樓這個講堂，只有一間喔！那眞的是用擠的，擠到樓梯間的樓梯轉過去，再拉個喇叭上去聽，這邊下去的樓梯間再拉個喇叭下去聽；全部坐滿，七百十五雙鞋子！包括我的一雙。但是這風聲一傳出去，有一個居士他還寫了經典呢，然後把他的弟子分封說，這位是什麼菩薩，那一位是什麼菩薩等，還拿到我們九樓電梯間來發。那時候我們一位福田組長姓詹，他就把我們的書拿去他們那裡發，從此絕跡，他們再也不敢來了；所以不識好歹，或者說沒見過世面的人還眞多呢。

可是話說回來，以前海峽兩岸佛教界，包括南洋佛教界，好多宣稱證果的人，各個都自說是阿羅漢。那時宣稱是阿羅漢的人很多，可是宣稱是三果的人很少，宣稱初果的人更少，大部分都自稱阿羅漢。問題是那一些阿羅漢都不堪檢驗，所以我誇口說：「**阿羅漢來到正覺講堂也開不了口。**」其實根本不用誇口，因爲人間連一位阿羅漢都沒有，那時人間根本沒有阿羅漢；如果要說有阿羅漢，只有正覺有。他們是連個初果都證不得，何況阿羅漢？那問題來了：既然無果可得，那我證什麼果？說得對吧？一定是這樣。既然無果可得，那你證初果是證個什麼？你證阿羅漢果又是證個什麼？所以早期那位來我們門口發經典的那個居士，他們還有發證書，說某某人證初果，就給一張初果的證書；不曉得他證阿羅漢果是誰給他證書？都是凡夫搞鬼啦！

但是我們要說明的是：「所謂的證果，那是方便施設，其實無果可得。」證初果是在見地上捨掉一部分五陰，證二果是開始眞捨一部分五陰，證三果時再捨一部分，證四果呢？全部都捨了！證初果就是「把這個蘊處界認定爲眞實我」的邪見給捨掉，這樣叫作證初果，就像是把身上的一部分割掉，叫作證初果呢！不是多得了一隻手臂、一條腿、一個頭；所以是捨掉一部分，叫作證初果。那麼如果是證四果呢？是從頭到腳全部都捨掉，就是斷盡思惑而把十八界滅盡，那是全部捨棄了我，哪有什麼涅槃可得？

如果有人今天第一次來聽我講經，聽到這裡一定想：「好恐怖喔！竟然叫我全部都要滅掉，這是不是邪法？」所以證果的人會退轉，很正常！凡夫如果悟錯了，把證得離念靈知的境界當作涅槃，保證不會退轉，因爲那是「我執」跟「我見」的根本，凡夫哪能退轉！所以不會退轉的法都不是正法，會退轉的法才是眞正的法，否則爲何叫作無生忍？因爲難忍啊！因此說，得果就顯示你捨掉一部分五陰了；證果的果位越高就是捨得越多，乃至成佛的時候呢？一切法皆捨，沒有任何的、絲毫的執著，也就是連「法執」都不存在了；這時候一切功德現前，那不是從外來的，都是本有的功德；但因爲以前有無明，所以這些功德都被遮蓋了，不能顯發；所以說證果其實沒有得果，解脫道的信行、法行、聲聞、緣覺、四雙八輩都沒有果可得，乃至菩薩果五十二個階位，全都沒有果可得。

那麼從理上來講，當你證眞如而悟入第七住位時，你看見自己所證的如來藏自身的境界中，無一法可得。如果他再開口說：「我證得羅漢果了！」那他就是凡夫，因爲他落在五陰裡面了。阿羅漢只有一個情形會自稱是阿羅漢，就是爲了救人，當他遇到凡夫辱罵阿羅漢的時候，阿羅漢就會告訴他：

「我是眞阿羅漢，你要趕快懺悔！以免來世不可愛的異熟果報。」那是爲救人，否則阿羅漢也不自稱是阿羅漢；但凡夫愚癡，不曉得辱罵阿羅漢的果報有多麼嚴重；阿羅漢很清楚，所以要救他。

可是尊貴的阿羅漢並不知道第七住位菩薩的所證，第七住位菩薩又不知道十住位眼見佛性的境界；所以如果有個人辱罵見性的菩薩，那果報遠比罵阿羅漢更重！但是也有人敢罵，因爲他們不懂。如果這個人眼見佛性以後，跟著大善知識繼續修行將近二十年了，還會在第十住位嗎？不會的，已經到十行位裡面去了，可是凡夫不懂，因爲這位菩薩即使額頭上刻著：「第九行位」，他也看不懂，心想：「這是什麼意思？」他就敢罵。

可是如果學了法、證悟了，還敢罵，我就說他叫作愚癡！世間沒有比這種人更愚癡的了。雖然說，菩薩有五十二個階位，這是 如來施設的果位；但這些果也沒有果可得，只是捨掉了更多，所以使得如來藏中本有的功能顯現出來更多；而那些功德不是從外而來，都是本有的功德，但因爲以前煩惱厚重、無明深重，所以遮蓋住了，現在除掉煩惱與無明了，就可以顯發出來。

因此說佛法中的證果是無果可得，但其實不是沒有果可證，千萬別誤會！那以往都有人依文解義，讀了《般若經》以後，就說：「**悟後沒有五根、沒有五力、沒有七覺支、沒有八聖道，也沒有四聖諦……，什麼都沒有了，所以根本都沒有了就是空無嘛！你講什麼開悟？你騙人！**」其實不是，那是講眞如自己的境界中無一切法，所以乃至無佛、無法亦無僧；但是眞如無一切法之中，又無妨出生無量無邊諸法。所以他們依文解義，造下了口業還不知道，跟著又造下身業，所以他們遇到了諸地菩薩時，聽了不爽時照樣罵、照樣打。目犍連尊者可不只是地上的菩薩，還是佛世四大弟子之一，不是就被人打死了嗎？不過，好在他是還債，只是還了往世欠的債；但要了他的命的那些討債者，討了債沒有罪嗎？一樣有罪！

所以 佛才說：「**下位不知上位事，下地不知上地事。**」雖然證菩提時「**實無得果**」，然而得果了以後，有什麼東西可以拿出來說？譬如說你證阿羅漢果，不受後有，什麼煩惱都沒有了，你能拿出什麼給人家看？沒有東西給人家看哪！因爲只是斷盡思惑，不能拿出來給人家看。同理，菩薩證悟後也沒辦法為人說明得果的內容，因為所證是出三界法，離語言文字，而且 佛又交代不許為人明說，所以說「亦無所說」。

而你證得第七住位了，跟人家說：「我證眞如了！」人家說：「那眞如在哪裡？你拿來我看！」他拿出來時說：「有！在這裡啊。」「哪有？這是手！」對凡夫還眞的拿不出來啊！所以也沒有辦法說，所以 佛說是「但以方便，引導眾生」；因此我們才要辛苦辦禪三。辦禪三很辛苦呢，尤其我現在七十幾歲了，跟大家一起拼命、一起奮鬥，就施設各種方便來引導大眾。今天只能講到這裡。

《不退轉法輪經》我們上週解釋到十四頁的倒數第三行，今天要從倒數第二行開始：

「遠離音聲，聲即一相；文殊為顯，故作斯問。」說這個「唯一佛乘」所證的境界是遠離聲相的，是沒有音聲的境界；這在二乘菩提中，根本無法想像：「為什麼大乘菩提的所證境界是無有音聲？」因為二乘菩提所觀行的對象是蘊處界等諸法，都在三界中，特別是欲界中法，說法學法者都不離音聲相；可是大乘菩提所證的對象是法界的實相，不是現象界的蘊處界等法。而法界實相的境界中遠離聲音，所以《維摩詰經》告訴我們：「法不可見聞覺知。」你想要證的「法」，那個法不可以是有見聞覺知的，否則你就落入見聞覺知中，那就是三界中法，並不是眞正的求法。

我記得以前（那是很早的時候），自在居士他們派人來，跟我在大乘精舍會面。他們宣稱：「這精舍的經櫥，兩大落五千多冊佛書，我們都讀完了！」很嚇人吧？這話很嚇人，可是我不當一回事。他們宣稱要出什麼公案藏、故事藏、經典藏。我說：「你們出什麼都無所謂，就公案藏你們千萬別出，出了就是個大問題；因爲悟與未悟，把柄就在人家手裡了。」他們問起來：「你怎麼判斷？」我說：「這很容易啊！有一部經典我當它是禪門照妖鏡，就是《維摩詰所說經》（亦名不可思議解脫）》。這經裡面說：『知是菩提，了眾生心行故。』又說：『不會是菩提，諸入不會故。』」我說：「這是同一個心，不是兩個心；這個心既能知又不會，悟後一定能知這個道理，才能夠說你證得的這個就是佛菩提。如果你證得的心猶如石頭、木塊一般完全無知，那你就錯了！」聽到這裡，他們當然很歡喜，因爲他們落在離念靈知中。但我接著說：「可是馬上又告訴你：『不會是菩提，諸入不會故。』說不會的心才是菩提，因爲對六入完全不會。」聽到這裡呢，以現在的漫畫顯示方式來講，就說他們額上三條線了，不知道如何回答。

我就告訴他們：「法不可見聞覺知；若行見聞覺知，是則見聞覺知，非求法也。」他們聽不懂。我解釋說：「眞實的法不可以是有見聞覺知的；如果所證的心都落在見聞覺知之中，那個叫作見聞覺知，那不是眞正的求法。」結果他們都默不作聲了。本來是趾高氣揚的三個人對著我，但我講到這裡，他們不講話了。前面半個小時都他們在講，我默不作聲；這時我這麼一開口，換他們默然，可惜不是 維摩詰菩薩那個默然。

這意思就是說：實相法界是遠離音聲的，如果你修學大乘佛法，宣稱親證了大乘佛法，那你的所證就要符合聖教量。符合聖教量時，你一定是現量觀察就可以證實：祂果然如此！由此而去作各種比量推究，那個比量推究一定不會錯誤。如果不是這樣實證而作各種比量的話，那些比量全部都會是非量；所以「法」必然是「遠離音聲」的。

假使有誰再主張說禪宗的證悟是「離念靈知」，那他的所證跟聖教量都不符合，也跟現量不符合；因爲 世尊在《楞伽經》早講過了，說如來藏是「自心現量」；每一個人都有這個心，而這個心是可以現量親證、現量觀察，不是思想，不是玄學，但是竟能變生諸法，這就是第八識的「自心現量」。所以打從我們正覺開始弘法以後，各大山頭大家共同打壓，打壓到後來我們回應了，他們都沒辦法寫個文章或者開口回答；於是他們後來各個都變成「維摩詰菩薩」了，因爲各個默然哪！然後說得好聽一點是：「我們不屑於理他。」就好像沒食物吃，詐稱肚子不餓。所以「法」不可見聞覺知，「法」「遠離音聲」，這個是唯證乃知的事，想像是無法理解的。

接下來說「聲即一相」，假使沒有親證大乘法，而今晚又第一次來聽我講經，一定想不通：「爲什麼聲即一相？」聲，明明有很多相，且不說人類的語言，單說動物好了。譬如說那動物影片，一群猴子看見老鷹飛過來，牠的叫聲是一種；看見地上蛇爬過來，叫聲又是另外一種；看見不同的動物，牠的叫聲不一樣，那也是聲相，顯然牠們的聲相就有很多種不同了；所以聲音一發出，同夥都知道是什麼東西來了。明明那麼簡單的聲相，就已經有很多種了，爲什麼說「聲即一相」？就更別提人類的語言有多複雜！

人類的語言很複雜，佛法才能成立，否則佛法要怎麼傳？那些哲學家都說佛法是「形而上學」，表示祂在物外。既然形而上，表示非形非色，那你又要怎麼去傳授呢？所以得要有非常複雜的語言來作各種的論理、分析、分別、說明，然後大家才有辦法去實證；否則這個「形而上」的法界實相憑什麼得證？一定要藉這麼複雜的語言才有辦法傳授正確的知見，然後傳授給大家如何用功去修行、如何去實證；所以人類的語言顯然非常複雜，這些音聲非常之多，可是爲什麼　如來此時又說「聲即一相」？其實道理很簡單，因爲一切聲就像《法華經》講的：世間聲、人聲、鬼聲、畜生聲、無量的聲、聲聞聲、緣覺聲、菩薩聲、佛聲……什麼聲都有，但是無量聲只有一相，叫作「如來藏聲」。

但是有人今天初來乍到，第一次聽我講這個法，這時候可就麻煩了，想不通：「為什麼那麼多聲都叫作如來藏聲？」因為一切聲莫非如來藏所生。假使證悟了，心想：「對喔！要不是如來藏，我還無法發聲哩。」緊接著就有一個問題出現了，那風吹流水聲、空谷跫音，難道也是如來藏聲嗎？我就告訴你：「正是如來藏聲！」因為這一切的運行，都得共業有情的如來藏運作才可能出現。所以有情聲、無情聲莫非如來藏聲；何況人的一切音聲當然也是如來藏聲。不用懷疑！等你證悟了，親自去體驗祂，既然一切聲都是如來藏聲，那不是只有一相嗎？不會有二相啊！因為法界的實相就只有一個，沒有第二個法界實相。

我出來弘法六、七年時，諸方山頭放話說：「各人悟各人的，你們正覺不用要求我們要跟你們悟得一樣的心！」喔！如果這樣說的話，某甲山頭悟個某甲的，某乙山頭，某丙、某戊、某庚、某辛都悟他們各自的，那是不是實相有很多種？對了！可是這話講不通啊！我們正覺說：「有情是如來藏所出生的。」那他們說：「有情是有念靈知生的。」有的人說：「是離念靈知生的。」甚至有主張其他很多的各種，那就變成實相很多種了，那麼應該人也要分很多種：這叫如來藏人，那叫離念靈知人、有念靈知人……等，都要區分出來了，因爲根源不同啊！所以說實相無二，只有一種；實相絕對待，沒有誰可以跟祂相提並論。所以一切聲只有如來藏聲，既然都是如來藏所生的，所以不管什麼樣的聲，這些音聲都是「如來藏聲」，那就是一相。那麼文殊就是爲了顯示這個道理而發起這次的講經及發問，所以 佛說「文殊爲顯，故作斯問」，是故意提出這樣的問題來，世尊便如是說明。

「尋聲求聲，無聲可取；聲名字空，文殊所問；是聲如風，無所依止；聲即解脫，文殊所問。」先講前面四句。假使有人去追尋聲音，看這個聲音究竟是怎麼存在的？假使有人去追尋聲音是否常住不滅？事實上無聲可取。十幾年前，臺灣、大陸有個很有名的清海這個女人，還記得嗎？不能叫她無上師，我都說她叫作「青海」來的女人。她當年在臺灣、在大陸都曾經風靡一時。其實她最早是離開越南投身於臺北的農禪寺，聖嚴法師收留她；然後因爲她會講英語，就送她去美國紐約東初禪寺，她在那裡私下就胡搞了起來。搞什麼呢？觀音法門。

這可怪了！聖嚴法師不會觀音法門，她倒是會了；看起來似乎是青出於藍、更勝於藍，可是我就不信有誰會觀音法門！我記得那好像就是我在講《楞嚴經》的前後吧，有人送給我一本薄薄的書；她那時候有一本書很有名，叫《即刻開悟之鑰》。是開悟的鎖匙喔！但她只是一個凡夫，哪有開悟的鎖匙？然後因為她胡搞，在東初禪寺可能也跟常住處得不好，她就離開了，開始弄起外道的假觀音法門來。那應該是我講《楞嚴經》之前，因為那時候我還在三個地方上課。有一次我去中信局，經過火車站前，有一個大樓還用 LED 燈顯示出來，打出來她在那裡教觀音法門，有個場所在那裡。

可是我接過她印的書才一探究，她主張的是聲常住，說音聲常。音聲是常，是哪一個教的教義呢？是印度的錫克教。錫克教的祖師其實就是聲論外道，他們主張音聲是常，講的是「聲常住論」。認為一切有情都從音聲所生。問題來了，這地球上聲音到處都有，如果音聲能生一切有情的話，那這地球上，我看要趕快發動第三次大戰才行，不然一定會人滿為患，把地球表面都佔滿了，植物還能生果實嗎？

然而「聲」是所生之法，所生之法不能生任何法。這是垂諸萬世、萬劫、無數劫而不能被改變的正知正見，不能忘了！凡是被生的法，不能出生任何法，這是法界的定律。那麼她們去尋求音聲的所在，其實音聲沒有處所，因爲音聲是所生之法，出於寂滅的如來藏，所以音聲不可取；你若是要實證生命的本源，一定所證的標的是常住的，你可以實證祂，這才叫作「可取」；如果它不是常住的就不可取，只是意識心中的虛妄想像罷了。所以錫克教主張音聲常住，說音聲可以出生一切有情，這也只是一個理論，不可證實。

凡是有人出來主張說：某一個法出生了有情、出生了萬法。當他提出主張時，一定要自己親證，並且還要教導他人同樣可以親證，同樣可以證實也可以現觀這個法確實出生了有情及萬法，而不是只有他一個人可以現觀，否則他那個親證是有問題的。換句話說，他不能被別人再三檢驗。但是 如來提出的第八識如來藏出生萬法，是可以在悟後加以檢驗的，也可以現觀；而且不但 如來一個人可以證實，並且弟子們跟著修學以後同樣可以證實，這樣才叫作常住法、眞實法。

可是音聲是和合而有的法，藉各種緣而出生；首先發聲的人，必須要有一個功能完整的色身，名爲「有根身」；加上如來藏在身而常住不壞，再加上七轉識種子流注出來正常運作，然後就能發聲嗎？還不行！因爲發出來也沒有聲音，得要如來藏有這個功能才能發出聲音。但這個法義先不談它，先賣個關子。先說要有這七轉識方能生起作意想要發聲，而如來藏藉這個有根身和七轉識共同運作，八識心王和合似一，好像就是同一個心一樣，然後想要發出聲音的時候就發出來。

現在聲音終於發出來了，你就聽得見嗎？你聽不見的。不要懷疑，眞的聽不見，因爲還要有空氣。若沒有空氣，你喘都喘不過來了，還發聲？有空氣所以你可以發聲。聲音發出來以後，藉著空氣傳播了；如果沒有空氣，譬如說在太空，你這邊講話，他那邊聽不見；雖然只有一公尺的距離也聽不見，因爲沒有空氣，不能傳播聲音。那現在有空氣了，某甲發聲，某乙可以聽見了嗎？還不成！眞的不成，還得要某乙的「有根身」是完整的，然後流注了七識心出來。

如來藏藉由某甲發出的音聲攝受過來，然後某乙再藉外聲塵引生內相分的聲塵，某乙覺知心才能聽得到。那你說這聲音被聽到，是要有這麼多的內容，很多條件都具足，某乙才能聽到某甲的聲音。現在說回來，不論某乙聽到了，或者某甲發出的，總而言之叫作聲，這個音聲得要藉著八識心王和合運作才能發出來。那麼這個音聲追究到最後，當然就是從如來藏發出來的，所以聲無常住性，聲是剎那、剎那變異性，聲是有生之法；有生則必滅，所以「**無聲可取**」。當我說「**聲**」的時候，聲這個名字也是緣生性空，所以「**聲名字空**」，文殊菩薩想要讓大家都能理解這個法界中的事實，所以特地發起此問。可是我們要從另一個層面來解釋，「**聲**」這個名字緣於如來藏，所以聲的名字就叫作如來藏——空性，所以說：「**聲名字空**」，這就是 文殊菩薩的所問。

接著再說後面四句中的前二句：「**是聲如風，無所依止；**」這音聲就像風一樣，你能叫音聲依止於什麼而長存呢？都沒辦法！所以聲音一發出之後，它隨即就過去了。如果聲音能長存，那某甲罵某乙一句話：「**你是無恥**

之徒！」那就應該某乙永遠一直聽到：「你是無恥之徒、你是無恥之徒……。」就永遠輪轉都不會停止也不會消失。但事實上並沒有啊！某甲罵過去以後，某乙聽了就過去了，「無所依止」；它就跟風一樣，風吹過了就不會回來的。

如果聲有所依止，也許現在有的人異想天開說：「欸！可以呀，我如果弄個電腦，把那個聲音儲存起來，讓它反覆播放，那不就有依止了嗎？」但問題是：前一秒鐘跟第二秒鐘放出來的聲音是不同的聲，第一秒鐘的聲過去以後，才有第二秒鐘的聲音；第二秒鐘的聲也會過去，然後有第三秒鐘的聲音，它是不停地過去的；就像水流一樣，前一秒流的水已經過去了，現在在你面前的是這一秒的水，這一秒的水也不是常住，它也正在過去；然後下一秒的水漸漸地再跟上來，而下一秒水也會過去，聲就像這樣，所以不是常住法。

所以遇到那些無理取鬧的人來找碴，亂罵一氣，你就把它當作風聲，不必跟他計較；要不然用拆解的方法，當他開口罵：「你是忘八蛋！」你就把它拆解開來：「你」，這時的「你」聲並沒有罵我；對方講出「是」的時候，

「你」已經過去了，現在來到「是」了，「是」這個字也沒有罵我，而「你」已經過去了。那「忘八蛋」也一樣，一個字、一個字拆開，「忘」，也沒有罵；「八」，八也沒有罵我；「蛋」，也沒有罵我，都只是聲音。這樣拆解完畢時，又何必再生氣？所以說聲無常住之性，聲就像風一樣，聲也沒有辦法依止於什麼而常住。

可是緊接著又說：「**聲即解脫，文殊所問。**」這可怪了！明明「**是聲如風，無所依止**」，爲什麼反過來就說「**聲即解脫**」呢？欸！答案很簡單：因爲一切聲是如來藏聲，特別是有情所發出的聲音。聲依如來藏而有，「**是聲**」發出之時，如來藏就在，由如來藏所發出，所以聲在的時候就代表是如來藏。是如來藏發聲了，對吧？有的人點頭，有的人不敢點頭。你要是親證了，就一定點頭，因爲你的現觀就是這樣。聲存在的時候如來藏就在，聲其實就是如來藏的一部分，所以你把聲攝歸如來藏時，聲就是如來藏，如來藏就是聲。而如來藏本來解脫，所以「**聲即解脫**」。文殊菩薩就是想要問這個道理，讓 世尊來爲大家開示。如果聲不是解脫，那就不會有聲聞了！也不會有緣覺、不會有菩薩、不會有諸佛；文殊菩薩就是要問這個道理，讓 佛來演說。

「阿難諦聽：文殊所問，方便菩提，皆無所有；佛及菩提，有聲無實，亦無方所，諸法皆然。」你說這樣的第一義諦，要教聲聞阿羅漢怎麼瞭解啊？所以千萬不要輕視大乘法中三賢位的菩薩。如果進了第七住位不退，漸漸通達了這些道理，十住、十行菩薩的智慧都不是阿羅漢所能瞭解的。此時 如來吩咐阿難說：「阿難啊！你們要詳細聽清楚喔。文殊所問的是方便菩提，而這方便菩提其實都無所有。」

所謂「佛」以及「菩提」只有聲音而無實質，也沒有一個處所或者方向；一切諸法其實都是這樣，這是實相法界的事。那阿羅漢的修證，所觀行的內容全都是在現象界裡面，從來不曾涉及實相法界，那他們怎麼會懂？所以我剛弘法的時候說：「阿羅漢們不懂大乘菩提。」那些六識論的印順派僧眾氣得要死，說蕭平實講話太狂了；但我說的是如實語，哪能是狂語？阿羅漢的所證從來不涉及實相法界，而大乘菩提講的是實相法界的事，他們當然聽不懂啊！那麼現在 佛說：「文殊菩薩所問，目的是要問『方便菩提，皆無所有』

等等。」可是問題來了，佛陀明明施設各種方便、傳授了二乘菩提，而這二乘菩提是方便菩提，不是眞正的菩提；但 世尊明明傳了二乘菩提，到這裡竟然說是「皆無所有」，這從現象界來看，顯然不通：「佛陀您都傳了，爲什麼今天說什麼都沒有？」

所以釋印順他們讀不懂第一義的經典，就說：「原來一切都是緣起性空啦。什麼第二轉法輪的般若、第三轉法輪的唯識，其實只是把《阿含經》換個方式重講罷了！」所以般若他就判定爲「性空唯名」，那不就是判定 佛說的般若是戲論嗎？但般若講的是實相，怎可能是戲論？所以我說：「印順是個糊塗蛋。」我現在這個字「蛋」就罵人了喔！（大眾笑…）他是個糊塗蛋！從年輕糊塗到死，然後怎麼死的，自己都不知道！文殊特地提出來向 佛陀問說：「方便菩提，皆無所有。」說二乘菩提是「方便菩提」，因爲二乘法那個菩提也稱爲覺悟，但二乘菩提所覺悟的是現象界的法；說五蘊、六入、十二處、十八界都是第八識藉緣生起的緣起性空，其中無有眞實我。

明明 佛陀教了，也讓弟子證阿羅漢果了，那爲什麼說二乘這個「方便菩提」都無所有？其實從二乘聖者來講，這二乘菩提眞實有，實證以後他們可以出離三界，擺脫生死輪轉之苦。可是你如果從實相法界的境界來看時，一法也無！哪來的「方便菩提」？所以說：「方便菩提，皆無所有。」

也許有人想：「『方便菩提，皆無所有』，那麼大乘菩提呢？應該眞實有吧？」他說的好像也對啦，其實不對！因爲大乘菩提的實證，悟後可以次第進修，到最後成佛。佛分明出現在人間，既然可以出現在人間，佛就是眞實存在的啊！而祂也教導弟子實證佛菩提，將來也可以成佛，這大乘菩提當然也是眞實存在的呀！但爲什麼又說「佛及菩提，有聲無實」？因爲這是從大乘菩提所證的實相法界來說的。在現象上看來，是有 釋迦牟尼佛出現在人間；從現象上來看，是有 釋迦牟尼佛傳授佛菩提給眾弟子們，才會有這些經典流傳下來。可是佛菩提的所證，從七住位菩薩開始，上至諸地菩薩乃至佛地，所證的實相法界裡面並沒有佛，也沒有菩提可說。實相法界的境界中，無佛、無法亦無僧，佛菩提就更別提了！

然後我們再從現象界來談。在現象界中有佛、有佛菩提，但是當 如來教導大家說：「我是釋迦牟尼佛，我十號具足。」可是「佛」這個聲音講出來之後，就過去了，哪有「佛」存在？再從現象界來看，應身如來釋迦牟尼佛在人間八十幾年也過去了，說了很多的「佛」，也都是只有聲音，沒有眞實。那麼講了很多的佛菩提道，這個菩提也是聲音，聲無所住、聲無所依，也都過去了。那弟子們聽了，譬如說：我今天講了，那諸位聽了，在你心中有眞正存在的「菩提」等聲音嗎？你心中有哪個是菩提？你拿來我看看啊！拿不出來，不然你用講的吧，什麼叫作菩提？所以菩提只有聲音。

此時一定有人會想：「那我上禪三開悟了，這就是覺悟啊！菩提名爲覺悟，那這個覺悟不就存在嗎？」那我就要問了：「既然覺悟存在，你把覺悟拿來我看看！」也許他比手畫腳說：「這個就是啊！這個就是啊！」我說：「這個不是啊！這個是你的五陰身哪。」覺悟在哪裡？又拿不出來了！結果菩提何在？再從所證的第八識如來藏的境界中來看，其中有覺悟這件事嗎？並沒有，所以說個覺悟時，其實也沒有覺悟這件事。所以「菩提」只是在形容你找到如來藏那件事，形容你懂得實相而生起根本無分別智了，不是講如來藏自身的事。

就是說，你完成參禪這個過程終於找到如來藏了，現觀祂的眞如法性以後心得決定而無猶豫，這叫作覺悟，「覺悟」就叫作「菩提」。所以只是一個現象、一個過程，但你講出來說「這就是菩提」時，「菩提」已經過去了，它只是聲音，而那些聲音在代表你參禪證悟的過程，說這樣叫作「覺悟」。所以你說一句「佛」、說一句「菩提」的時候，「**有聲無實**」。然後回到實相法界來看，當你說「佛」、說「菩提」時，也是只有聲音；可是在實相法界裡面並沒有這個聲音，沒有「佛」、也沒有「菩提」，連聲音都沒有。所以這個菩提到底在哪裡？在身上嗎？拿不出來啊！在腦袋瓜？也拿不出來！那不然在天上、在地獄？東西南北也都沒有啊！所以「**亦無方所**」，「**佛及菩提**」如是，「**諸法皆然**」。

那麼你看：講到這裡，從很多不同的層面來講實相法界，所以實相法界有很多法可以談。當然成佛三大阿僧祇劫，最後只要有一部分不具足、沒有圓滿佛菩提時就不可能成佛。所以講個「一悟即至佛地」，那是慧能禪師悲心懇切，希望大家建立信心，趕快投入佛法中來，叫作慈悲方便；事實上沒有誰可以一悟即至佛地的！以前自在居士還寫個文章，批評惟覺法師說：「你講悟後起修，那你就是沒有悟！」其實呢，兩個人都沒悟！（大眾笑…）臺灣有一句話說：「龜笑鱉無尾。」你們內地這樣聽懂喔？沒聽過這話吧？龜遇到危險的時候，六根都收起來，尾巴就不見了，牠看鱉也這樣，但烏龜就笑對方說：「你怎麼沒有尾巴？」其實牠自己也沒有尾巴，一樣也收進去了！結果沒悟的人笑人家沒悟，多可笑！所以證悟這件事本來就不容易。

然而此法甚深極甚深，普天之下茫茫眾生，能找到幾個肯信受的？連信受都難！所以證悟時叫作無生忍，證得第八識的無生時確實是要忍的。如是信受都難，何況要實證？怪不得菩提達摩會說：「諸佛無上妙道，曠劫精勤難行能行、非忍而忍」，接著又說「豈以小德小智輕心慢心，欲冀眞乘，徒勞勤苦。」對不對？欸！達摩其實就是須菩提，也難怪他這麼講！他也不太肯幫人家證悟，因爲他的個性就是這樣。所以證悟本來就很困難，諸位覺得容易，好像沒什麼，那是因爲我太老婆！結果有的人不覺得我老婆，得了法以後就打很多妄想，覺得自己很行。但那個不好，只是自己障道！

如果實實在在修行的人，你們看我們的幹部、親教師們，次第推進，都大有斬獲，所以不但斷三縛結又明心，然後又眼見佛性；見佛性以後，又開始探討佛性到底是什麼實質？弄清楚了再往前拼，還可以過牢關。包括入地的法，我都幫諸位準備好了，所以不是一悟就成佛，而是悟後事更多。

這表示佛菩提道難成，可是證悟的事情更難；一定要有善知識出於人間，所以《華嚴經》才會說：遇到善知識有那八種難，有沒有？（編案：《大方廣佛華嚴經》卷四十六〈入法界品第三十四〉：「善知識者，出興世難、至其所難、得值遇難、得見知難、得親近難、得共住難、得其意難、得隨順難。」）因此有因緣實證時不應當自輕，那是因爲這個復興佛教的局面，我需要諸位證悟；否則我在家裡獨自修行，把往世證的禪定、神通恢復就好了，幹嘛需要出來跟眾生鬼混？欸！你們別笑！眞的叫鬼混。所以我出來弘法，一天到晚挨罵，還有人罵過我是人妖、妖精……等，什麼罵名都有。那我不會生氣，拿它來作佛事，反而成就功德。但是這不就是鬼混嗎？因爲那些人心裡都有鬼。

接著說：「菩提無色，因緣無生，無有去來，是諸佛說；無為無相，如空無見；菩提無說，文殊所問。」菩提沒有顏色、沒有色彩，所以我們在第一次禪三時，晚上普說開示過以後，有一個慈濟的委員參到了第三天說：「老師！我找到了、我找到了！」我說：「妳找到了什麼？告訴我。」她說：「我看到一個圓圓的，無形無色、透明的，那就是眞如。」我說：「妳見鬼啦！（大眾笑…）既然圓圓的、透明的就是有色了，還叫作無形無色？連圓形都講出來了還說無形！（大眾笑…）知道它是透明的，就表示它有色了，否則怎麼知道它是透明的？」她說這樣叫作明心了。

「菩提無色」，以前有的人打禪三時，想要在身上找到什麼具體的東西，說叫作如來藏、叫作眞如。我們早期都不叫如來藏，也不叫阿賴耶識，都像禪宗祖師一樣都叫作眞如。可是祂無形無色，怎麼會是圓圓的？又怎麼會是透明的？

有的人很有趣，因為我們那本《禪—悟前與悟後》封面上不是有字寫著嗎？「明心證眞，眞覺踴躍；眼見佛性，生機澎湃」，「既然可以眼見，那就是有形有色了！」他是這麼想的，所以來跟我說他看見佛性了，然後講出來就是千奇百怪。佛性一樣無形無色，祂不過就是如來藏的另一個狀態，同樣也無色，所以不要跟我說：「我看到牆壁上那一條一條一直流下來，那個就是佛性。」或者講什麼別的佛性，其實那都有形有色了！可是「菩提無色」啊！

以前有人就一直跟我爭執，說他看見佛性了。我問他：「那你說佛性到底是什麼？」又講不出來！講都講不出來，那到底看見個啥？總得講得出來啊！連佛性是什麼都不知道，而說他看見了，只能騙鬼，騙不了人，更騙不了善知識！這是唯證乃知的事，你若沒有眼見，縱使你明心了，聽已見性的人說佛性時，你怎麼聽怎麼對；但「怎麼聽怎麼對」的註腳，叫作「怎麼聽怎麼錯」！明心後，聽見性的人所說的佛性，他聽了在心中想著同時比對第八識眞如時全都對，跟明心的境界印證都對，但他所知所觀的根本就不是佛性的境界，更何況沒有明心的人聽聞之後呢！所以說：「猶如自性眞金色，……當令我得大菩提。」

所以菩提有三乘，但三乘俱皆「無色」。佛菩提有時候會告訴你色即菩提，譬如阿含部有一部《央掘魔羅經》，那央掘大士告訴大家說色是菩提，就好像剛才講的「聲即解脫」，道理一樣。因爲一切色莫非如來藏色，若沒有如來藏，哪來的色？所以不管是五色根或者六塵，也都是如來藏。

如果是今天第一次來聽我說法的人，心裡一定一陣狂喜：「啊！那我找到如來藏了，你看！這就是如來藏，這都是色啊。」其實不然！所以這個法，你說我到會外講給誰聽去？得要是個「向上一路」的根器才能聽得進這個法。外面道場那一些信徒學人，莫說信徒學人，就說住持大山頭的大師們好了，我講給他們聽，他們聽不懂也不想聽，根本連興趣都沒有！那麼話說回來「菩提無色」，所以不管明心、或者眼見佛性、或者過牢關、或者入地、或者往上諸地等乃至成佛，所證的菩提永遠無色，因爲一切唯心生，所以一切法是心，心是一切法。但是從凡夫地來講、從二乘聖者來講：「色不是心，心不是色」；這是只有實證的人才可以這麼講的。

不論大乘菩提或者二乘菩提，都說三界一切法莫非因緣所生，可是 如來這裡竟然說「**因緣無生**」，這總得說個道理吧！不然你蕭平實坐在這個法座上幹什麼？所以咱家就得說明了：因緣是因爲有如來藏爲因的緣故，而含藏著往世帶來的業種，加上二種無明作爲助緣，於是才會有這一世的五陰身心出生，這就叫作「因緣生」。可是這因緣的現象出現了，所以由這個因緣的過程出生了這個五陰身心；而這個因緣之所由來仍然是如來藏，唯有如來藏能夠出現這個因緣。

那麼有因緣生就有因緣滅，所以生了就成長，成長了就強壯，強壯之後就老了，老了以後就死了；也是要有因緣才能死，否則眾生死不了。也許有人一聽：「**啊！那太好了！死不了，眞不錯！**」可是死不了才痛苦。假使你永遠死不了，那你的配偶死了、兒子也死了、孫子也死了、曾孫也死了，一個一個一直死，一輩的人又一輩的人一直死，而你一直都在（大眾笑⋯），那你活著還有意思嗎？對了！這樣的人他最後會求死。可是不必求死，人生來就是會死，這叫作「因緣滅」。所以《雜阿含經》才告訴我們：「**有因有緣集世間**（世間就是五陰），**有因有緣世間集；**」又說「**有因有緣滅世間，有因有緣世間滅。」所以要滅這個五陰世間還得要有因有緣，沒有如來藏為因，沒有種種業種為緣，這五陰世間還滅不了。五陰世間如果滅不了，因果則不能成就，所以問題很多。

可是這因緣明明就這樣生滅又生滅，為什麼這裡又說「因緣無生」？這就是剛剛舉示《雜阿含經》中告訴諸位的道理：「有因有緣世間集，有因有緣世間滅。」但是這個「因」是如來藏；當你從如來藏的境界來看這一些因緣的時候，這些因緣根本不存在，不曾存在過，就不要說因緣有生、或者有滅。這時也許有人抱怨說：「你說的這個都是悟了才能現觀，那我聽了作什麼？」說的也是。但是你如果不聽，將來就沒有證悟的機會，所以還是得聽，叫作多聞熏習。這好像眞悲哀啊！其實不悲哀！因為你聽久了，道理開始貫通了，知道來龍去脈了，有一天你就可以實證；實證以後就換你能作現觀，這一些佛經上講的內容就成為你的現量，所以還是得聽。

也就是說：當你實證了法界實相，證得第八識如來藏心以後，你從如來藏心這個法界來看菩提、來看因緣時，其實都不存在。所以現象界中的因緣有生有滅，但從實相法界來看時，因緣從來無生，因爲實相法界中從來沒有因緣出生過，而如來藏也從來沒有因緣的生滅。既然因緣無生，就沒有去來；所以因緣曾經來嗎？因緣曾經去了嗎？都沒有啊！因爲實相法界中，無一法可得。

所以差不多三十年前了吧！我見道那個時候，那是民國七十九年，就是一九九〇年，離現在多久了？二十九年！（編案：這是二〇一九年三月所說。）二十九年前我寫了見道報告出去，我說：「**信知從來不曾禮佛，信知從來不曾踏過一片地。**」我就這樣寫出去，結果是寫給一個凡夫僧看的，他怎麼會懂？因爲我的所見是這樣；而眞實的我是實相法界，這個五陰是虛假的；然而眞實的我從來沒有禮佛，只有五陰才會禮佛！如果沒有五陰，誰禮佛？

所以人沒有生死、沒有去來，人如是，其他有情莫不如是；所以「**菩提無色，因緣無生，無有去來**」，這是證悟者的現量，不是想像、不是思想、不是建立。所以將來假使我走了，你們誰每年舉辦什麼「平實思想研討會」，小心我半夜裡去敲你的頭！（大眾笑⋯⋯）因爲我這個法是義學，不是玄學、不是思想，不是建立法。從實相法界來看，沒有五陰來與去的問題。從實相法界來講，如來藏有來去嗎？假使有人今天聽經的時候，剛好觸證到如來藏，心裡面一想：「不對啊！應該有來去，因爲如來藏跟我從家裡來到講堂了。」問題是：你說有來去，你問問看如來藏，祂知不知道有來去？

祂從來不認知有來去，那如來藏的境界，祂也不了知說你五陰出生了、你五陰老了、你五陰要死了；了知的都是你七識心的事！如果還沒有證悟，今天又是第一天來聽，聽到這一些法，會不會很苦？苦啊！因爲完全聽不懂，就想：「聽不懂倒也罷了，偏偏好多人聽懂而在那邊笑，那我心裡就更苦了！」是不是會這樣想？但不應該這樣想！應該繼續聽，把這些知見都攝受；暫時不懂沒關係，打包把它放在腦海裡，也就是存在如來藏裡面，聞熏久了漸漸懂這些道理，哪一天證悟了，一一打開來核對，就會膝蓋一拍說：「果然如此！」那就是我跟你恭喜的時候了。所以諸佛的所說都是一樣的，不會某甲佛如此說，某乙佛如彼說，不會這樣的。因此 世尊作一個結論說：「是諸佛說」。

所以你在娑婆世界聽到 釋迦如來如此說，往生去到極樂世界蓮花開了，聽聞 阿彌陀佛所說亦復如是，不管到哪個佛世界都一樣；只有如此才能說：「**這是實相。**」但是菩提、因緣、去來，其實全部都是「**無爲無相**」。你如果從《阿含經》的層次來看，這顯然不對啊！因爲有證悟這回事，也有二乘菩提這回事，四聖六凡都有去來；既然有去來，有四聖六凡，顯然就是有爲有相，結果卻說「**無爲無相**」，那是因爲「**如空無見**」。

表相上看來，有四聖六凡法界在三界中來來去去，有示現成佛，有教導菩提，有人實證，因爲被教導之後跟著實證菩提，看來都是有爲有相；可是這一些表相其實「**如空**」，它就猶如空性一樣。「**猶如空性**」是不是就等於空性？不等於！所以才叫作「**猶如**」。「**猶如空性**」是因爲它是空性之所顯現，既然是空性之所顯現，而空性的境界中一無所見，所以我們今晚講經，一開始就說：「**法不可見聞覺知。**」說：「**不會是菩提。**」從空性的立場來看時都無所見，但是「**猶如空性**」一樣，而菩提也沒有任何所說，所以「**菩提無說**」。

從表相上看來，如來演說了很多菩提，可是菩提只是一個施設，說明你如何證得出三界的果報，你如何證得菩薩的果報，這叫作菩提。所以菩提本身是個名相的施設，而菩提這個字，在此世你證得出三界果的過程與現象中，指涉的是你證得大乘菩提這個過程與內涵，所以說這叫作菩提；但實際上沒有菩提存在，所以菩提自己根本不會說：「我就是菩提。」所以 世尊才說「菩提無說」，這也是 文殊菩薩之所欲問。接著說：

「去來今佛，一切皆然；智無方所，無聞無見；性相如是，顯現法界，但以假名，開示眞實。」說過去佛、未來佛、現在佛一切都同樣如此，因爲佛佛道同；所以過去諸佛是這樣實證，未來諸佛（就是指諸位）也是這樣實證，而現在十方世界一切諸佛亦復如是實證；但是實證之後，總有智慧吧！如果沒有智慧，談什麼菩提呢？一定是有覺悟了，所以產生智慧。那麼既然智慧存在，就顯示他有覺悟，可是覺悟之後，卻說「智無方所」。

這就要請問已經實證的諸位老師、諸位增上班同修們：「你的智慧在哪裡？」好像在罵人，其實不是喔！現在這句話不是罵人的話，是在提問。也許有人說：「智慧在腦袋瓜。」那好，如果眞的在腦袋瓜，請那腦科醫師來打開頭蓋骨，應該會看見智慧了吧？卻又不能。如果誰證悟之後，這個勝義根有問題去開刀，那外科醫師就會看見智慧了，但是能不能看見？看不見！因爲「智無方所」。

這智慧只能夠是讓你受用，沒有方所，因爲智慧存在於你的如來藏中，而由你的七轉識受用；可是如來藏無形無色，因此你沒有辦法請外科醫師來打開頭蓋骨說：「智慧在這裡、在這裡。」你告訴他在這裡，他再怎麼看也看不見，因爲智慧是依於你的「八識心王」和合運作才能顯示出來；你這七識心是依於如來藏而存在，而你的七識心無形無色啊。

有沒有人要提出異議說：「有，我這意識心是彩色的呢，看我生活多采多姿！」沒有啦！再怎麼多采多姿，這意識心仍然無形無色，何況是如來藏！既然是無形也無色，而智慧依於這八識心王而存在；八識心王無形無色，那你這個智慧又怎麼會有方所呢？而且又說「無聞無見」；智慧是你這個意識心在運用，智慧本身也是「無聞無見」，因爲智慧是你意識的心所，歸於意識心所有，所以智慧本身「無聞無見」。

佛法本身正是這麼一回事，所以很難理解。那麼去來今佛所證的智慧，當然有自性，否則憑什麼成佛？有智慧時也可以教導眾生，當然在教導眾生的過程之中，就顯示出智慧的法相。可是當你從實相法界來看智慧時，智慧的法性與法相卻是沒有方所，沒有聞也沒有見；卻又在沒有方所、沒有聞、沒有見的性相當下，來顯現出實相法界與現象法界的一切萬法，如是名為「顯現法界」。

那什麼叫作法界？「界」又名種子，又名功能差別，又名界限，所以眼識的種子，就叫作眼識的功能差別。它有界限，這眼識的功能差別不能拿來聽，除非你成佛了六根互通，否則它有界限，叫作界。每一種法都有其界限，所以「法界」就是諸法的功能差別。那麼諸法的功能差別包括什麼？包括一切有情共有十個法界的功能差別，也都在這樣的狀況下顯示出來，所以「萬象森羅許崢嶸」；可是歸結到實相法界來看的話，既沒有萬象也沒有森羅，什麼崢嶸也都不存在了！所以所謂的菩提、所謂的智慧，其實都是假名，故說「但以假名」。

因爲你這七識心學佛，實證了大乘菩提，因此而有智慧的功德可以自得解脫，也幫助有情同得解脫；自證實相，也幫助有情證實相，同樣可以成佛。但是智與菩提其實都是假名，雖然你從性相上面可以證明菩提存在、智慧也存在，你也很清楚看見了，智與菩提就顯現出種種法的功能差別來；但是當你從實相法界來看的時候，從你所證得的境界來看的時候，智與諸佛與菩提，一切全都是假名；如來藉著這個假名，來開示法界背後的那個眞實法，所以說：「**但以假名，開示眞實。**」所以遇到我問你們「是什麼」的時候，你們就答：「**如來藏！**」（大眾笑…）三句不離本行！因爲一切法莫不是如來藏，所以答個「如來藏」就對了。因爲　如來說的一大藏教、十二分教，莫非在顯示這個眞實法，所以「**但以假名，開示眞實**」。

那如果把那一些假名當作眞實的話，這個人只能永遠當凡夫了，甚至於可能謗法，釋印順就是個現成的例子；他把第二轉法輪的般若正義，當作就是一切假名的聚集體，判教爲「性空唯名」，可是他自己卻是把諸法的名相當作眞的，所以主張　佛說的第八識的很多名稱，都當作是實有很多識，認爲阿賴耶識不是如來藏，阿賴耶識不是異熟識，異熟識不是阿陀那識，阿賴耶識不是眞如，眞如是滅相不滅等，才說是佛法演變到後來合併爲一個心。可是第八識有很多種名稱，是從不同的層面來說的；般若講的是實相法界，講的就是眞如，所以般若講心，濃縮以後才會有《心經》。因爲般若濃縮了叫作《金剛經》，《金剛經》講的是金剛心哪！《金剛經》再濃縮呢？對啊！就是我背後佛龕中寫的這幅《心經》。可是 如來在《般若經》中說：「**這個心又叫作眞如。**」有時乾脆明講：「**眞如雖生諸法，而眞如不生。**」你看，就告訴你：眞如可以出生諸法，雖然出生了諸法以後，眞如自己卻無生，不曾有生。那麼這不是眞實法嗎？怎麼會變成他講的性空唯名呢？

所以我早期度眾生時不觀根器，來了就幫他開悟，後來就出問題了！因爲他們的地基沒有打好，下面的那六層樓全都沒有蓋好，我就給他第七樓，就變成空中樓閣；所以他悟後還相信印順的三系判教，還來跟我爭辯說：「**欸！人家印順導師判定般若就是性空唯名，那你這樣講跟他就不一樣！**」我說：「**我爲什麼要跟他一樣？**」（大眾笑⋯⋯）他所瞭解的般若是虛相法，我所瞭解的般若是眞實法，我爲什麼要依照他的判教作定準？

其實後人的判教根本就不必要，天台宗也不應該再作判教；因爲 如來講經時自己都判了，別人再來作不同的判教，會比 如來正確嗎？但是這個判教的事，在講《解深密經》的時候咱們再來談，現在且不談它。這就是說，如來講的是眞實法，不講虛相法，但是這個眞實法無形無色，來去無蹤，你要怎麼樣教人家實證？當然得要藉現象界中的各種法，施設各種的名相來教導大家；藉著這些假名的施設，然後教大家才能實證這個無形無色的眞實法；否則講個遍計所執性、依他起性、圓成實性誰能懂？還談什麼三無性？甚至於藉用假名講了一大藏教以後，大家都還不會，所以 如來講般若時，還得要同時施予「教外別傳」。所以那些佛學研究者老是批評說：「唉呀！說如來當時怎麼樣、怎麼樣，那些都是假的，都是後人編造的。」好吧，如果依他們所說而把「教外別傳」否定掉，那一些阿羅漢能證般若嗎？如果否定掉以後，阿羅漢還能證般若，那現代這些佛學研究者讀了大品般若諸經以後，應該也能證般若啊！但爲什麼他們都不能證得？

當然以前他們都說他們有證得，可是正覺弘法以後都說沒證了。就像正覺同修會成立之前，陳履安拜訪了我之後，他沒有辦法從我這裡得法；後來他生氣了，因爲要私下見我、想要私下得法，我沒有允諾；後來他被孫春華引導著，就走入密宗外道法去了。可是走入密宗之前，孫春華要求他：要讀《摩訶般若》。那他半年讀完了之後，去中央信託局佛學社演講時，因爲聽說他開悟了，所以我說：「欸！有人開悟倒不錯，有個知己了。」就去聽他演講，可是一聽之下，大失所望。

當時他是認爲開悟了，所以他競選總統的時候出了一本書，說他要以眞心爲大眾作事。很多人說：「他講的不是你那個意思啦，他講的是說：他是眞心誠意要爲大家作事。」我說：「不是！你詳細再讀一讀。他講的『眞心』就是說：他要爲大家作事的那個覺知心就是眞實心。」後來證明我的說法正確。陳履安那麼聰明，是學物理的留美博士，當初是歸國學人；那時候臺灣正在吸收「歸國學人」等人才，所以他回來就當上國防部長，後來還當上監察院長。可是很奇怪的是，這些物理學博士、各學科的博士等，一進入宗教就迷信了。就只有我這個人不迷信宗教，結果出來弘揚宗教，還眞奇怪呢！

所以佛法講的是眞實法第八識，名爲如來藏等許多名稱，名異體同；但這個眞實法無形無色，沒有任何的表相可以讓你看見。祂唯一的相分叫作眞如，卻是無相的；由於祂既然出生了五陰，和我們五陰共同存在、繼續運作，那表示祂是眞實存在之法，祂就在運行的過程中顯示出來了。而祂運行的過程之中，顯示出祂的眞實性與如如性，所以眞如就是第八識的法相；但是這個等《成唯識論》的課程中再來講，現在就不談祂。

這結論就是說：「佛所講的許多的法，那麼多的法都是名相，藉那些假名施設的法來說明這個眞實法；因爲這個眞實法無形無色，你如果不施設那些假名，讓大家建立對這個眞實法的概念或者印象，那你想要實證祂，根本沒門兒！」所以才作一個結論：「但以假名，開示眞實。」接著說：

「修清淨施，持戒無缺，忍辱堅固，志求菩提；精進無懈，修禪攝意，智慧清淨，以求菩提。」前面講得這麼玄、這麼妙，那到底該怎麼實證？一定有人會想啊：「那我要如何才能實證？」可是 佛說：「天下沒有平白而得的眞實法，想要實證得有條件。」所以條件開出來了，諸位自己掂量、掂量看看下列的條件：要修清淨施，還要持戒沒有欠缺，還要修忍辱而不退轉；還要一心志求菩提，說禪門這個「向上一路」我無論如何要實證，這叫「志求菩提」；不但如此，還要「精進無懈」，不許懈怠；接著才修靜慮，也就是修禪；修學靜慮之法以後，就是把禪宗的禪學好了之後，還要修學般若。般若到底在講什麼？內涵要去學的；後來終於學懂了，用這樣清淨的般若智慧才能求證菩提，歸納起來就是六度。所以六度沒有學好，就永遠在外門廣修；把六度眞正學好了，才有辦法求菩提。（編案：二〇二〇年退轉的琅琊閣、張志成等人就是不修前五度而單要實證般若的人，所以幫他們實證般若以後還是退轉了。）

六度首先是布施，大家都知道就是財施、法施、無畏施。然而修這六度不簡單，單說布施就很難，三個方面都難。有的人一聽到堂頭和尚說：「你們修學佛法，首先要修布施。」聽了趕快把口袋按緊了（大眾笑…），說：「和尚要我的錢啊。」可是身爲菩薩，得有菩薩的實質。菩薩的實質叫作「樂善好施」，這是第一個條件。世間善人都可以樂善好施，當菩薩竟然辦不到，這叫什麼菩薩？所以要修「清淨施」。

可是爲什麼修施時會被說成不淨？當然有緣故，比如說財施，每一次要布施的時候，比如在路上走著，看見一條狗餓得皮包骨，一時惻隱之心生起了，想：「那我買個肉包子給牠吧！」於是招呼著：「來來來來！」到了便利商店，叫牠：「你在這裡等哦，不要走！」可是掏錢的時候又覺得有一點不捨：「聽說現在肉包又漲價了！」那他縱使終於買了，布施給那條狗，也是不淨施，所以布施裡面說「施時歡喜，施已無悔」，這很重要！

有時候想：「聽說這正覺同修會是個功德田，我到同修會布施，未來世得無量福。」所以努力攢錢，存下一筆錢來。有一天提款卡拿了，去銀行領了出來，然後心裡很歡喜：「欸，這十萬元（不管臺幣或人民幣）我今天要布施大福田了，很歡喜。」可是當拿到知客處，正要拿出來時又有點不捨。等到布施完成了以後，回家路上一面想：「這十萬塊錢我可以買好多東西咧！」又覺得捨不得了，那就是不淨施，他的布施不清淨。

那麼佛法布施以及無畏施也都一樣，都有清淨與不淨。譬如說，有時候過馬路，遇見個老人家行路不便，怕他變了紅燈過不去，所以一變綠燈就扶著他走，走到對面剛好就變紅燈了。心裡面想：「我幫了個老人家，無畏施也真好！」可是這一分手，老人家連個謝字都沒有，心裡面就想：「這個老人這麼不懂禮貌，連個謝字都沒有！」喔，那你就是不淨施。所以布施的時候，不要管人家謝不謝，就當作自己修集福德，而他提供了機會給你修福德；所以不應該期待那個老人來謝你，反而你要謝他，否則你哪來機會修無畏施？換個想法，那你的布施就變清淨了。

那佛法布施也是一樣，不要說幫助誰開悟了以後，他又沒來供養，就想：「唉呀！早知道，不幫他開悟！」那這個法施就是不淨施了。所以想要求菩提的第一個條件叫作「修清淨施」。後面還有五個條件，我們下週再來談。

《不退轉法輪經》上週講到十五頁第八行的第一句講完了，就是「修清淨施」。施而清淨，這是很重要的。臺灣有個傳奇故事，主角叫作廖添丁，說他劫奪富人的錢（其實他不是劫奪，他是偷），然後去分給窮人家，他自己花用其中的一部分，所以臺灣人說他叫作義賊。雖然是賊，但民眾把他冠上個「義」字，這可以聯想到《水滸傳》有一個很有名的人物「及時雨」，叫作宋江。但是宋江的錢財爲什麼花不完？背後當然有原因，《水滸傳》的作者沒有完全交代；但他的「及時雨」是很好的，這符合《優婆塞戒經》講的「時節施」——有人正需要的時候，他來布施了，那這個布施剛好，人家剛好用得上，就被稱爲及時雨；如果不及時，那個布施就不是很好；但不管怎麼樣，這兩個人都叫作「不清淨施」，因爲錢財不是自己賺來的。所以菩薩修施，當修「清淨施」。

從世間法來講，自己賺的錢用來布施，可以名爲「清淨施」；但是從菩薩來講，就不算清淨了。菩薩的清淨施定義很高，連阿羅漢都作不到，只有諸位增上班的同修可以作到。但是呢，有的人有點壞習慣：施完了，每一次都要去觀行——沒有施者、沒有施這回事、也沒有受施的人。這到底好不好？爲什麼你搖頭？一定要有理由。修施時，菩薩當然應該這樣觀行，不然你證悟了，智慧、功德何在？所以證悟之後，行施之時，前面的一、二、三次儘管作觀行，也應該作觀行：從如來藏來看，布施的人就是自己，到底存在不存在？從如來藏的境界來看受施的對方，不存在！那麼布施這件事情也不存在。剛悟時，行施應當這樣作三輪體空的觀行啊。

可是如果觀行好幾次以後，兩年、三年、五年、十年還在作這個觀行，那就太過分了，表示他的法執深重！這個跟我執、我見無關，但表示他的法執深重。所以菩薩的「清淨施」一定是三輪體空，既然三輪體空，何必要觀上五年、十年說：「**我懂得三輪體空。**」那就不清淨了！所以菩薩修的層次越高，就放下更多，不是得到更多，而是放捨更多；剛開始是對於人我的放捨，對於外我所比如錢財等的放捨；如果悟後再繼續以不正當的手段去取得錢財，且不說他有沒有布施，單說這樣作就已經落在外我所裡面了。

落在外我所的人，如果是一個小小的貪，然後立刻懺悔，後不復作；我說勉強可以接受。可是如果悟後已經很久了，作的是很重大的貪——貪求弟子們的供養，而且接二連三，那這個人「悟」是有問題的，要瞭解這一點。所以繼續騙得錢財再來作布施，從菩薩道來講，沒有「義」這回事情，就是賊！不能叫作義賊。世間法上容許有義賊，菩薩道中不容許有義賊，行施的財物一定是自己賺來的，合法、正當，不是非法或不義之財。如果今天你來聽課，我規定你：聽一天課得護持五萬元、三萬元，否則不讓你聽；那麼你因爲我這樣強行要求而對正法作了布施，或是布施給我，這個其實不叫作布施，而是被搶奪；那我得要擔負這個搶奪的罪名，而且要加上一個重罪：稗販佛法，就是販賣佛法。

賣佛法是重罪，所以教導誰怎麼觀行，包括幫你們證悟等事情，我從來不規定你要護持，甚至於不理會你對正法作了什麼樣的樂施或不樂之施，所以從來不要求，所有人都可以免費上課。甚至於週二講經前，有人在禪三報名期間來找我小參，說得前景非常光明，他計劃如何大力護持正法；我說：「這個都不要提，等你悟了再說。」因爲他規劃了要捐給同修會很多錢，他計劃要如何去賺錢來護持，我說：「這個現在都不要談，等你悟後再來談。」因爲他等於要跟我作買賣（大眾笑⋯），所以審核禪三報名表時我一看到是他，立即刷掉！我就不讓他上山了。佛法不能拿來作買賣，即使你承諾要捐的錢眞的捐到同修會來了，沒分毫落到我的口袋裡，也還是買賣！

所以有一次，有個人看見 佛陀那一次又去他家托鉢，他以爲 佛陀貪著他的好食供養，就說了一首偈表達自己的意思，指責 佛陀貪愛他的供養，因此 佛陀以一首長偈爲了他說法；說完法了，他才要供養。但 佛陀已經不接受供養了，他就想：「**那我這一分美好的飲食怎麼辦？放著又會壞掉。**」就請問 佛陀。佛陀說：「**諸佛如來不以說法的緣故而接受供養。**」就不受供，因此指示他去尋找一處沒有蟲的水中丟棄，佛陀說：「**此食本應是佛食，天上天下沒有誰能受此食；你去郊外找一個清淨的、沒有蟲的水，把它投進去吧。**」然後 佛陀就空腹離開。這個人就去尋找無蟲水而丟棄了，沒想到那水中就像是被燒紅的熱鐵丟進去時一樣沸騰了。他看到這個現象，才終於完全信服於 佛陀，然後來求 佛陀准他出家修行。然而他將本應供養 佛陀的食物投入無蟲水中，爲何猶如燒紅的赤鐵投下去一般把水滾開來，因爲這個午餐本來屬於 如來應該吃的，沒有誰可以受得起，佛陀的威德力就是這樣。

如果有人是等候 佛陀說了法以後才要供養，那麼這個人不名供養 如來、不名修施；縱使他自己認爲是布施，其實也不是布施，他是在跟 如來作交易。但 如來不跟他作交易，而我們正法也一向如此。所以有的人禪三報名的時候就會先來跟我談，他將來要怎麼護持，說上一堆，但我不理會。禪三報名表到我手上，我一看到就把他刷掉，因爲佛法不許作買賣，而且佛法中沒有不樂之捐。布施是應當自手施、至心施，由布施的人心中歡歡喜喜主動來布施，那個布施才有意義，也才有功德；被強迫的布施全然不同，未來世的果報相差很大。而強迫布施的人——那個要求者，他要負自己的因果，所以「清淨施」並不容易修。

如果是已經可以現觀「三輪體空」的證悟者，對他的徒眾們強行勸募，顯然他還沒有眞的到達第七住位，因爲他於眾生、於錢財等事不能安忍，第三度還沒有修好；顯然那個第七層的證悟樓房一定已經垮下來了，垮到第二層來了。所以由很多的事情上面，可以看見一個人的證量；儘管有人說得天花亂墜，明眼人一看就知道了；因此行施之時，除了要自手施、要及時施、也要至心施；如果被強迫了，我寧可把他回絕。所以如果誰來告訴我說，某一個道場多麼好，要求我至少要捐多少錢去護持他們；我一定回絕，我不捐，把他拒絕。等事後我弄清楚了，果然這個道場是這麼好，我再自己拿錢去捐，不從會裡捐過去。但我不接受強迫之捐，因爲那不符合菩薩行施之道。

我們正覺的同修們大約都有拿到那一本口袋書《宗風與門庭》，我們就是依據「**清淨施**」的道理以及菩薩六度的道理來作了這樣的事情，所以進禪淨班大概一年以後吧，就會發給大家這本口袋書了。這意思就是說，身爲菩薩行者應當知道：什麼叫作「**清淨施**」。

目前尚未證悟所以作不到三輪體空，多熏習也不錯；先把它熏習起來，然後懸爲目標——把它掛在那裡當作目標；現在到不了沒關係，我就看著那個目標在前方、上方，我設法努力修行，於未來達到。但設法達到時，不能用飛的，因爲你沒有翅膀；你飛上去，也不能永遠飛著，總得落地吧？所以你要設法一層、一層蓋上去，蓋到後來你就到達了；就是腳踏實地去作，等到哪一天你這六樓都蓋好了、牢固了，再蓋第七樓，那時你到達了七樓也不會倒塌，這才是菩薩道的本分，也才是正修行。否則攀緣來的很快就會落地，因爲用手去撐住虛空中的那個樓閣，支持不了很久；你得要一樓一樓蓋上去，將來你在那裡願意站多久、躺多久、坐多久都沒關係，但是人家用手把你捧上去而抓住不動的，他也不會一直把你捧著；捧上去以後人家就走了，那時候支持不了，從七樓掉下地面來，還沒有到地面的時候，心裡多懊惱都來不及了！所以「清淨施」可以懸爲標的，但是要腳踏實地去作，到悟了以後行施時，才是眞正的「清淨施」。但才剛修六度的第一度時，不必期望自己立刻作到，只要從世俗的層面來看這是清淨的布施就夠了；三輪體空的現觀，等你把布施到般若等六樓蓋好了，再等十八天過後它牢固了，再蓋第七樓，蓋好時你就到達了，這就是「清淨施」。

接著來說「持戒無缺」。持戒，一般人心裡面都會想：「這是把我繫縛了。」想的就是繫縛，首先第一個念頭就是繫縛，但問題是：「佛爲什麼要施設戒法來繫縛大家？」其實目的就是戒心，如果不依戒法，那麼心無法止於一處，心就攀緣；攀緣於外我所時，心不得定，修學什麼都會是半調子，永遠是半瓶醋。

關於攀緣，講到攀緣，我要說明一下：什麼叫作攀緣？不是禁止諸位認識左鄰、右舍、前後的同修，不是！有好多人誤會了，所以我要先解釋一下。攀緣是說：不好好用功，不好好讀書，不好好去作觀行、作功夫，一天到晚找人聊天、泡茶；要不然就是找人到哪裡去玩。如果聽到說：「**某某地方又開了一家新的素食館，聽說味道棒極了！**」於是吆三喝五，一群人就去了！那也是攀緣。

會裡規定的不攀緣，並不是禁止你認識左鄰右舍、認識同修們。如果你對左鄰、右舍、前後的同修都不認識，那你菩薩道怎麼修？你未來世的法緣很少——你與正法接觸的因緣很少，顯然你未來世要再回到正法的機會就很少了！豈不聞普賢十大願王中皆在勸導大家要「廣結善緣」？廣結善緣的意思就是，讓你一世又一世都有法緣，所以同一班或者同在會裡的同修，你認識越多越好，但不是要你遇見每一位同修時都記下他們的電話號碼，而是有事需要聯繫時才問號碼。所以「不要攀緣」的意思，不是叫你統統不要去認識，在菩薩道三大阿僧祇劫的過程中，也要有非常多的道友；這一些道友都是你的善友，未來世這麼多的道友之中只要有一個人接觸了正法，你跟著就可以接觸到，都因爲往昔已經廣結善緣。

我們正覺同修會禁止攀緣，是禁止你到處約人去泡茶、聊天；泡茶的時候一定要聊天，聊天就會說是非，犯菩薩戒！十重戒裡面有一個叫什麼戒？說什麼過？（眾答：四眾過。）一定是張家長、李家短，說是非，就犯戒！如果一天到晚上館子，今天你請我、明天我請你，也叫攀緣。但是一同上課、一起作義工，應該大家要互相認識，在「同事」之間建立道情；這不叫攀緣，這一點我還是要說明清楚。因爲有時候，就是有人被警告說：「你太攀緣了！」其實他不是攀緣，同修之間互相認識，是菩薩道的本分。譬如說　佛陀講一部經，在座有某某菩薩、某某菩薩、某某阿羅漢，如果大家都互相不認識，這部經怎麼講？佛陀能講嗎？所以攀緣的道理，大家要把分際弄清楚，不要一天到晚打電話聊天、不要一天到晚找人泡茶消遣。

如果像慈濟他們那些委員，那證嚴法師自己書中講的，常常打電話說「三缺一」啊！那已經不只是攀緣，那叫作放逸了。所以同修之間要互相認識，也要藉著「同事、利行」的過程，互相瞭解心性，然後從各人的身口意當中，去瞭解各人的證量；有什麼我們幫得上的、可以建議的、可以勸誡的，我們就去作。明知有人作得不好而不告誡他，讓他繼續下墮嗎？那會是你的罪過！世俗法不是說了嗎？我不殺伯仁，伯仁怎麼樣呢？（眾答：因我而死。）對啊！可能就因爲你不勸誡他的惡行而使他下墮，那你於心何忍？所以菩薩要有慈憫心，看到誰作事情不如法，我們應該勸誡的時候就要勇於勸誡，這才是菩薩心腸。如果沒有菩薩心腸，說你要證這個菩薩法，沒這個道理！這就是我們說禁止攀緣的緣由。如果不懂這個道理，看到左鄰右舍有什麼不如法，都當作沒看見，由著他去作；現在由著他去作，他將來會怎麼樣？下墮啊！所以我們要有同理心。

慈濟最喜歡講同理心，我也來講一次「同理心」。想一想說：「如果他作的事情是我作的，而我將來會下墮，那是不是就希望有誰來告誡我？因爲也許我受不了誘惑就作了。」那如果有人告誡我，一次改不了、兩次改不了，三次也改了！三次改不了，三百次也改了！如法懺悔後就可以不下墮。我們應該這樣想。所以持戒其實也並不難，就看有沒有下定決心。一般人都想：

「啊！去受戒喔！那我不是被綁住了嗎？」其實不然！譬如說一隻猴子，你要牠挑大梁當主角，是不是要先把牠訓練好？可是猴子蹦蹦跳跳定不了心，怎麼辦？剛開始就把牠綁在木樁上，用短短的繩子把牠脖子套住。牠剛開始會跳啊、跳啊，老是停不下來；但後來不跳了，改爲圍著柱子繞圈圈；後來也不繞了，到最後呢？就爬上柱子，坐在那邊不動了，有了定心，那馴猴者就說：「可以訓練了！」就把牠解了下來，開始訓練牠。

持戒的道理也是這樣。剛開始，這個也不許作，那個也不許作，覺得很煩惱。後來認定說：「這戒我又不能不持好，不持好的話，我永遠不成佛；不成佛，我就永遠浪蕩生死，三界裡浮浮沉沉，叫作枉受痛苦。」後來想想，這條路現在不走，未來世也得走；未來世不走，未來劫也得走；這個阿僧祇劫不走，下個阿僧祇劫還得走。遲走不如早走，因爲最究竟的一條路就是這條路，其他都不究竟。當上天主又怎麼樣？繼續輪迴！當上了金輪王又怎麼樣？繼續輪迴！所以這是究竟的路，早走、晚走都得走，那就現在走！

所以要成佛就得要先受戒，而菩薩戒看著不容易持，不然就先受五戒吧！如果想一想：「**五戒，哇！這對我也不容易哩！**」那不然先持八關戒齋也好，先只要受一天的戒就好！一個月持不了六天八關戒齋，不然一個月先持一天，慢慢訓練。然後習慣了，五戒也可以受持了；五戒習慣了，菩薩戒也受持了；菩薩戒習慣了，聲聞戒也行，後來乾脆出家。心定下來了，制心一處，這表示心降伏下來了；這時他的持戒就不會有缺犯，叫作「**持戒無缺**」，每一個戒都照顧得好好的；這時候還要照顧戒，可是未來更久習慣了以後呢？沒有戒可持了，因爲心清淨了，覺得本來就應該這樣啊。

所以你看密宗那一些喇嘛上師們，他們都不相信說：這個蕭平實有這樣好的法，弘揚這麼久了，竟然都不讓人家供養。甚至於他們上法庭的時候，還不相信我們正覺是這樣作的。他們的代表人怎麼說呢？他說：「**我不相信正覺是這樣！**」還在法庭上說了一對俗語，叫作：「**砍頭生意有人作，賠錢生意沒人作。我不相信正覺沒有收到中共的錢。**」他們喇嘛來臺灣還學到這個說法呢。（大眾笑…）但我們正覺從來都作賠錢生意，我們不是收中共的錢才來破密的，而是自己出錢破密，爲的是教導及救護眾生。

他們認爲：我們正覺花了那麼多錢登報，那一次登報是花了幾百萬臺幣，就說「難道正覺都沒有拿共產黨的錢嗎？不可能啊！」我心裡覺得好笑說：「共產黨要真對我那麼好，我今天發了！正覺也是早就發了！」但我們從來不接受任何政府或政黨的捐贈（不管國內、國外的都一樣），不接受任何政府或政黨的任何錢財，因爲我們覺得教育眾生離開邪教是理所當然，而我們救護眾生是自己的職責；不然讓你來當菩薩幹啥？菩薩就是生來要救護眾生的，不是讓你生來人間享樂受供養的！可是他們都不相信。那爲什麼我們能作到？因爲已經不覺得有「戒」存在了，合乎戒法的行爲已經變成一種習慣了。所以我說：「我這個人從小胸無大志。」我班上的同學們都立志：「我將來要當工程師。」「我要當醫師。」有人說：「我還要當大官。」問到我時，我說：「沒想到要作什麼呢！」

然後到了高中的時候，我想：「我可以學一點針灸，人家如果有需要，我就幫他醫治；醫好了，人家給錢也好、不給錢也好，我都無所謂。我只要弄個四公尺見方的小磚房，就這麼過完一世，不求什麼。」我高中時只是這麼想的，所以我都讀課外書，課本都不讀，所以人家高中畢業了，我還沒畢業；我在高職「讀大學」，大學是讀幾年畢業？（有人說：讀四年。）當然哪，後來我知道：我是心不在此，所以都沒有讀課本；我只對課外的有興趣，因為我沒有想到畢業就要謀生，我想的是我的興趣，所以胸無大志。嘿！沒想到這胸無大志的人，今天幹了這件破斥外道、救護眾生的大事！

那我為什麼無貪？因為菩薩戒持慣了，心性變成那個樣子，也就習慣了。如果要去騙人家錢財，就會覺得心非常非常不安，根本幹不下手，因為覺得「這是不對的」。就好比說：你菩薩當慣了，就不會去打壓人家；打壓人家是世俗人幹的事，菩薩慈悲為懷，誓願度一切眾生；如果發願是要度一切眾生、卻在打壓別人，那你度誰？習慣以後，那一種打壓的事情是作不下手，因為你的習慣就是這樣。

持戒的道理也是這樣，你持慣了以後，覺得本來就應該這樣，所以沒有什麼戒可以說，你根本不會起心動念要去作犯戒的事情！而這是由於修行到「梵行已立」和見道了，到這個時候叫作定共戒、道共戒現前了；但是雖然這麼講，我不敢要求諸位，因爲陳義過高。

我今天是把道理告訴諸位，就是說，持戒有它的階段、有它的層次。剛開始得要「**取相爲戒**」，從戒相下手，因爲過去世的事情已經忘了，也許出生後有人跟你勸說了，你會受到影響；但剛開始無妨取相爲戒，由漸漸養成的習慣，一步一步往上走。到後來你因爲無貪，發起而具足初禪，這就是「定共戒」，也就是《阿含經》說的「梵行已立」。如果你又見道了，也轉依成功了，發覺一切都是「三輪體空」；比如說，你剛好在市場看到一個扒手，伸手到另一個人口袋裡扒了錢包走開，那錢包馬上又轉給第三個人帶走了；你看來是兩件事了：一個扒手、一個被扒者，有扒竊這回事；然後扒手又把錢包馬上轉給第三者，第三者又走了，兩件事！可是你以「道共戒」來看時，這件事情根本不存在。

但是回到事相來講，你卻又知道：這兩個人幹了壞事，所以你會覺得眾生可憐，那你就想要救眾生，可是你沒辦法直接救他們，因爲他們的心性是那樣壞，所以你只好出來弘法，廣泛去教育眾生。所以從你的境界來看，根本沒有戒可持；可是從眾生的層次來看，他們如果想要證得出世間法，還是得要先持戒。如果連表相的戒都持不好，而說他有道共戒，你信不信？爲什麼你們都搖頭？道共戒的意思是說，他至少有證道，不管是見道、或者得無生法忍，層次不管，但道共戒表示至少有證眞如或者斷三縛結；可是實行竊盜的人，或者強取錢財的人，你可以立刻下斷語，說他沒有道共戒。

如果遇到一個修行人在幹壞事，而你心智夠雄猛，也可以當面告訴他：「**你沒有道共戒！**」讓他回去自己想就好了。他如果夠聰明，聽了就知道：「**人家在說我沒有開悟，沒有斷三結；人家在說我是個凡夫！**」如果他夠聰明，趕快改往修來，重新開始也不晚哪！那如果他沒有智慧（因爲沒有智慧的人，都是世間的聰明人），那他就會百般遮掩；而你所下的斷語絕對正確，因爲他持戒缺漏，表示沒有「道共戒」，「定共戒」也別提了！

那麼這個「持戒度」能夠修好，這過程就是「**修清淨戒**」；後來終於修好了，名爲「**持戒無缺**」，接著才是「**忍辱堅固**」，否則修忍是很難的；因爲生忍、法忍兩個都不好修，生忍沒修好的人會計較人我；計較人我的人通常都沒斷我見，表示他的三縛結也沒斷。所以對待眾生時，既然你是個菩薩，就得永遠慈悲、祥和，因爲菩薩沒有在罵人的。我弘法二十幾年了，你們有誰被我罵過？即使是像他們發動法難的那三批人，我也沒罵過他們哪！

有的人在網路上毀謗我，後來直接來跟我懺悔，我也是歡喜接受，也沒給他不好的臉色，連瞪都捨不得瞪，所以我從來也沒有瞪過人！你們誰被我瞪過的？沒有啊！二十幾年來我就是這樣，因爲我不喜歡阿修羅，既然不認同阿修羅，自己就不要當阿修羅啊！一天到晚對別人頤指氣使，那不是菩薩的行誼。我以前也講過幾次：「對眾生寧可犯了貪淫，也不要起一次的瞋。」有的人應該還會記得。即使犯了貪淫，將來那個人還是會對你言聽計從，你叫她學佛，她就乖乖學了。

世尊也說過，有一世爲度一個女人，就整整一世陪她，讓那個女人愛祂愛得要死，然後下一世去度她，她就乖乖聽話學佛了；可是你要是對她起瞋呢？抱歉！你再十百千世也度不了她，因爲她一見了你就不舒服，所以不管你說什麼，她都不聽；你說東，她要西，就跟你唱反調，因爲你往世對她起瞋，而那個種子一直留存著，沒有改變。那這個種子要好好種進去，千萬不要起瞋，要修生忍，對眾生要慈悲、祥和。那如果萬一不小心起瞋了，趕快跟人家懺悔，把那個種子滅掉。

我說一個故事給諸位聽，我自己的故事。我國小三年級的時候，有一次一個同學講話，我很不中意聽，那他罵我，我也跟他對罵。可是過了兩天，我想想：「**我不要跟他這樣，還是要跟他當好朋友。**」所以我主動跟他道歉。事情就過去了，那是國小三年級的事情。三年前高中同學會，那是高中畢業五十年後，第一次開同學會，而我那個國小三年級的同學也正好來參加，因爲也是高中同學，但不同班。畢業五十年後他還記得我，但他不曉得我是何許人物，不知道！不像有的同學知道我是什麼人，會介紹說：「**這就是蕭平實啦！你這傢伙！終於遇見你了。**」但他完全不知道。我也沒留意到他，但他跑上來招呼我：「**欸！蕭某某啊！我是林和順啦！**」「**喔！你是林和順喔。哇！……**」兩個人就很歡喜。因爲國小三年級的時候我跟他道歉，解開了結，未來有一世他就會是我的徒弟（大眾笑…）。

菩薩要養成一個習慣：有時沒錯也跟人家道歉。如果錯了就立即跟人家道歉，不要死不認錯，那個面子不值錢！能夠作到這樣，表示「生忍」修好了。所以諸位想想看：「**高中畢業跟國小三年級又相差幾年？**」國小三年，再加上國中與高中各三年，就過去九年了！畢業後又五十年了，就是五十九年後他還記得我。已經五十九年不見了，因爲初中、高中的時候，我跟他也不同班，可是他對我的印象深刻，表示說，這個事情不一定是誰錯啊！我從臺北開車下去又遲到了，沒留意到他有參加，但他願意先來跟我相認，在他的觀念中一定覺得我這個人很好，就這樣那個印象保持五十九年。而他這個「印象很好」，未來世遇見了我呢，沒來由就是「印象很好」，那我就能度他，這就是一種與人相處的習慣。所以「生忍」要修到變成習慣，對眾生能安忍，什麼樣的眾生都無所謂，儘管他多麼惡劣，只要他改過了，你就立刻接受。所以人家來道歉，我立刻接受，我也不問他以前是怎麼跟我毀謗的，我都不問！

在禪三小參的時候，常常有人小參之前先跟我懺悔，說以前在網路上怎麼罵我，我說：「好，接受、接受，但是怎麼罵我的不用講。」我接受就對了，讓他放下，就可以好好參禪了。所以我說：「怎麼樣開悟才重要，那些內容就不用談！我接受你的道歉了。好，你只要講『自責其心，後不復作』就夠了。」那他把這兩句講三遍就行了。我也不想去瞭解那個內容，因爲那些內容叫作垃圾，垃圾不要放到心裡面來，要清出去才對，這是我一向的想法。所以很多人跟我懺悔，到底懺悔了什麼？我都不知道，我都不記得，但我都接受；只要他能放下，他心中那個種子消滅，這就夠了。當然這是當著我的面懺悔。那如果毀謗了我，要去佛前懺悔什麼，當然不管對眾懺或者對首懺，要去向面對的人發露，未來後不復作，這樣懺悔才能完成；但在我當面就不必理會這個，反正我都接受，因爲浪子回頭金不換啊！

所以我都不計較以往人家對我幹了什麼，只要現在改邪歸正，一切不追究，這就是我的個性。所以我這個忍辱已經修習慣了，不關心人家以往對我怎麼毀謗，只關心他懺悔以後道業能不能成長？因爲懺悔以後就是菩薩了，既是菩薩，爲什麼我不幫忙？這就是我的想法。但是修忍除了生忍，還有法忍，法忍最難，修生忍還容易。什麼法呢？三乘法！全都得忍。有的人成日裡高唱著說他想要證初果，你告訴他說：「證初果要斷三縛結，還要有定力配合。」他說：「好，我接受！」你說：「那你就開始修定，定修好了，我就幫你斷三縛結。」他很歡喜，每天開始修定。

有一天定修好了，你告訴他說「斷三縛結」是怎麼回事，他剛聽，還沒有領會過來，就說：「好！我要斷了。」然後你為他細說，細說了以後，他眼睛瞪得大大的，好像牛眼一樣，「嗄？我是假的喔？要全部把自己否定？」他不接受了。你告訴他說：「你要證初果就是要把自己完全否定，不能有一點點遺漏。」他想一想：「那我還是不要證初果！」表示他對「斷三縛結」這個法不得忍，他無法生起忍來。不要覺得奇怪！這是很正常的事。你看我們正覺弘法這麼久了，把斷三縛結的道理，把識陰全部虛妄的道理講太多了，可是你看佛教界有哪一個大山頭、小山頭出來應和說：「果然蕭平實說的這識陰六個識是虛妄的！」不談六個識，單說意識也可以呀！如今有誰出來承認說他接受了？所以「法忍」很不容易。

但講到這裡還只是「聲聞」菩提入門的法忍，還沒講到阿羅漢的法忍哩！只是聲聞菩提的初階已經無法安忍了，那如果要講到阿羅漢呢？告訴他說：「**阿羅漢的境界就是『我生已盡，梵行已立，所作已辦，不受後有。』**」他聽了說：「**欸！這個好像不錯！**」但是等你跟他解釋清楚了，他卻說：「**我不要了！**」本來很嚮往阿羅漢呢，說清楚後他就不想要了，因爲所有粗細的五陰我全都要滅掉。所以聲聞菩提之法多難安忍！

那麼緣覺菩提呢？想修學緣覺菩提，還得先修好對十八界的觀行，然後再修十因緣，最後才修十二因緣，但也是很難安忍哪！因爲眾生都貪愛五陰的自我，你要他安忍於二乘菩提，要他承認五陰十二有支的背後另有一個識，是常住而不了知六塵的心，依此而否定十二有支，對他而言，就等於要他自殺一樣，他怎麼能安忍？所以這個「法忍」也不容易。

但是大乘法的法忍更難！大乘法的法忍有兩個主要的內涵：一個叫作無生忍，一個叫作無生法忍。大乘的無生忍就是證眞如，而後能安忍於眞如心第八識的本來無生。諸位一定想：「**我當然要證大乘無生忍哪！我知道那個**

叫作開悟，好嚮往！怎麼我不接受？」但是現成的例子就是：我們正覺已經有過三次的法難，那些人對如來藏都不能安忍。剛開始我逼著他們接受，說：「這個就是如來藏，這才是你的眞實我。」他們被我逼著接受了，忍著、忍著、忍著，忍了幾年，忍不住了說：「你這個應該不對！我看還有更好的法。」所以才會有人主張：「那我們證這個第八識了，可是第八識是被誰出生的？所以應該還有一個心出生這個眞如，眞如一定另有所依。」這是第一次法難。表示他們對這第八識如來藏的本來無生，無法安忍這個妙法。那第二次法難跟這個有點不同，且不提它！

然後是第三次法難那批人，不還是一樣嗎？跟第一次法難的本質一樣；而他們一直忍著，可是一遇到事相上的所求不如意，就把這個疑提出來了，墮入疑見中了。然後就說：「嘿！這個阿賴耶識是被眞如出生的。」然後宣稱他證得佛地眞如，那就是對第八識的本來無生不能安忍，所以期望有一個比第八識更高的法，由那個法叫作「眞如」來出生第八阿賴耶識。所以阿賴耶識又名如來藏，但他們硬是要說：「阿賴耶識不是如來藏！」所以我說了：

「我幫忙他們悟後在增上班的課都白上了，他們在增上班白聽了，而我寫出的書他們又不讀，眞的沒救。」我在《楞伽經詳解》引述經文時，清清楚楚、明明白白說了：「此阿梨耶識名如來藏，而與七識俱，伴隨著無明海浪而共生。」（《入楞伽經》卷七〈佛性品第十一〉：「大慧！阿梨耶識者，名如來藏，而與無明、七識共俱，如大海波常不斷絕，身俱生故；離無常過，離於我過，自性清淨；餘七識者心，意、意識等念念不住，是生滅法。」）

佛的聖教都說清楚了：「阿賴耶識叫作如來藏，跟七識同在一起，因爲無明風所吹，煩惱海浪出生了。」海浪就是說七轉識。結果他們說：「阿賴耶識不是如來藏！」還要發明另一個眞如或是另一個如來藏來出生阿賴耶識，不還是跟第一次法難的人一樣嗎？可是他們跟第一次法難的人悟入的時間都差不多，只是比較晚退轉；但他們可以忍十幾年，最後忍不住了才爆發出來，原來大乘「無生忍」他們忍不得！

所以說「法忍」很難，比「生忍」更難！如果要講「無生法忍」，那又更難了！證得無生法忍而入地了，叫作歡喜地——在心中很深層的地方一直都有法喜，滅不掉的；可是這個「歡喜地」是歡喜什麼？歡喜著「正性離生」而每一世可以來「遊戲人間」。遊戲人間是怎麼遊的？是被眾生糟蹋！是這樣遊戲人間的啊！三地未滿心之前都是這樣。所以「無生法忍」不好忍，但是你如果忍慣了，不覺得在忍，變成習慣了，表示你三地心快要過完了；所以一切惡人，你也想救，只要他們懺悔了，你當下就接受，再也不記恨了。不應該說「不記恨」，因為菩薩不可能有恨，連怨都沒有了，還有恨？連瞋都沒有了！但是，這就是說，菩薩永遠不計較過去的事，只看現在。

所以忍辱不好修，生忍也得修、法忍也得修。但是忍辱如何是修到「堅固」？就是修到沒有什麼可以忍的；沒有什麼可以忍的時候，才是眞正的忍，因為你不需要忍了，變習慣了。所以只要人家來了，誠懇懺悔，當下就接受；不管他過去對你作了什麼，你不需要忍了，這才叫作「**忍辱堅固**」，也就是「生忍」已經修好了，也有部分的「法忍」而能忍於第八識眞如了，才能轉入下個階段求菩提，所以忍辱有它的層次差別。

那麼到這個地步才有資格「**志求菩提**」。如果最基本層次的生忍、法忍沒有修好，說他想要求證菩提，佛法中沒這回事！如果有人這三度沒有修好，而他已經住在第七住位，你要知道這個人是被善知識扶著；善知識一放手，他就會掉到二住位來，因爲他的生忍還沒有修好，法忍也沒有修好，那第七住位的法是善知識幫他扶著；他暫時得「忍」是善知識的功德力；可是如果有一天他不願意被善知識扶著，善知識只好鬆手了，這一鬆開呢，他就掉到二樓來！從七樓掉到二樓是很痛苦的！所以有的人沒有證入第七住位的條件，但因往昔的某一個因緣，善知識把他提上去了，他就應該懂得好好接受善知識的攝受；如果他不願接受，善知識只好放手，他就掉回去了。（編案：這是二〇一九年講的，後來二〇二〇年開始退轉的琅琊閣、張志成等人便是具體的事例，仍然不能生忍而退轉了。）

所以從佛法來講，想要證得佛菩提的人，這三個法都得修好：「修清淨施，持戒無缺，忍辱堅固」。世尊在這裡講的，很清楚告訴我們：「想要發願，立下志願要求佛菩提，先要把這三度修好；這時候可以志求菩提了，志求菩提了之後，就是要精進。」可是精進以後，日子不好過了！所以外面有很多人聽到正覺就害怕，不敢進來學。他們也曾經「志求菩提」，但是打聽了以後說：「進正覺修學很辛苦！每週要去上課，週二去聽經，這樣才能增長知見；回家還要作功夫，週日得出去作義工；有時候還要去當編譯部的義工或什麼義工，每天晚上還得作，好辛苦喔！」怕了！然而怕了就不是菩薩！表示他的菩薩性還沒有具足發起。因此這三度修好了，可以「志求菩提」時，他的「精進無懈」還作不到；他想的是，我快快樂樂布施就好了，我修一點來世的福德就好了，他不願意那麼辛苦。所以「精進無懈」也很難哪！

從這裡，我就說：「很多人被那些『六識論』的法師們教壞了！」有人送他們正覺的書，他們一看就說：「蕭平實！我們不讀在家人寫的書！」可問題是：他們真的是出家人嗎？而我蕭平實是在家人嗎？我的身口二行比出家人還出家，心就不用再提了；但他們身出家了，生活卻比在家人還在家！我的一切就是為了弘法，全部就是弘法，為了正法作事。譬如說，我現在正在趕稿，那《佛藏經講義》的篇幅很大；昨天晚上作到十二點半，再收拾一下，上床時快要凌晨一點了！昨天中午也趕到一百九十二講，把它趕完；這是拼命才有辦法一天趕完三講的文稿，諸位聽著兩個鐘頭就過去了，可是從文字上要去處理它，不是兩個鐘頭可以處理好的！那我現在這幾天努力拼、拼、拼，希望我在週三中午以前，可以把一百九十六講拼完，然後就準備禪三。週四我就可以開始準備禪三要講的公案，然後上山跟你們相聚；當第一梯次禪三下來後，我就可以開始編輯了，總共會有二十一輯，諸位將來還有得讀。編輯成書大概要半個月吧！預計是這樣，希望每兩個月都可以出一本，不要開天窗。

那你說：我不去看電影，不去聽歌，也不去跳舞，更不飲酒，也不抽菸，什麼娛樂都沒！出家人有比我這樣更拼的嗎？他們出家了，早餐才剛過完了，就在想：「中午要吃什麼？」秋天才到就想：「今年要再做什麼僧服？」都在想這些！我同修如果說：「欸！你今年要做什麼衣服？」我說：「拜託、拜託！我衣服穿不完，別做了。」因爲我一套衣服可以穿二十年，哪兒需要那麼多衣服？但是車子我比較計較，因爲要計較安全！不必名貴的好車，但是要安全，別爲了修車而花掉我的時間就好。以前我一輛車都要開十幾年，那常常要跑保養廠；現在看開了，不要那麼節儉，時間比較重要；因爲以前比較有時間，現在時間不夠用了。

那諸位要想一想，我這麼精進了，你們能不精進嗎？所以以後累的時候，不要再抱怨累，要說：「**平實導師比我更累！所以我不要抱怨累，我還要更努力。**」還沒有明心的，該具有的條件要趕快去拼出來；已經明心的，該修的慧力趕快修好，該修的定力趕快修好，看話頭的功夫趕快看好，然後福德趕快去補足，要拼見性這一關。那見性過了，準備過牢關；過牢關最重要的一件事情，除了福德以外，就是心性；心性如果不夠好，性障除得不夠多，過了牢關，還是跟以前一樣，等於沒過。眞的啊！我是說眞的。那你如果有好好把五蓋都除掉，你過了牢關，不必幾天就可以取證「慧解脫」，因爲不必幾天就能建立梵行了。所以你們不管哪一位都不可以懈怠，因爲我都沒有懈怠了，你們怎麼可以懈怠？我是法主欸！我都沒懈怠了，那你們怎麼可以懈怠？所以精進度其實也不容易修！

以前有一段時間佛教界流行苦行，那一段時間我上課時常常講：「**修苦**

行應當修心苦行，不要修身苦行。」心苦行是說心不放逸，永遠制心一處。這對凡夫來講眞的是苦行，你要他們不打妄想，那簡直比要他們的命還要難，他們會覺得這比身苦行還要難受，因爲他們作不到。有的人生來就像個男子漢，「要我的命還容易，但要我不打妄想，辦不到！」眞的辦不到。但是如果你能作到，這才叫作眞苦行。有這樣的制心一處功夫，定力上來了，五蓋都降伏、或者都滅除了，初禪就起來了；這時候你一過牢關，從過牢關的見地來看一切法，再也無須執著了！這時候你要取證阿羅漢，只要把五下分結、五上分結的內容理解了，自己去觀行一下，不用幾天，慧解脫就上手了。所以，要修心苦行！不要修身苦行。

那麼心苦行慣了以後，就不以爲苦，這表示精進度修好了；這時候心心念念，想的是法的實證，想的是怎麼樣救護眾生，這就是眞正的「精進無懈」。有這樣「精進無懈」的毅力，也眞的作到了，這個人可以「修禪攝意」，一定會成功。「修禪攝意」有兩個意涵：「修禪」講的就是修靜慮，因爲禪不是講定，禪就是靜慮，靜慮修得好的人就是已經可以制心一處了；在學習聲聞菩提時如何靜靜地去思慮，修學緣覺菩提、佛菩提時如何靜靜地去思慮，不受打擾；能把三乘菩提思慮完成，這叫作靜慮。

「**攝意**」才是禪定，就是把自己的「意」攝受於一處而不攀緣，不管五塵、六塵都不管，就是讓自己可以專精一心，在靜慮上面用功。那這個「**攝意**」主要是指修學禪定。所以從最開始的「**修清淨施、持戒無缺、忍辱堅固**」都還只是在事相上，這時候還不教你修禪定；禪定是要到把這個布施、持戒、忍辱都很精進去修行之後，才教你修禪定。這時候也許有人覺得：「**欸！有點奇怪！那正覺同修會一開始就要修無相念佛。**」對！因爲兩年半後就要上山了，等到你禪淨班快畢業了再讓你修功夫，那你能悟個什麼？所以我們就齊頭並進。

用兩年半的時間可以讓你把這個動中功夫作起來，同時在各種修福、持戒以及正知見的建立上，全都同時進行，這是我們的方便施設。因爲在正覺同修會的設定中，不是讓你來學十幾年以後才開悟，是兩年半就要上山打禪三的；所以一定是這三度已經都「**精進無懈**」了，然後教你修靜慮、教你修禪定。修禪定就是要你制心一處，制心一處的功夫練成了，表示已經降伏其心，心不會向外攀緣了，所以定力的重要是因爲降伏其心。沒有定力作支撐的人，幫他悟了也等於沒悟，因爲他的轉依一定不成功。

這個靜慮修了，禪定的功夫也修了，這還不夠，還要熏習、修學般若；如果沒有熏習、修學般若，根本不知道個方向，到底上山打禪三目的是幹嘛？只聽說要證眞如，但眞如到底是什麼？也不知道！上山去了，過堂時看我給機鋒，他不曉得我在幹嘛，不知道那是機鋒，完全弄不清楚！然後到了晚上普說，那不就是依稀彷彿嗎？是完全不知道在作什麼！這樣完全都不知道，得要下山了以後，才去思索說：爲什麼自己是這樣？哦！終於才懂了。這下懂了呢，上課一定不缺課，週二聽經一定來；終於懂了：就是要證如來藏。可是已經錯過半年了！所以般若一定要學，多熏習！然後才會漸漸地瞭解說：所謂「證眞如」就是找到第八識，然後能夠現觀第八識的眞實法性、如如法性；觀察完了，顯然自己這個五陰十八界完全虛妄，確定只有第八識才是眞如，這時才能轉依成功，轉依成功時才叫作開悟。所以他一定要熏習般若，沒有先熏習般若的話，表示他的智慧不清淨，那他想要求菩提就難了！所以你看，先要有「智慧清淨」，才能「以求菩提」，要以這個智慧來求菩提。以前淨土門也有善知識講說：「淨土門很棒啊！有一個三昧叫作『一行三昧』，只要是證悟了就可以成佛。」講得讓人家心嚮往焉。然後他就教：「一行三昧該怎麼學呢？你就這樣，每天就持唸佛號，持名念佛，可以唸到開悟。」可是呢，爲什麼至今都沒有人能唸佛開悟？因爲他只講一半！這個持名念佛「一行三昧」有個前提——「當先聞般若波羅蜜」；他把這個前提砍掉，怎能唸到開悟？譬如你種一棵樹，要讓它長大、開花、結果，一定要種在土裡！但賣樹的人不告訴你得種在土裡，竟然說：「你買回去就可以了，它就會長大、開花、結果。」那個人笨笨的，買回去就放在屋裡，要等著開花結果；結果當然就是死掉了，因爲前提被砍掉了。所以「持名念佛」眞的可以開悟，但是前提是：「當先聞般若波羅蜜」。

我跟諸位透露個消息，其實禪宗那一些口頭禪都叫作「一行三昧」。懂不懂啊？對啊！「如何是佛？」「東山水上行。」「如何是佛？」「花藥欄。」

「如何是佛？」「六六三十六。」這都不是我發明的，這都是《景德傳燈錄》有的。我發明的叫作「七七四十九」（大眾笑…），叫作「果皮三兩片」。這就是一行三昧，但是一般人聽了，依舊悟不了！其實呢，你每天坐下來，面向西方唸「阿彌陀佛」，也是一行三昧，那就是禪宗的「禪」。但是聽了還是悟不了，是什麼原因？因爲般若波羅蜜沒有學夠，不符合 如來說的這個條件：「智慧清淨」。

所以你只要「智慧清淨」了，八萬四千法門，不論哪一門你都可以進得來，一定要「智慧清淨，以求菩提」。如果智慧不清淨，有幸可以開悟，要記得感恩。感誰的恩？對啊！感 佛的恩，還要感誰的恩？（有人答話，聽不清楚）喔！那就不可以背叛我！（大眾笑…）什麼叫作背叛我？就是結黨斂財、胡作非爲！那就是背叛我了。只要能於法上「依教奉行」，就是每天在供養我，我喜歡這個供養。

所以如果前面這五度修得不好，得要善知識拉拔，否則一定悟不了，自古以來就是這樣。所以你們看，那些禪師們座下證悟的弟子有幾個？中國禪宗有史以來，弟子最多的只有兩個人：大慧宗杲、雪峰義存。六祖度的還不及他們兩個人。那我們現在有多少人？增上班，可能將近六百個人吧！但六百個人都是自己拼上來的嗎？所以我常常說：「因爲我要復興佛教，我需要用人，所以我會放水；放水後繼續拉拔，使大家繼續增長，智慧增長以後就不會退轉。」可萬一要背叛我，那我就沒辦法了！因爲他不想被我拉拔，那就從七樓掉到二樓，將來還是要從持戒度開始起修。這一世背叛我，後世要修得順利就難！縱使我願意拉拔，他的進步也很慢，因爲有業障的緣故。佛道本來就是這樣，你看 佛陀講的《本生經》不就是這樣嗎？那些故事太多了，咱們就不談它。

所以「以求菩提」之前，要先探究這個「以」字。這個「以」就是說：「用這一些已修成之法，我來求菩提。」換句話說，用什麼來求菩提呢？用前面這六度的實修來求菩提；菩提求到了，轉依不退時就進入第七住位。第六度修的是般若，就是要修到「智慧清淨」，也是正知正見都具足圓滿了、清淨了，不夾雜外道想；用這六度的成績來求菩提，這樣的人絕對不退轉。

所以這樣的人心是清淨的，求菩提無有不成者。我們今天講到這裡。

我們這回禪三豐收，成績不錯，比預期要好；看下個禮拜是否還是豐收？《不退轉法輪經》上週講到十五頁倒數第六行「以求菩提」，接下來講這八句：

「佛善方便，度諸神通；無依眾生，為說菩提；分別三乘，四果差別；以如實智，隨應救世。」度眾生有種種的不同，佛陀在世的時候，有神通的眾生很多；到末法時代這個時候就很難得看見了。目前我所遇到的號稱有神通的，其實都不是神通，只是鬼通——由鬼來告訴他，那他所能看見的就是冥界的有情、就是鬼道的有情；因為他們不是天眼通，是藉著鬼來告訴他們的，自己連鬼通都沒有！但在佛世有神通的人很多，因為那時候畢竟比現代的環境要清淨多了，所以古時候證得禪定的人也很多，外道們得禪定的也不少；但是現代呢？看看檯面上那些大師們，不論在家、出家都一樣；例如以前有個在家居士團體也蠻有名的，是現代教禪的團體，它的領導人號稱有二禪，但是加以檢查的結果，竟連初禪都沒有！就只是未到地定。

所以在佛世那種環境下，度眾生要有很多的善巧方便，而且是很好的方便，不是一般的方便。那麼要度這一類有神通的眾生，先要自己度過神通境界；也就是說，你自己不但要具有那些神通，而且你還超過、度過各種神通的境界。所以那一些有神通的人，縱使有四無量心可以當初禪天主；乃至具足四禪，加上四無量心，而能夠得四禪天主位，佛陀都照度不誤。那一些人當然有神通，但是還有「一切處觀」等，他們不一定也有。所以 如來要度這一些有神通的有情，包括人間有神通的修行人時，如來自己要先度過神通境界；不管什麼神通境界 如來都有而且超越了，自己先度過各種神通境界，那就可以度各類有神通的有情。

那我們現在度不動有神通的有情，但是有一天會度得；因爲我不想度那一些人，度那些人很麻煩，而且我現在也沒時間再把往世的那一些神通再恢復修回來，因爲那一定要經由打坐去修回來。目前我沒有靜坐的時間，把想要作的正事都耽誤了，所以也沒有時間再去靜坐。但《佛藏經講義》我今天才編輯了一輯，然後看到「序文」還沒寫，趕快寫，用不了一個鐘頭就寫好了。也就是說，我們沒有時間去接引那一些有情，因爲那些有情你如果要度他，要先跟他比神通，當你的神通比他殊勝，至少要跟他一樣，而你有智慧，他沒智慧，他才會服你。可是到時候如果度來那些人，一天到晚高來高去的也很麻煩；因爲他們會招惹一些冥界的有情一起跟來，也很麻煩，護法神團隊就很辛苦了。那我們就像智者法師講的「神通度俗人，智慧度學人」，那麼諸位是學人、還是俗人？（眾答：學人！）那好！我就不用去學魔術來搞一招虛空飄浮！因爲咱們以智慧跟解脫爲主。至於神通，是即將滿足三地心的時候才修，現在不急。

佛陀除了有善方便來度那些有神通的眾生以外，對於無依的眾生也爲他們演說菩提。這好像有點奇怪吧？那些有神通的眾生，佛爲什麼不是爲他們說菩提？度化他們竟然沒有爲他們說菩提！這是什麼道理？反而是「無依眾生」要爲他們說菩提？因爲這些人通常不羨慕神通，如果你專講神通的境界，他們沒興趣！既然他們對神通沒興趣，就不會去尋求如何修神通的方法，所以這些人就沒有發起神通；但是你跟他演講三乘菩提的智慧，他們很有興趣。

而這些眾生沒有神通爲依憑，跟有神通的眾生不一樣。有神通的眾生都會被世俗人所崇拜、所追隨，往往起慢；「無依眾生」就因爲沒有神通作爲所依，如果不是在世間法上的權貴、或者大富長者，追隨的人就不多了，所以叫作「無依眾生」。對於「無依眾生」，要讓他在解脫或者智慧上有所依，所以爲他們演說三乘菩提，他們就有興趣了，因此 佛爲「無依眾生」演說三乘菩提。

既然要講菩提，那就有三乘差別，所以說「分別三乘，四果差別」。這三乘菩提，不瞭解詳細內涵的人，有時會堅持己見而偏在一邊。譬如我們正覺弘法之前，佛教界不管海峽哪一岸都一樣，宣稱證悟禪宗的禪之後，所得的果位都是聲聞果，他們都沒有涉及菩薩果。雖然通教菩薩的所證，也跟聲聞的四果一樣，依舊不離初果到四果；但別教的菩薩們雖然依五十二階位的佛菩提果來修證，仍然有初果到四果的解脫果，但就等於是副產品一樣，從來不看重，仍以菩薩道五十二階位的實證爲主。所以這三乘菩提有四果的差別，這是應該要說明清楚的。

但是以前有的人說：「修佛菩提哪有證什麼四果的？無非就是五十二個階位。」這是極少數有研究大乘經典的人說的。可是他們這個說法也偏在一邊，因爲通教菩薩、別教菩薩，同樣都有證聲聞解脫道的這四果。但也有的人反過來偏在另一邊說：「禪宗開悟了也就是四果，什麼五十二個階位，沒那回事！那是佛陀入滅之後，後世弟子們創造出來的！」他們不信，就是小乘部派佛教的凡夫論師僧人們，他們的遺緒就是應成派假中觀的釋印順與達賴等人。

那有的人就說：「沒有所謂佛菩提啦！其實佛果就是阿羅漢果，所以阿羅漢就是菩薩、就是佛。」但我說他們講的前一句對，後一句錯了！因爲諸佛同時也是阿羅訶，也就是阿羅漢，但是菩薩不是佛，阿羅漢更不是佛。要不然的話，佛陀在世的時候，人間就有好多佛了，因爲一千兩百五十位大阿羅漢座下還各有阿羅漢弟子，如果一個人有三個阿羅漢弟子，那眞是阿羅漢滿天下，就是佛陀滿天下了。但不可能啊！因爲一個三千大千世界只會存在一尊佛，如果有別的佛要來，只能像是 多寶如來那樣在應身佛講《法華經》時來示現；否則的話，來了就是當妙覺菩薩，來襄助這一尊如來弘化，只能是這樣。

所以一個三千大千世界只會有一尊佛住世，他們主張阿羅漢都是佛，那麼當時豈不是全印度都是佛了？所以他們那個知見是嚴重錯誤的，直到我們弘法之後，漸漸地才把它改正過來。至於說三乘菩提有差別，以往全球佛教界也都不知道。所以當我們把佛菩提道以及解脫道的關聯和次第，完整列表出來之後，我們又加上正覺同修會修學的三個階段，好多人讀了以後滿心歡喜說：「**我終於知道了：原來佛法要怎麼入門了，以前都不曉得啊！**」所以以前大家老是感嘆，從大師到學人、到初機學人都一樣，都說：「**那佛法三藏十二分教，浩如煙海，要如何下手實證？**」大家都不知道如何下手。正覺出世弘法時，當年有很多人反對，但有更多的人讀了以後，心大歡喜的一本結緣書叫作《邪見與佛法》，那裡面就把這些列出來。

而且我們講的法中，把很多人學佛時的疑惑給滅掉了；終於知道佛法應該是這樣入手，不再盲無所見、無從下手，所以已經知道：原來大乘佛法的實證是要求開悟；原來解脫道入手就是要斷我見，終於知道了！所以很多人讀過以後，有些人會打電話去出版社道謝，因爲他們把出版社的電話當作同修會的電話了。有人說：「嗄！你們同修會怎麼都沒有人哪？那到底是怎麼共修的？」你還得跟他解釋：「同修會各講堂都得晚上才有人。」「原來晚上才有共修喔！」他們白天闖來，看不到人就說：「奇怪！怎麼幾間講堂都空空如也？」他們不瞭解。從我們的書漸漸流通多了以後，大家終於瞭解：「解脫道該怎麼修，佛菩提道該怎麼修，二乘菩提跟大乘菩提的關聯又是如何。」大家終於瞭解。而我們作了這些工作，這些就叫作「分別三乘，四果差別」，特別是《阿含正義》出版以後就補足了。那麼這樣「分別三乘」和「四果差別」，其實就是「以如實智，隨應救世」。

你如果沒有「如實智」，無法「隨應」眾生的根性而救護世間；所以先前佛教界大家都各執一小部分建立宗派，律宗就以律法來建立宗派，禪宗以禪來建立宗派，天台宗以判教來建立宗派，華嚴宗就專以《華嚴經》來建立宗派，從來都是這樣，各取一部分佛法。至於密宗來建立宗派，那是外道復活於佛教中，咱們不提它，因爲他們沒有佛法內涵可言！

譬如說華嚴宗的法義，密宗裡完全沒這道理。因爲華嚴宗講的就是俱舍宗、禪宗……乃至法相唯識宗等所有宗派全部總和的結果，所以 佛講華嚴時是從人間講到他化自在天上才全部講完；也就是說，你經由這些都修行完成，成佛了才可以叫作華嚴宗。可是華嚴宗以《華嚴經》立派，對於佛法是怎麼下手的都不知道，所以一天到晚專作文字訓詁。「文字訓詁」懂嗎？就是專門從文字上面去研究、比對、思惟、整理，那等於跟學術界的文獻研究差不多，因爲佛經也算是文獻的一種。所以沒有證道的人讀《華嚴經》時都只知道表相，也不知道前後的關聯。

特別是《華嚴經》有〈入法界品〉，那可眞精彩！善財童子後來變成善財大士，這樣經歷五十三參以後，證得五十二個階位，就已經成爲妙覺菩薩了。但是爲什麼他要經歷那一些善知識學得那些法？而那一些法的前後關聯又是什麼？爲什麼 文殊師利菩薩要參訪兩次？這些道理至今也沒有人知道，除非將來正覺有因緣來作解說。那華嚴宗雖然以《華嚴》立宗，這道理他們講得出來嗎？也講不出來。至於參到後來的最後一參 文殊師利菩薩之前，得先去參訪 彌勒菩薩，進了 彌勒菩薩的大寶樓閣又是什麼道理？他們也不懂啊！所以《華嚴經》立宗後，他們不懂這些道理，立宗有什麼意義？

倒是咱們正覺不立宗，我就是弘揚整體的佛法，那我們卻可以懂這些道理，這不是更好嗎？所以大家各立宗派時就把三乘菩提給切割成支離破碎了。到了二十世紀，再來一個釋印順把三乘菩提再作切割，切割得更凌亂！就好像上了菜市場，到了肉案前買肉，一定是要整塊的；那些零零碎碎的割下來，人家論斤秤兩時都不恰當，多出來的、割下來的碎肉很少人要買的，除非是便宜到不得了，而且你剛好是需要製作肉丸。可是佛法，如果是佛法中的碎肉呢，誰要？可能也有人要，十信位的人會買，因爲他們眞是用買的；每一次去上課學習時，都要固定繳多少錢，不像我們來上課都不用錢。

所以三乘諸法你要把它界定清楚，讓人家知道：「原來聲聞乘、緣覺乘是有不同的！而緣覺乘與佛菩提乘又是有所不同的！至於聲聞乘與佛菩提乘之間，又有什麼差別。」要懂這個才有資格講佛菩提道。結果有個人寫了《菩提道次第廣論》，卻是三乘菩提全都不懂，亂說一氣！講的全都是外道法。可是也有人信哪，信到大家捐了很多錢可以到處開店，然後越賺越多，把同行的正當生意人給排擠了。所以他們是沒有能力分別三乘的，因為單單聲聞乘就不懂了，佛菩提更別提了！

那麼「四果差別」，因為聲聞乘本來就有四果差別，從「我生已盡」的初果，一直到「不受後有」的阿羅漢。但是有的人是菩薩種姓，不是聲聞種姓，這種人對於入無餘涅槃沒有興趣，可是他對於有沒有能力出三界有興趣，同時也對佛菩提有興趣；但他沒有因緣可以修學佛菩提道，所遇到的因緣就是聲聞法，所以他分證聲聞法以後也不想入無餘涅槃，成為阿羅漢以後就只是通教的阿羅漢；到了年老捨壽時，他還會起惑潤生，想要來世繼續利樂有情，那他就以所證的解脫道又起惑潤生到來世，繼續受生於人間、繼續度化有情，這就是通教菩薩。但通教菩薩總有一天、總有一世，他會遇見別教之法，就成為別教菩薩了。

可是說到這裡，諸位一定要問：「別教的法爲什麼要叫作別教？」「別」就是不同。譬如說「別立道場」，那就是：另外建立一個道場，跟這個道場不一樣。譬如說我們正覺講堂於臺北有六個講堂，另外還別立道場，比如說桃園、臺中……等，那叫作「別」，表示那些講堂跟臺北這個講堂是不在一起的，所以有別於總堂，但還是正覺。「別教」的意思就是說，祂跟聲聞道、緣覺道以及通教菩薩道有差別；有差別的地方在哪裡呢？就是證得佛菩提。當然通教菩薩也可以說他所修證的法也是佛菩提，但它只是佛菩提中的一小部分，所證卻同於二乘教，但仍然是佛教中的一部分。

可是別教菩薩證的法，不共二乘菩提，不共通教菩薩，因爲二乘聖者以及通教的菩薩都無法證得「別教」這個法，這叫作「法界的實相」；就是《佛說不增不減經》講的法身，名爲如來藏；就是《佛藏經》講的「**無名相法、無分別法、如來藏**」；就是《楞伽經》講的阿梨耶識或名阿賴耶識，所以《入楞伽經》有說：「**阿梨耶識的名稱叫作如來藏，而與無明及七識共俱。**」是同在一起的。由於所證第八識這個妙法不共於二乘教，所以這叫作別教；也就是《楞嚴經》講的「**如來藏妙眞如心**」。這個證眞如跟眼見佛性，是不共於通教菩薩，也不共於二乘菩提的，有別於這些二乘及通教聖者的修證，所以叫作別教。

諸位也許要想：「**那咱們正覺到底是別教還是什麼教？嗄？**」別教？你這麼看輕自己！咱們正覺只有別教喔？我們沒有二乘教嗎？（大眾答：有！）有啊！《阿含正義》把解脫道證量的現量也顯現出來了，比量的部分也都給諸位看了！但只有這樣嗎？請問：我們即將發行完畢的《法華經講義》那是什麼教？哦！所以咱們只有別教喔？欸！別羞辱我呢！所以我常跟諸位講說：「**我們正覺是一個完整的佛法。**」可惜的是天台智顗法師，跟他的師父兩個人互相標榜，建立了天台宗，以判教作爲他們的主旨；可是他們對於三乘菩提的判教，其實沒有完全準確，有很多錯誤。而判教的工作也不需他們來作，因爲　如來在《解深密經》，或者叫作《深密解脫經》已經自己判過了，不需要誰再來判；除非有人自己認爲：「**我判教比如來判得更好！**」那他就是自大。如果不是自大，只有一個原因，叫作愚癡。我又罵人了！（大眾笑⋯⋯）

我這個人有話直說，所以常常得罪人，佛教界幾乎被我得罪光了。所以說我這個人樹敵頗多，因爲擋人財路，也擋了喇嘛教的財路與色路，眞的！唉！

（大眾笑…）所以討人厭啦！

這就是說佛法是圓滿函蓋一切法的，所以三乘菩提都同樣有證四果，不是別教菩薩或圓教菩薩就沒有證四果；其實說得比較白一點，圓教菩薩還有一個限定，也就是說他的修爲至少得要滿足三地心以上，從實證上來講。如果從智慧上來講，智慧的實證，咱們正覺也是圓教，否則如何講得《法華經》？而我們講《法華經》不是依文解義，所以才叫作「講義」，這不是講記喔。欸！我倒覺得我們以後每一套書都要稱作「講義」，因爲講記有一點覺得：好像什麼地方不是如實宣說吧？所以這個叫「如實智」，你得要俱通三乘菩提，然後對別教、圓教還要能通達，這樣才可以說你有「如實智」。有「如實智」的人，就能夠爲人家「分別三乘」爲什麼同樣都有「四果差別」，這樣的人在別教、圓教中已經到通達位了；到通達位的時候，就可以「隨應救世」，因爲他是「以如實智」爲眾說法。

這圓教，天台宗有一句話說：「一圓一切圓。」但敢提出這一句話來，得要有那個實質，否則這話講出來，萬一人家來踢館怎麼辦？好在是蕭平實很溫和，不會跟人家踢館，不然他得關門了！因爲被踢館如果應付不了，就是關門封山，這是古來佛教界的慣例。所以以前那爛陀大學爲什麼外道來踢館，不敢應戰就只好關門？因爲規矩就是這樣；但我從來不去踢館，可是如果有誰要來踢我的館，我就會回報——就換我改天去踢館。踢館的規矩就是：他如果沒有辦法回應、無法自圓其說，就得封山。很簡單！因爲規矩是這樣，所以也沒有人敢來踢館。

以前有個什麼居士？我忘了！名不見經傳，這名不見經傳的居士自己還創造了經典，還印了拿到我們九樓門前來發。那時候我們只有九樓這一間講堂，還沒有其他第二到第六講堂，那我們有個組長隔週就拿了書去他們那邊發；因爲他要吸引我們的學員過去，就會有弟子，那正好，我們也去投石問路；以後就沒看見他們再來了，佛教界再也看不見這一號人物。所以「如實智」很重要，你如果沒有辦法解說：爲什麼圓教菩薩說法時「一圓一切圓」，那你就不能提出這個主張。

「一圓一切圓」是在理上來說，當你這個「法」是圓滿的時候，這個「法」就可以函蓋一切法；所以一切法在佛菩提道裡面是什麼位階、什麼關聯，全部都瞭解，依這個「法」而圓滿一切法，那才可以說「一圓一切圓」。所以有時候爲什麼要跟諸位解釋說「法住法位，法爾如是」是什麼呢？這其實背後已經顯示出來說「一圓一切圓」；因爲你如果沒有證得能夠圓滿含攝諸法的那個法（也就是實相法），而且對這個實相法如果沒有通達，你就不可能了知「法住法位，法爾如是」。

所以咱們正覺有資格說「一圓一切圓」，天台宗沒資格！因爲他們師徒倆兒都是「五品弟子位」。五品弟子位諸位不要想得太玄！就把三賢位修的六度，你把它推一推看看：初住位修什麼？（大眾答：布施）二住位修什麼？（大眾答：持戒）乃至六住位修什麼？（大眾答：般若）可是他們說自己是五品弟子位呢！那表示他們般若還沒有修學好；如果般若修學好了，就要進入加行位了。加行位中的世第一法如果圓滿了，就等一念相應；一念相應時智慧就出生了，於是進入第七住位，那叫作「七品弟子位」。欸！有人聽了暗喜，有沒有？對啊！暗喜！因爲：「智者大師不過五品弟子位，**咱家如今已經是七品弟子位。那到底誰行？**」但也別太看輕他，因爲智者大師的後身天台德韶也悟了，今天不會比你差！所以事情很難說，不要聽到說智者不過五品弟子位，「**那好，我勝過他了！**」不能這樣講，因爲他的後身就是天台德韶，他也悟了！所以有時候事情很難講，總之謙虛點兒好，有慢就差了！

這叫作「**如實智**」，因爲你能夠對三乘菩提都通達了，所以藏教、通教、別教、圓教你都通達了。在這裡要附帶說明一下，三藏教依據天台的判教，說三藏教的佛到底是什麼果位？阿羅漢哪！所以三藏佛就是阿羅漢。但是三藏教的佛，天台宗把他判爲初地菩薩，到底對不對？三藏教的佛如果悟得般若了，加上個開悟好了，算不算初地菩薩？怎麼講話這麼小聲？（大眾笑⋯）不行啊！因爲初地是通達位，通達位之前還有「相見道位」很長一段時間要修欸！修好了還要再修那**安立諦**十六品心、九品心，在**安立諦**之前還要修**非**

安立諦的三品心哩。那三藏佛證悟明心後，在別教、圓教來講，他也只不過是第七住位，離初地還遠著哩！所以不要看人家說：「我是三藏教的佛果！」就以爲多了不得。以後聽到了，你就「呸！」（大衆笑…）給他一聲「呸！」別客氣！因爲他敢這樣自稱，公然大妄語，一定是凡夫。三藏教的佛果不敢出來唬弄別人的，因爲很清楚知道：自己沒有「如實智」，遇到了第七住位的菩薩，哪個敢開口？

譬如黃蘗禪師跟一個天竺僧人行腳，正要過河的時候，剛好上游下大雨，河水暴漲。那個天竺僧人硬要過河，黃蘗說：「我不過河，我找個地方掛單。」那天竺僧人就凌波而行，在河水上招手：「來呀、來呀！過來呀、過來呀！」黃蘗禪師開口大罵：「早知道是個自了漢，剁了你的腳後跟！」爲什麼黃蘗敢罵，而那個僧人不敢回嘴？因爲黃蘗的智慧非他所能測量；同行一路走下來，黃蘗知道的，他不知道；他知道的，黃蘗知道。那你說，他敢回嘴嗎？被罵了，還得讚歎他眞是菩薩子！就說：「眞大乘法器，我所不及。」然後飛走了。

有解脫果算是三藏教的佛地了，遇到了黃蘗，依舊開口不得！但菩薩們注重實相智慧，不注重那些境界，也不注重二乘解脫；六祖不也是這樣嗎？所以禪宗說只看中你的見地，不看重你的解脫，有句話說「**只貴子眼正**，**不說子行履**」，道理都是一樣，因爲這是「**如實智**」，才是最重要的；只要有這個「**如實智**」，時間漸漸過去以後，你自然可以函蓋二乘菩提。如果讓有智慧的人來選，當然要選擇函蓋二乘菩提的「**如實智**」；爲什麼只要抱殘守缺的二乘菩提解脫？當然不會是只要二乘菩提！所以「**如實智**」很重要。

（未完，詳後第二輯續說。）

佛教正覺同修會〈修學佛道次第表〉

第一階段

* 以憶佛及拜佛方式修習動中定力。
* 學第一義佛法及禪法知見。
* 無相拜佛功夫成就。
* 具備一念相續功夫—動靜中皆能看話頭。
* 努力培植福德資糧，勤修三福淨業。

第二階段

* 參話頭，參公案。
* 開悟明心，一片悟境。
* 鍛鍊功夫求見佛性。
* 眼見佛性〈餘五根亦如是〉親見世界如幻，成就如幻觀。
* 學習禪門差別智。
* 深入第一義經典。
* 修除性障及隨分修學禪定。
* 修證十行位陽焰觀。

第三階段

* 學一切種智真實正理—楞伽經、解深密經、成唯識論…。
* 參究末後句。
* 解悟末後句。
* 透牢關—親自體驗所悟末後句境界，親見實相，無得無失。
* 救護一切衆生迴向正道。護持了義正法，修證十迴向位如夢觀。
* 發十無盡願，修習百法明門，親證猶如鏡像現觀。
* 修除五蓋，發起禪定。持一切善法戒。親證猶如光影現觀。
* 進修四禪八定、四無量心、五神通。進修大乘種智，求證猶如谷響現觀。

佛菩提二主要道次第概要表——二道並修，以外無別佛法

佛菩提道——大菩提道

遠波羅蜜多

資糧位

十信位修集信心——一劫乃至一萬劫

初住位修集布施功德（以財施爲主）。

二住位修集持戒功德。

三住位修集忍辱功德。

四住位修集精進功德。

五住位修集禪定功德。

六住位修集般若功德（熏習般若中觀及斷我見，加行位也）。

外門廣修六度萬行

見道位

七住位明心般若正觀現前，親證本來自性清淨涅槃。

八住位起於一切法現觀般若中道。漸除性障。

十住位眼見佛性，世界如幻觀成就。

一至十行位，於廣行六度萬行中，依般若中道慧，現觀陰處界猶如陽焰，至第十行滿心位，陽焰觀成就。

一至十迴向位熏習一切種智；修除性障，唯留最後一分思惑不斷。第十迴向滿心位成就菩薩道如夢觀。

內門廣修六度萬行

初地：第十迴向位滿心時，成就道種智一分（八識心王一一親證後，領受五法、三自性、七種第一義、七種性自性、二種無我法）復由勇發十無盡願，成通達位菩薩。復又永伏性障而不具斷，能證慧解脫而不取證，由大願故留惑潤生。此地主修法施波羅蜜多及百法明門。證「猶如鏡像」現觀，故滿初地心。

二地：初地功德滿足以後，再成就道種智一分而入二地；主修戒波羅蜜多及一切種智。

解脫道：二乘菩提

斷三縛結，成初果解脫

薄貪瞋癡，成二果解脫

斷五下分結，成三果解脫

入地前的四加行令煩惱障現行悉斷，成四果解脫，留惑潤生。分段生死已斷，煩惱障習氣種子開始斷除，兼斷無始無

近波羅蜜

大波羅蜜多

圓滿波羅蜜多

修道位

無漏妙定意生身。

四地：由三地再證道種智一分故入四地。主修精進波羅蜜多，於此土及他方世界廣度有緣，無有疲倦。進修一切種智，滿心位成就「如水中月」現觀。

五地：由四地再證道種智一分故入五地。主修禪定波羅蜜多及一切種智，斷除下乘涅槃貪。滿心位成就「變化所成」現觀。

六地：由五地再證道種智一分故入六地。此地主修般若波羅蜜多——依道種智現觀十二因緣一一有支及意生身化身，皆自心眞如變化所現，「非有似有」，成就細相觀，不由加行而自然證得滅盡定，成俱解脫大乘無學。

七地：由六地「非有似有」現觀，再證道種智一分故入七地。此地主修一切種智及方便波羅蜜多，由重觀十二有支一一支中之流轉門及還滅門一切細相，成就方便善巧，念念隨入滅盡定。滿心位證得「如犍闥婆城」現觀。

七地滿心斷除故意保留之最後一分思惑時，煩惱障所攝色、受、想三陰有漏習氣種子全部斷盡。

八地：由七地極細相觀成就故再證道種智一分而入八地。此地主修一切種智及願波羅蜜多。至滿心位純無相觀任運恆起，故於相土自在，滿心位復證「如實覺知諸法相意生身」故。

九地：由八地再證道種智一分故入九地。主修力波羅蜜多及一切種智，成就四無礙，滿心位證得「種類俱生無行作意生身」。

十地：由九地再證道種智一分故入此地。此地主修一切種智——智波羅蜜多。滿心位起大法智雲，及現起大法智雲所含藏種種功德，成受職菩薩。

← 煩惱障所攝行、識二陰無漏習氣種子任運漸斷，所知障所攝上煩惱任運漸斷。

究竟位

等覺：由十地道種智成就故入此地。此地應修一切種智，圓滿等覺地無生法忍；於百劫中修集極廣大福德，以之圓滿三十二大人相及無量隨形好。

妙覺：示現受生人間已斷盡煩惱障一切習氣種子，並斷盡所知障一切隨眠，永斷變易生死無明，成就大般涅槃，四智圓明。人間捨壽後，報身常住色究竟天利樂十方地上菩薩；以諸化身利樂有情，永無盡期，成就究竟佛道。

← 斷盡變易生死成就大般涅槃

圓滿成就究竟佛果

佛子蕭平實 謹製

（二〇〇九、〇二 修訂）

（二〇一二、〇二 增補）

佛教正覺同修會 共修現況 及 招生公告 2024/1/2

一、共修現況：（請在共修時間來電，以免無人接聽。）

台北正覺講堂 103 台北市承德路三段 277 號九樓 捷運淡水線圓山站旁

Tel..**總機** 02-25957295（晚上）（**分機：九樓**辦公室 10、11；知客櫃檯 12、13。 **十樓**知客櫃檯 15、16；書局櫃檯 14。 **五樓**辦公室 18；知客櫃檯 19。**二樓**辦公室 20；知客櫃檯 21。）

Fax..25954493

第一講堂 台北市承德路三段 277 號九樓

禪淨班：週一晚班、週三晚班、週四晚班、週五晚班、週六下午班、週六上午班（共修期間二年半，全程免費。皆須報名建立學籍後始可參加共修，欲報名者詳見本公告末頁。）

增上班：成唯識論釋：單週六晚班。雙週六晚班（重播班）。17.50～20.50。平實導師講解，2022 年 2 月末開講，預定六年內講完，僅限已明心之會員參加。

禪門差別智：每月第一週日全天 平實導師主講（事冗暫停）。

菩薩瓔珞本業經 本經說明菩薩道六度、十度波羅蜜多之修行，要先修十信位，於因位中熏習百法明門，再轉入初住位起修六種瓔珞，總共四十二位，即是十住位、十行位、十迴向位、十地位、等覺位、妙覺位，方得成就六種瓔珞成爲一生補處，然後成就佛道，名爲習種性、性種性、道種性、聖種性、等覺性、妙覺性；連同習種性前的十信位，共爲五十二階位實修完畢，方得成佛。於本經中亦說明大乘初見道的證眞如、發起般若現觀時，若有佛菩薩護持故，即得進第七住位常住不退，然後向上進發，速修佛菩提道。如是實修佛菩提道方是義學，而非學術界所說的相似佛法等玄學，皆是可修可證之法，全都屬於現法樂證樂住並且是現觀的佛法，顯示佛法眞是義學而非玄談或思想。本經已於 2024 年一月上旬起開講，由平實導師詳解。每逢週二晚上開講，第一至第七講堂都可同時聽聞，歡迎菩薩種性學人，攜眷共同參與此殊勝法會現場聞法，不限制聽講資格。本會學員憑上課證進入第一至第四、第七講堂聽講，會外學人請以身分證件換證進入聽講（此爲大樓管理處安全管理規定之要求，敬請諒解）；第五及第六講堂（B1、B2）對外開放，不需出示任何證件，請由大樓側門直接進入。

第二講堂 台北市承德路三段 267 號十樓。

禪淨班：週一晚班。

進階班：週三晚班、週四晚班、週五晚班、週六早班、週六下午班。
禪淨班結業後轉入共修。

增上班：成唯識論釋：單週六晚班，影音同步傳播。雙週六晚班（重播班）

菩薩瓔珞本業經：平實導師講解。每週二 18.50~20.50 影像音聲即時傳輸。

第三講堂　台北市承德路三段 277 號五樓。

增上班：成唯識論釋：單週六晚班，影音同步傳播。雙週六晚班（重播班）

進階班：週一晚班、週三晚班、週四晚班、週五晚班、週六下午班。

菩薩瓔珞本業經：平實導師講解。每週二 18.50~20.50 影像音聲即時傳輸。

第四講堂　台北市承德路三段 267 號二樓。

進階班：週一晚班、週三晚班、週四晚班（禪淨班結業後轉入共修）。

菩薩瓔珞本業經：平實導師講解。每週二 18.50~20.50 影像音聲即時傳輸。

第五、第六講堂

念佛班　每週日晚上，第六講堂共修（B2），一切求生極樂世界的三寶弟子皆可參加，不限制共修資格。

進階班：週一晚班、週三晚班、週四晚班。

菩薩瓔珞本業經：平實導師講解。每週二 18.50~20.50 影像音聲即時傳輸。
第五、第六講堂為**開放式講堂**，不需以身分證件換證即可進入聽講，台北市承德路三段 267 號地下一樓、地下二樓。每逢週二晚上講經時段開放給會外人士自由聽經，請由大樓側面梯階逕行進入聽講。

聽講者請尊重講者的著作權及肖像權，請勿錄音錄影，以免違法；若有錄音錄影被查獲者，將依法處理。

第七講堂　台北市承德路三段 267 號六樓。

菩薩瓔珞本業經：平實導師講解。每週二 18.50~20.50 影像音聲即時傳輸。

正覺祖師堂　大溪區美華里信義路 650 巷坑底 5 之 6 號（台 3 號省道 34 公里處 妙法寺對面斜坡道進入）電話 03-3886110　傳真 03-3881692 本堂供奉 克勤圓悟大師，專供會員每年四月、十月各三次精進禪三共修，兼作本會出家菩薩掛單常住之用。開放參訪日期請參見本會公告。教內共修團體或道場，得另申請其餘時間作團體參訪，務請事先與常住確定日期，以便安排常住菩薩接引導覽，亦免妨礙常住菩薩之日常作息及修行。

桃園正覺講堂（第一、第二講堂）：桃園市介壽路 286、288 號 10 樓（陽明運動公園對面）電話：03-3749363（請於共修時聯繫，或與台北聯繫）

禪淨班：週一晚班（1）、週一晚班（2）、週三晚班、週四晚班、週五晚班。

進階班：週三晚班、週四晚班、週五晚班、週六上午班。

增上班：成唯識論釋。雙週六晚班（增上重播班）。

菩薩瓔珞本業經：平實導師講解。每週二晚上，以台北正覺講堂所錄 DVD 放映；歡迎會外學人共同聽講，不需出示身分證件。

新竹正覺講堂 新竹市東光路 55 號二樓之一　電話 03-5724297（晚上）

第一講堂：

禪淨班：週五晚班。

進階班：週三晚班、週四晚班、週六上午班。由禪淨班結業後轉入共修。

增上班：成唯識論釋。單週六晚班。雙週六晚班（重播班）。

菩薩瓔珞本業經：平實導師講解。每週二晚上，以台北正覺講堂所錄 DVD 放映。歡迎會外學人共同聽講，不需出示身分證件。

第二講堂：

禪淨班：週一晚班、週三晚班、週四晚班、週六上午班。

菩薩瓔珞本業經：每週二晚上與第一講堂同步播放講經 DVD。

第三、第四講堂：裝修完畢，已經啓用。

台中正覺講堂 04-23816090（晚上）

第一講堂 台中市南屯區五權西路二段 666 號 13 樓之四（國泰世華銀行樓上。鄰近縣市經第一高速公路前來者，由五權西路交流道可以快速到達，大樓旁有停車場，對面有素食館）。

禪淨班：週四晚班、週五晚班。

進階班：週一晚班、週三晚班、週六上午班（由禪淨班結業後轉入共修）。

增上班：成唯識論釋。單週六晚班。雙週六晚班（重播班）。

菩薩瓔珞本業經：平實導師講解。每週二晚上，以台北正覺講堂所錄 DVD 放映。歡迎會外學人共同聽講，不需出示身分證件。

第二講堂 台中市南屯區五權西路二段 666 號 4 樓

禪淨班：週一晚班、週三晚班。

第三講堂台中市南屯區五權西路二段 666 號 4 樓

禪淨班：週一晚班。

第四講堂台中市南屯區五權西路二段 666 號 4 樓。

進階班：週三晚班、週四晚班、週五晚班、週六上午班，由禪淨班結業後轉入共修。

菩薩瓔珞本業經：每週二晚上與第一講堂同步播放講經 DVD。

嘉義正覺講堂 嘉義市友愛路 288 號八樓之一　電話：05-2318228

第一講堂：

禪淨班：週四晚班、週五晚班、週六上午班。

進階班：週一晚班、週三晚班（由禪淨班結業後轉入共修）。

增上班：成唯識論釋。單週六晚班。雙週六晚班（重播班）。

菩薩瓔珞本業經：平實導師講解。每週二晚上，以台北正覺講堂所錄 DVD 放映。歡迎會外學人共同聽講，不需出示身分證件。

第二講堂 嘉義市友愛路 288 號八樓之二。

第三講堂　嘉義市友愛路 288 號四樓之七。

禪淨班：週一晚班、週三晚班。

台南正覺講堂

第一講堂　台南市西門路四段 15 號 4 樓。06-2820541（晚上）

禪淨班：週一晚班、週四晚班、週五晚班、週六下午班。

增上班：**成唯識論釋**。單週六晚班。雙週六晚班（重播班）。

菩薩瓔珞本業經：平實導師講解。每週二晚上，以台北正覺講堂所錄 DVD 放映。歡迎會外學人共同聽講，不需出示身分證件。

第二講堂　台南市西門路四段 15 號 3 樓。

菩薩瓔珞本業經：每週二晚上與第一講堂同步播放講經 DVD。

第三講堂　台南市西門路四段 15 號 3 樓。

進階班：週一晚班、週三晚班、週四晚班、週五晚班（由禪淨班結業後轉入共修）。

菩薩瓔珞本業經：每週二晚上與第一講堂同步播放講經 DVD。

高雄正覺講堂　高雄市新興區中正三路 45 號五樓 07-2234248（晚上）

第一講堂（五樓）：

禪淨班：週一晚班、週三晚班、週四晚班、週五晚班、週六上午班。

進階班：週六下午班（由禪淨班結業後轉入共修）。

增上班：**成唯識論釋**。單週六晚班。雙週六晚班（重播班）。

菩薩瓔珞本業經：平實導師講解。每週二晚上，以台北正覺講堂所錄 DVD 放映。歡迎會外學人共同聽講，不需出示身分證件。

第二講堂（四樓）：

進階班：週三晚班、週四晚班（由禪淨班結業後轉入共修）。

菩薩瓔珞本業經：每週二晚上與第一講堂同步播放講經 DVD。

第三講堂（三樓）：

進階班：週四晚班（由禪淨班結業後轉入共修）。

香港正覺講堂

香港新界葵涌打磚坪街 93 號維京科技商業中心A 座 18 樓。

電話：(852) 23262231

英文地址：18/F, Tower A, Viking Technology & Business Centre, 93 TaChuen Ping Street, Kwai Chung, N.T., Hong Kong.

禪淨班：單週六下午班、雙週六下午班、單週日上午班、單週日下午班、雙週日上午班

進階班：雙週六上午班（由禪淨班結業後轉入共修）。

增上班：每月第一雙週日下午及晚上班，以台北增上班課程錄成 DVD 放映之。

增上重播班：每月第二雙週日下午及晚上班，以台北增上班課程錄成 DVD 放映之。

不退轉法輪經詳解：平實導師講解。每週六、日 19:00～21:00，以台北正覺講堂所錄 DVD 放映；歡迎會外學人共同聽講，不需出示身分證件。

二、招生公告 **本會台北講堂及全省各講堂、香港講堂，每逢四月、十月下旬開新班，每週共修一次**（每次二小時。開課日起三個月內仍可插班）；**各班共修期間皆爲二年半，全程免費，欲參加者請向本會函索報名表**（各共修處皆於共修時間方有人執事，非共修時間請勿電詢或前來洽詢、請書），**或直接從本會官方網站**(http://www.enlighten.org.tw/newsflash/class) **或成佛之道網站下載報名表**。共修期滿時，若經報名禪三審核通過者，可參加四天三夜之禪三精進共修，有機會明心、取證如來藏，發起般若實相智慧，成爲實義菩薩，脫離凡夫菩薩位。

三、新春禮佛祈福 農曆**年假**期間停止共修：自農曆新年前七天起停止共修與弘法，正月 8 日起回復共修、弘法事務。新春期間正月初一～初七 9.00～17.00 開放台北講堂、正月初一~初三開放新竹、台中、嘉義、台南、高雄講堂，以及大溪禪三道場（正覺祖師堂），方便會員供佛、祈福及會外人士請書。

密宗四大派修雙身法，是外道性力派的邪法；又以生滅的識陰作為常住法，是常見外道，是假的藏傳佛教。

西藏覺囊巴以他空見弘揚第八識如來藏勝法，才是真藏傳佛教

佛教正覺同修會　弘法行事表

2024/1/2

1、**禪淨班**　以無相念佛及拜佛方式修習動中定力，實證一心不亂功夫。傳授解脫道正理及第一義諦佛法，以及參禪知見。共修期間：二年六個月。每逢四月、十月開新班，詳見招生公告表。

2、**進階班**　禪淨班畢業後得轉入此班，進修更深入的佛法，期能證悟明心。各地講堂各有多班，繼續深入佛法、增長定力，悟後得轉入增上班修學道種智，期能證得無生法忍。

3、**增上班 成唯識論釋**　詳解八識心王的唯識性、唯識相、唯識位，分說八識心王及其心所各別的自性、所依、所緣、相應心所、行相、功用等，並闡述緣生諸法的四緣：因緣、等無間緣、所緣緣、增上緣等四緣，並論及十因五果等。論中闡釋**佛法實證及成就的根本法即是第八識，由第八識成就三界世間及出世間的一切染淨諸法，方有成佛之道可修、可證、可成就，名爲圓成實性**。然後詳解末法時代學人極易混淆的見道位所函蓋的眞見道、相見道、通達位等內容，指正末法時代高慢心一類學人，於見道位前後不斷所墮的同一邪謬處。末後開示修道位的十地之中，各地所應斷的二愚及所應證的一智，乃至佛位的四智圓明及具足四種涅槃等一切種智之眞實正理。由平實導師講述，每逢一、三、五週之週末晚上開示，每逢二、四週之週末爲重播班，供作後悟之菩薩補聞所未聽聞之法。增上班課程僅限已明心之會員參加。未來每逢講完十分之一內容時，便予出書流通；總共十輯，敬請期待。（註：《瑜伽師地論》從 2003 年二月開講，至 2022 年 2 月 19 日已經圓滿，爲期 18 年整。）

4、**菩薩瓔珞本業經**　本經說明菩薩道六度、十度波羅蜜多之修行，要先修十信位，於因位中熏習百法明門，再轉入初住位起修六種瓔珞，總共四十二位，即是十住位、十行位、十迴向位、十地位、等覺位、妙覺位，方得成就六種瓔珞成爲一生補處，然後成就佛道，名爲習種性、性種性、道種性、聖種性、等覺性、妙覺性；連同習種性前的十信位，共爲五十二階位實修完畢，方得成佛。於本經中亦說明大乘初見道的證眞如、發起般若現觀時，若有佛菩薩護持故，即得進第七住位常住不退，然後向上進發，速修佛菩提道。如是實修佛菩提道方是義學，而非學術界所說的相似佛法等玄學，皆是可修可證之法，全都屬於現法樂證樂住並且是現觀的佛法，顯示佛法眞是義學而非玄談或思想。本經已於 2024 年一月上旬起開講，由平實導師詳解。不限制聽講資格。

5、**精進禪三**　主三和尚：平實導師。於四天三夜中，以克勤圓悟大師及大慧宗杲之禪風，施設機鋒與小參、公案密意之開示，幫助會員剋期取證，親證不生不滅之眞實心——人人本有之如來藏。每年四月、十月各舉辦三個梯次；平實導師主持。僅限本會會員參加禪淨班共修期滿，報名審核通過者，方可參加。並選擇會中定力、慧力、福德三條件皆已具足之已明心會員，給以指引，令得眼見自己無形無相之佛性遍佈山河大地，眞實而無障礙，得以肉眼現觀世界身心悉皆如幻，具足成就如幻觀，圓滿十住菩薩之證境。

6、**阿含經**詳解　選擇重要之阿含部經典，依無餘涅槃之實際而加以詳解，令大眾得以現觀諸法緣起性空，亦復不墮斷滅見中，顯示經中所隱說之涅槃實際—如來藏—確實已於四阿含中隱說；令大眾得以聞後觀行，確實斷除我見乃至我執，證得**見到**眞現觀，乃至**身證**……等眞現觀；已得大乘或二乘見道者，亦可由此聞熏及聞後之觀行，除斷我所之貪著，成就慧解脫果。由平實導師詳解。不限制聽講資格。

7、**精選如來藏系經典**詳解　精選如來藏系經典一部，詳細解說，以此完全印證會員所悟如來藏之眞實，得入不退轉住。另行擇期詳細解說之，由平實導師講解。僅限已明心之會員參加。

8、**禪門差別智**　藉禪宗公案之微細淆訛難知難解之處，加以宣說及剖析，以增進明心、見性之功德，啓發差別智，建立擇法眼。每月第一週日全天，由平實導師開示，僅限破參明心後，復又眼見佛性者參加（事冗暫停）。

9、**枯木禪**　先講智者大師的《小止觀》，後說《釋禪波羅蜜》，詳解四禪八定之修證理論與實修方法，細述一般學人修定之邪見與岔路，及對禪定證境之誤會，消除枉用功夫、浪費生命之現象。已悟般若者，可以藉此而實修初禪，進入大乘通教及聲聞教的三果心解脫境界，配合應有的大福德及後得無分別智、十無盡願，即可進入初地心中。親教師：平實導師。未來緣熟時將於正覺寺開講。不限制聽講資格。

註：本會例行年假，自 2004 年起，改爲每年農曆新年前七天開始停息弘法事務及共修課程，農曆正月 8 日回復所有共修及弘法事務。新春期間（每日 9.00～17.00）開放台北講堂，方便會員禮佛祈福及會外人士請書。大溪區的正覺祖師堂，開放參訪時間，詳見〈正覺電子報〉或成佛之道網站。本表得因時節因緣需要而隨時修改之，不另作通知。

佛教正覺同修會　贈閱書籍 目錄　2021/8/30

1.**無相念佛**　平實導師著　回郵 36 元
2.**念佛三昧修學次第**　平實導師述著　回郵 52 元
3.**正法眼藏—護法集**　平實導師述著　回郵 76 元
4.**真假開悟簡易辨正法＆佛子之省思**　平實導師著　回郵 26 元
5.**生命實相之辨正**　平實導師著　回郵 31 元
6.**如何契入念佛法門**（附：印順法師否定極樂世界）平實導師著　回郵 26 元
7.**平實書箋**—答元覽居士書　平實導師著　回郵 52 元
8.**三乘唯識**—如來藏系經律彙編　平實導師編　回郵 80 元
（精裝本　長 27 cm　寬 21 cm　高 7.5 cm　重 2.8 公斤）
9.**三時繫念全集**—修正本　回郵掛號 52 元（長 26.5 cm×寬 19 cm）
10.**明心與初地**　平實導師述　回郵 31 元
11.**邪見與佛法**　平實導師述著　回郵 36 元
12.**甘露法雨**　平實導師述　回郵 36 元
13.**我與無我**　平實導師述　回郵 36 元
14.**學佛之心態**—修正錯誤之學佛心態始能與正法相應　孫正德老師著　回郵52元
附錄：平實導師著**《略說八、九識並存…等之過失》**
15.**大乘無我觀**—《悟前與悟後》別說　平實導師述著　回郵 36 元
16.**佛教之危機**—中國台灣地區現代佛教之真相（附錄：公案拈提六則）
平實導師著　回郵 52 元
17.**燈　影**—燈下黑（覆「求教後學」來函等）　平實導師著　回郵 76 元
18.**護法與毀法**—覆上平居士與徐恒志居士網站毀法二文
張正圜老師著　回郵 76 元
19.**淨土聖道**—兼評選擇本願念佛　正德老師著　**由正覺同修會購贈**　回郵 52 元
20.**辨唯識性相**—對「紫蓮心海《辯唯識性相》書中否定阿賴耶識」之回應
正覺同修會 台南共修處法義組 著　回郵 52 元
21.**假如來藏**—對法蓮法師《如來藏與阿賴耶識》書中否定阿賴耶識之回應
正覺同修會 台南共修處法義組 著　回郵 76 元
22.**入不二門**—公案拈提集錦 第一輯（於平實導師公案拈提諸書中選錄約二十則，
合輯爲一冊流通之）平實導師著　回郵 52 元
23.**真假邪說**—西藏密宗索達吉喇嘛《破除邪說論》真是邪說
釋正安法師著　上、下冊回郵各 52 元
24.**真假開悟**—真如、如來藏、阿賴耶識間之關係　平實導師述著　回郵 76 元
25.**真假禪和**—辨正釋傳聖之謗法謬說　孫正德老師著　回郵 76 元

26.**眼見佛性**—駁慧廣法師眼見佛性的含義文中謬說
游正光老師著　回郵 52 元

27.**普門自在**—公案拈提集錦 第二輯（於平實導師公案拈提諸書中選錄約二十則，合輯為一冊流通之）平實導師著　回郵 52 元

28.**印順法師的悲哀**—以現代禪的質疑為線索　恒毓博士著　回郵 52 元

29.**識蘊真義**—現觀識蘊內涵、取證初果、親斷三縛結之具體行門。
—依《成唯識論》及《唯識述記》正義，略顯安慧《大乘廣五蘊論》之邪謬
平實導師著　回郵 76 元

30.**正覺電子報** 各期紙版本　免附回郵　每次最多函索三期或三本。
（已無存書之較早各期，不另增印贈閱）

31.**現代人應有的宗教觀**　蔡正禮老師 著　回郵 31 元

32.**遠惑趣道**—正覺電子報般若信箱問答錄　第一輯　回郵 52 元

33.**遠惑趣道**—正覺電子報般若信箱問答錄　第二輯　回郵 52 元

34.**確保您的權益**—器官捐贈應注意自我保護　游正光老師 著　回郵 31 元

35.**正覺教團電視弘法三乘菩提 DVD 光碟（一）**
由正覺教團多位親教師共同講述錄製 DVD 8 片，MP3 一片，共 9 片。有二大講題：一為「三乘菩提之意涵」，二為「學佛的正知見」。內容精闢，深入淺出，精彩絕倫，幫助大眾快速建立三乘法道的正知見，免被外道邪見所誤導。有志修學三乘佛法之學人不可不看。（製作工本費 100 元，回郵 52 元）

36.**正覺教團電視弘法 DVD 專輯（二）**
總有二大講題：一為「三乘菩提之念佛法門」，一為「學佛正知見（第二篇）」，由正覺教團多位親教師輪番講述，內容詳細闡述如何修學念佛法門、實證念佛三昧，以及學佛應具有的正確知見，可以幫助發願往生西方極樂淨土之學人，得以把握往生，更可令學人快速建立三乘法道的正知見，免於被外道邪見所誤導。有志修學三乘佛法之學人不可不看。（一套 17 片，工本費 160 元。回郵 76 元）

37.**喇嘛性世界**—揭開假藏傳佛教譚崔瑜伽的面紗　張善思 等人合著
由正覺同修會購贈　回郵 52 元

38.**假藏傳佛教的神話**—性、謊言、喇嘛教　張正玄教授編著
由正覺同修會購贈　回郵 52 元

39.**隨 緣**—理隨緣與事隨緣　平實導師述　回郵 52 元。

40.**學佛的覺醒**　正枝居士 著　回郵 52 元

41.**導師之真實義**　蔡正禮老師 著　回郵 31 元

42.**淺談達賴喇嘛之雙身法**—兼論解讀「密續」之達文西密碼
吳明芷居士 著　回郵 31 元

43.**魔界轉世**　張正玄居士 著　回郵 31 元

44.**一貫道與開悟**　蔡正禮老師 著　回郵 31 元

45.**博愛**—愛盡天下女人　正覺教育基金會 編印　回郵 36 元

46.**意識虛妄經教彙編**—實證解脫道的關鍵經文　正覺同修會編印　回郵36元
47.**邪箭囈語**—破斥藏密外道多識仁波切《破魔金剛箭雨論》之邪說
陸正元老師著　上、下冊回郵各52元
48.**真假沙門**—依　佛聖教闡釋佛教僧寶之定義
蔡正禮老師著　俟正覺電子報連載後結集出版
49.**真假禪宗**—藉評論釋性廣《印順導師對變質禪法之批判
及對禪宗之肯定》以顯示真假禪宗
附論一：凡夫知見　無助於佛法之信解行證
附論二：世間與出世間一切法皆從如來藏實際而生而顯
余正偉老師著　俟正覺電子報連載後結集出版　回郵未定

★ 上列贈書之郵資，係台灣本島地區郵資，大陸、港、澳地區及外國地區，請另計酌增（大陸、港、澳、國外地區之郵票不許通用）。尚未出版之書，請勿先寄來郵資，以免增加作業煩擾。

★ 本目錄若有變動，唯於後印之書籍及「成佛之道」網站上修正公佈之，不另行個別通知。

函索書籍請寄：佛教正覺同修會　103 台北市承德路 3 段 277 號 9 樓
台灣地區函索書籍者請附寄郵票，無時間購買郵票者可以等值現金抵用，但不接受郵政劃撥、支票、匯票。大陸地區得以人民幣計算，國外地區請以美元計算（請勿寄來當地郵票，在台灣地區不能使用）。欲以掛號寄遞者，請另附掛號郵資。

親自索閱：正覺同修會各共修處。　★請於共修時間前往取書，餘時無人在道場，請勿前往索取；共修時間與地點，詳見書末正覺同修會共修現況表（以近期之共修現況表為準）。

註：正智出版社發售之局版書，請向各大書局購閱。若書局之書架上已經售出而無陳列者，請向書局櫃台指定洽購；若書局不便代購者，請於正覺同修會共修時間前往各共修處請購，正智出版社已派人於共修時間送書前往各共修處流通。　郵政劃撥購書及　大陸地區　購書，請詳別頁正智出版社發售書籍目錄最後頁之說明。

成佛之道　網站：http://www.a202.idv.tw　正覺同修會已出版之結緣書籍，多已登載於　成佛之道　網站，若住外國、或住處遙遠，不便取得正覺同修會贈閱書籍者，可以從本網站閱讀及下載。

＊＊假藏傳佛教修雙身法，非佛教＊＊

正智出版社 籌募弘法基金發售書籍目錄 2023/12/4

1.**宗門正眼**—公案拈提 第一輯 重拈 平實導師著 500 元

因重寫內容大幅度增加故，字體必須改小，並增爲 576 頁 主文 546 頁。比初版更精彩、更有內容。初版《禪門摩尼寶聚》之讀者，可寄回本公司免費調換新版書。免附回郵，亦無截止期限。（2007 年起，每冊附贈本公司精製公案拈提〈超意境〉CD 一片。市售價格 280 元，多購多贈。）

2.**禪淨圓融** 平實導師著 200 元（第一版舊書可換新版書。）

3.**真實如來藏** 平實導師著 400 元

4.**禪—悟前與悟後** 平實導師著 上、下冊，每冊 250 元

5.**宗門法眼**—公案拈提 第二輯 平實導師著 500 元

（2007 年起，每冊附贈本公司精製公案拈提〈超意境〉CD 一片）

6.**楞伽經詳解** 平實導師著 全套共 10 輯 每輯 250 元

7.**宗門道眼**—公案拈提 第三輯 平實導師著 500 元

（2007 年起，每冊附贈本公司精製公案拈提〈超意境〉CD 一片）

8.**宗門血脈**—公案拈提 第四輯 平實導師著 500 元

（2007 年起，每冊附贈本公司精製公案拈提〈超意境〉CD 一片）

9.**宗通與說通**—成佛之道 平實導師著 主文 381 頁 全書 400 頁售價 300 元

10.**宗門正道**—公案拈提 第五輯 平實導師著 500 元

（2007 年起，每冊附贈本公司精製公案拈提〈超意境〉CD 一片）

11.**狂密與真密 一～四輯** 平實導師著 西藏密宗是人間最邪淫的宗教，本質不是佛教，只是披著佛教外衣的印度教性力派流毒的喇嘛教。此書中將西藏密宗密傳之男女雙身合修樂空雙運所有祕密與修法，毫無保留完全公開，並將全部喇嘛們所不知道的部分也一併公開。內容比大辣出版社喧騰一時的《西藏慾經》更詳細。並且函蓋藏密的所有祕密及其錯誤的中觀見、如來藏見……等，藏密的所有法義都在書中詳述、分析、辨正。每輯主文三百餘頁 每輯全書約 400 頁 售價每輯 300 元

12.**宗門正義**—公案拈提 第六輯 平實導師著 500 元

（2007 年起，每冊附贈本公司精製公案拈提〈超意境〉CD 一片）

13.**心經密意**—心經與解脫道、佛菩提道、祖師公案之關係與密意 平實導師述 300 元

14.**宗門密意**—公案拈提 第七輯 平實導師著 500 元

（2007 年起，每冊附贈本公司精製公案拈提〈超意境〉CD 一片）

15.**淨土聖道**—兼評「選擇本願念佛」 正德老師著 200 元

16.**起信論講記** 平實導師述著 共六輯 每輯三百餘頁 售價各 250 元

17.**優婆塞戒經講記**　平實導師述著 共八輯 每輯三百餘頁 售價各 250 元

18.**真假活佛**—略論附佛外道盧勝彥之邪說（對前岳靈犀網站主張「盧勝彥是證悟者」之修正） 正犀居士（岳靈犀）著　流通價 140 元

19.**阿含正義**—唯識學探源　平實導師著　共七輯　每輯 300 元

20.**超意境 CD** 以平實導師公案拈提書中超越意境之頌詞，加上曲風優美的旋律，錄成令人嚮往的超意境歌曲，其中包括正覺發願文及平實導師親自譜成的黃梅調歌曲一首。詞曲雋永，殊堪翫味，可供學禪者吟詠，有助於見道。內附設計精美的彩色小冊，解說每一首詞的背景本事。每片 280 元。【每購買公案拈提書籍一冊，即贈送一片。】

21.**菩薩底憂鬱 CD** 將菩薩情懷及禪宗公案寫成新詞，並製作成超越意境的優美歌曲。 1.主題曲〈菩薩底憂鬱〉，描述地後菩薩能離三界生死而迴向繼續生在人間，但因尚未斷盡習氣種子而有極深沈之憂鬱，非三賢位菩薩及二乘聖者所知，此憂鬱在七地滿心位方才斷盡；本曲之詞中所說義理極深，昔來所未曾見；此曲係以優美的情歌風格寫詞及作曲，聞者得以激發嚮往諸地菩薩境界之大心，詞、曲都非常優美，難得一見；其中勝妙義理之解說，已印在附贈之彩色小冊中。 2.以各輯公案拈提中直示禪門入處之頌文，作成各種不同曲風之超意境歌曲，值得玩味、參究；聆聽公案拈提之優美歌曲時，請同時閱讀內附之印刷精美說明小冊，可以領會超越三界的證悟境界；未悟者可以因此引發求悟之意向及疑情，眞發菩提心而邁向求悟之途，乃至因此眞實悟入般若，成眞菩薩。 3.正覺總持咒新曲，總持佛法大意；總持咒之義理，已加以解說並印在隨附之小冊中。本 CD 共有十首歌曲，長達 63 分鐘。每盒各附贈二張購書優惠券。每片 320 元。

22.**禪意無限 CD** 平實導師以公案拈提書中偈頌寫成不同風格曲子，與他人所寫不同風格曲子共同錄製出版，幫助參禪人進入禪門超越意識之境界。盒中附贈彩色印製的精美解說小冊，以供聆聽時閱讀，令參禪人得以發起參禪之疑情，即有機會證悟本來面目而發起實相智慧，實證大乘菩提般若，能如實證知般若經中的眞實意。本 CD 共有十首歌曲，長達 69 分鐘，每盒各附贈二張購書優惠券。每片 320 元。

23.**我的菩提路**第一輯　釋悟圓、釋善藏等人合著　售價 300 元

24.**我的菩提路**第二輯　郭正益等人合著　售價 300 元
（初版首刷至第四刷，都可以寄來免費更換爲第二版，免附郵費）

25.**我的菩提路**第三輯　王美伶等人合著　售價 300 元

26.**我的菩提路**第四輯　陳晏平等人合著　售價300元

27.**我的菩提路**第五輯　林慈慧等人合著　售價300元

28.**我的菩提路**第六輯　劉惠莉等人合著　售價300元

29.**我的菩提路**第七輯　余正偉等人合著　售價300元

30.**鈍鳥與靈龜**—考證後代凡夫對大慧宗杲禪師的無根誹謗。

平實導師著 共458頁 售價350元

31.**維摩詰經講記** 平實導師述 共六輯 每輯三百餘頁 售價各250元

32.**真假外道**—破劉東亮、杜大威、釋證嚴常見外道見　正光老師著　200元

33.**勝鬘經講記**—兼論印順《勝鬘經講記》對於《勝鬘經》之誤解。

平實導師述　共六輯　每輯三百餘頁　售價250元

34.**楞嚴經講記**—平實導師述 共15輯，每輯三百餘頁 售價300元

35.**明心與眼見佛性**—駁慧廣〈蕭氏「眼見佛性」與「明心」之非〉文中謬說

正光老師著　共448頁　售價300元

36.**見性與看話頭** 黃正倖老師 著，本書是禪宗參禪的方法論。

內文375頁，全書416頁，售價300元。

37.**達賴真面目**—玩盡天下女人 白正偉老師 等著 中英對照彩色精裝大本 800元

38.**喇嘛性世界**—揭開假藏傳佛教譚崔瑜伽的面紗　張善思 等人著　200元

39.**假藏傳佛教的神話**—性、謊言、喇嘛教　正玄教授編著　200元

40.**金剛經宗通**　平實導師述　共九輯　每輯售價250元。

41.**末代達賴**—性交教主的悲歌　張善思、呂艾倫、辛燕編著 售價250元

42.**霧峰無霧**—給哥哥的信　辨正釋印順對佛法的無量誤解

游宗明 老師著　售價250元

43.**霧峰無霧**—第二輯—救護佛子向正道　細說釋印順對佛法的各類誤解

游宗明 老師著　售價250元

44.**第七意識與第八意識？**—穿越時空「超意識」

平實導師述　每冊300元

45.**黯淡的達賴**—失去光彩的諾貝爾和平獎

正覺教育基金會編著　每冊250元

46.**童女迦葉考**—論呂凱文〈佛教輪迴思想的論述分析〉之謬。

平實導師 著 定價180元

47.**人間佛教**—實證者必定不悖三乘菩提

平實導師 述，定價400元

48.**實相經宗通**　平實導師述　共八輯　每輯250元

49.**真心告訴您(一)**—達賴喇嘛在幹什麼？

正覺教育基金會編著　售價 250 元

50.**中觀金鑑**—詳述應成派中觀的起源與其破法本質

孫正德老師著　分爲上、中、下三冊，每冊 250 元

51.**藏傳佛教要義**—《狂密與真密》之簡體字版　平實導師 著 上、下冊

僅在大陸流通　每冊 300 元

52.**法華經講義**—平實導師述　共二十五輯　每輯三百餘頁 售價 300 元

53.**西藏「活佛轉世」制度**—附佛、造神、世俗法

許正豐、張正玄老師合著　定價 150 元

54.**廣論三部曲**—郭正益老師著　　定價 150 元

55.**真心告訴您(二)**—達賴喇嘛是佛教僧侶嗎？

—補祝達賴喇嘛八十大壽

正覺教育基金會編著　售價 300 元

56.**次法**—實證佛法前應有的條件

張善思居士著　分爲上、下二冊，每冊 250 元

57.**涅槃**—解說四種涅槃之實證及內涵　平實導師著 上、下冊 各 350 元

58.**佛藏經講義**—平實導師述　共二十一輯 每輯三百餘頁 售價 300 元。

59.**成唯識論**—大唐 玄奘菩薩所著鉅論。重新正確斷句，並以不同字體及標點符號顯示質疑文，令得易讀。全書 288 頁，精裝大本 400 元。

60.**大法鼓經講義**—平實導師述　共六輯 每輯三百餘頁 售價 300 元

61.**成唯識論釋**—詳解大唐玄奘菩薩所著《成唯識論》，平實導師著述。共十輯，每輯內文四百餘頁，12 級字編排，於每講完一輯的分量以後即予出版，2023 年五月底出版第一輯，以後每七到十個月出版一輯，每輯 400 元。

62.**不退轉法輪經講義**—平實導師述 2024 年 1 月 30 日開始出版　共十輯 每二個月出版一輯，每輯 300 元

63.**解深密經講義**—平實導師述 輯數未定　將於《不退轉法輪經講義》出版後整理出版。

64.**菩薩瓔珞本業經講義**—平實導師述 約○輯　將於《解深密經講義》出版後整理出版。

65.**假鋒虛焰金剛乘**—揭示顯密正理，兼破索達吉師徒《般若鋒兮金剛焰》

釋正安法師著 簡體字版 即將出版 售價未定

66.**廣論之平議**—宗喀巴《菩提道次第廣論》之平議　正雄居士著

約二或三輯　俟正覺電子報連載後結集出版　書價未定

67.**八識規矩頌**詳解　○○居士 註解　出版日期另訂　書價未定。

68.**中觀正義**—註解平實導師《中論正義頌》。

〇〇法師（居士）著　出版日期未定　書價未定

69.**中論正義**—釋龍樹菩薩《中論》頌正理。

孫正德老師著　出版日期未定　書價未定

70.**中國佛教史**—依中國佛教正法史實而論。 〇〇老師 著　書價未定。

71.**印度佛教史**—法義與考證。依法義史實評論印順《印度佛教思想史、佛教史地考論》之謬說　正偉老師著　出版日期未定　書價未定

72.**阿含經講記**—將選錄四阿含中數部重要經典全經講解之，講後整理出版。

平實導師述　約二輯　每輯300元　出版日期未定

73.**實積經講記**　平實導師述　每輯三百餘頁　優惠價300元　出版日期未定

74.**修習止觀坐禪法要講記**　平實導師述　每輯三百餘頁

將於正覺寺建成後重講、以講記逐輯出版　出版日期未定

75.**無門關**—《無門關》公案拈提　平實導師著　出版日期未定

76.**中觀再論**—兼述印順《中觀今論》謬誤之平議。正光老師著　出版日期未定

77.**輪迴與超度**—佛教超度法會之真義。

〇〇法師（居士）著　出版日期未定　書價未定

78.**《釋摩訶衍論》平議**—對偽稱龍樹所造《釋摩訶衍論》之平議

〇〇法師（居士）著　出版日期未定　書價未定

79.**正覺發願文**註解—以真實大願為因　得證菩提

正德老師著　出版日期未定　書價未定

80.**正覺總持咒**—佛法之總持　正圜老師著　出版日期未定　書價未定

81.**三自性**—依四食、五蘊、十二因緣、十八界法，說三性三無性。

作者未定　出版日期未定

82.**道品**—從三自性說大小乘三十七道品　作者未定　出版日期未定

83.**大乘緣起觀**—依四聖諦七真如現觀十二緣起　作者未定　出版日期未定

84.**三德**—論解脫德、法身德、般若德。　作者未定　出版日期未定

85.**真假如來藏**—對印順《如來藏之研究》謬說之平議　作者未定 出版日期未定

86.**大乘道次第**　作者未定　出版日期未定　書價未定

87.**四緣**—依如來藏故有四緣。　作者未定　出版日期未定

88.**空之探究**—印順《空之探究》謬誤之平議　作者未定 出版日期未定

89.**十法義**—論阿含經中十法之正義　作者未定　出版日期未定

90.**外道見**—論述外道六十二見　作者未定　出版日期未定

正智出版社有限公司書籍介紹

禪淨圓融：言淨土諸祖所未曾言，示諸宗祖師所未曾示；禪淨圓融，另闢成佛捷徑，兼顧自力他力，闡釋淨土門之速行易行道，亦同時揭櫫聖教門之速行易行道；令廣大淨土行者得免緩行難證之苦，亦令聖道門行者得以藉著淨土速行道而加快成佛之時劫。乃前無古人之超勝見地，非一般弘揚禪淨法門典籍也，先讀爲快。平實導師著200元。

宗門正眼—**公案拈提**第一輯：繼承克勤圜悟大師碧巖錄宗旨之禪門鉅作。先則舉示當代大法師之邪說，消弭當代禪門大師鄉愿之心態，摧破當今禪門「世俗禪」之妄談；次則旁通教法，表顯宗門正理；繼以道之次第，消弭古今狂禪；後藉言語及文字機鋒，直示宗門入處。悲智雙運，禪味十足，數百年來難得一睹之禪門鉅著也。平實導師著 500元（原初版書《禪門摩尼寶聚》，改版後補充爲五百餘頁新書，總計多達二十四萬字，內容更精彩，並改名爲《宗門正眼》，讀者原購初版《禪門摩尼寶聚》皆可寄回本公司免費換新，免附回郵，亦無截止期限）（2007年起，凡購買公案拈提第一輯至第七輯，每購一輯皆贈送本公司精製公案拈提〈超意境〉CD一片，市售價格280元，多購多贈）。

禪—悟前與悟後：本書能建立學人悟道之信心與正確知見，圓滿具足而有次第地詳述禪悟之功夫與禪悟之內容，指陳參禪中細微淆訛之處，能使學人明自眞心、見自本性。若未能悟入，亦能以正確知見辨別古今中外一切大師究係眞悟？或屬錯悟？便有能力揀擇，捨名師而選明師，後時必有悟道之緣。一旦悟道，遲者七次人天往返，便出三界，速者一生取辨。學人欲求開悟者，不可不讀。　平實導師著。上、下冊共500元，單冊250元。

眞實如來藏：如來藏眞實存在，乃宇宙萬有之本體，並非印順法師、達賴喇嘛等人所說之「唯有名相、無此心體」。如來藏是涅槃之本際，是一切有智之人竭盡心智、不斷探索而不能得之生命實相；是古今中外許多大師自以爲悟而當面錯過之生命實相。如來藏即是阿賴耶識，乃是一切有情本自具足、不生不滅之眞實心。當代中外大師於此書出版之前所未能言者，作者於本書中盡情流露、詳細闡釋。眞悟者讀之，必能增益悟境、智慧增上；錯悟者讀之，必能檢討自己之錯誤，免犯大妄語業；未悟者讀之，能知參禪之理路，亦能以之檢查一切名師是否眞悟。此書是一切哲學家、宗教家、學佛者及欲昇華心智之人必讀之鉅著。　平實導師著　售價400元。

宗門法眼—**公案拈提**第二輯：列舉實例，闡釋土城廣欽老和尚之悟處；並直示這位不識字的老和尚妙智橫生之根由，繼而剖析禪宗歷代大德之開悟公案，解析當代密宗高僧卡盧仁波切之錯悟證據，並例舉當代顯宗高僧、大居士之錯悟證據（凡健在者，爲免影響其名聞利養，皆隱其名）。藉辨正當代名師之邪見，向廣大佛子指陳禪悟之正道，彰顯宗門法眼。悲勇兼出，強捋虎鬚；慈智雙運，巧探驪龍；摩尼寶珠在手，直示宗門入處，禪味十足；若非大悟徹底，不能爲之。禪門精奇人物，允宜人手一冊，供作參究及悟後印證之圭臬。本書於2008年4月改版，增寫為大約500頁篇幅，以利學人研讀參究時更易悟入宗門正法，以前所購初版首刷及初版二刷舊書，皆可免費換取新書。平實導師著 500元（2007年起，凡購買公案拈提第一輯至第七輯，每購一輯皆贈送本公司精製公案拈提〈超意境〉CD一片，市售價格280元，多購多贈）。

宗門道眼—**公案拈提**第三輯：繼宗門法眼之後，再以金剛之作略、慈悲之胸懷、犀利之筆觸，舉示寒山、拾得、布袋三大士之悟處，消弭當代錯悟者對於寒山大士……等之誤會及誹謗。亦舉出民初以來與虛雲和尚齊名之蜀郡鹽亭袁煥仙夫子——南懷瑾老師之師，其「悟處」何在？並蒐羅許多眞悟祖師之證悟公案，顯示禪宗歷代祖師之睿智，指陳部分祖師、奧修及當代顯密大師之謬悟，作爲殷鑑，幫助禪子建立及修正參禪之方向及知見。假使讀者閱此書已，一時尚未能悟，亦可一面加功用行，一面以此宗門道眼辨別眞假善知識，避開錯誤之印證及歧路，可免大妄語業之長劫慘痛果報。欲修禪宗之禪者，務請細讀。平實導師著 售價500元（2007年起，凡購買公案拈提第一輯至第七輯，每購一輯皆贈送本公司精製公案拈提〈超意境〉CD一片，市售價格280元，多購多贈）。

楞伽經詳解：本經是禪宗見道者印證所悟眞僞之根本經典，亦是禪宗見道者悟後起修之依據經典；故達摩祖師於印證二祖慧可大師之後，將此經典連同佛缽祖衣一併交付二祖，令其依此經典佛示金言、進入修道位，修學一切種智。由此可知此經對於眞悟之人修學佛道，是非常重要之一部經典。此經能破外道邪說，亦破佛門中錯悟名師之謬說，亦破禪宗部分祖師之狂禪：不讀經典、一向主張「一悟即成究竟佛」之謬執。並開示愚夫所行禪、觀察義禪、攀緣如禪、如來禪等差別，令行者對於三乘禪法差異有所分辨；亦糾正禪宗祖師古來對於如來禪之誤解，嗣後可免以訛傳訛之弊。此經亦是法相唯識宗之根本經典，禪者悟後欲修一切種智而入初地者，必須詳讀。平實導師著，全套共十輯，已全部出版完畢，每輯主文約320頁，每冊約352頁，定價250元。

宗門血脈—**公案拈提第四輯**：末法怪象—許多修行人自以爲悟，每將無念靈知認作眞實；崇尚二乘法諸師及其徒眾，則將外於如來藏之緣起性空—無因論之無常空、斷滅空、一切法空—錯認爲佛所說之般若空性。這兩種現象已於當今海峽兩岸及美加地區顯密大師之中普遍存在；人人自以爲悟，心高氣壯，便敢寫書解釋祖師證悟之公案，大多出於意識思惟所得，言不及義，錯誤百出，因此誤導廣大佛子同陷大妄語之地獄業中而不能自知。彼等書中所說之悟處，其實處處違背第一義經典之聖言量。彼等諸人不論是否身披袈裟，都非佛法宗門血脈，或雖有禪宗法脈之傳承，亦只徒具形式；猶如螟蛉，非眞血脈，未悟得根本眞實故。禪子欲知佛、祖之眞血脈者，請讀此書，便知分曉。平實導師著，主文452頁，全書464頁，定價500元（2007年起，凡購買公案拈提第一輯至第七輯，每購一

宗通與說通：古今中外，錯誤之人如麻似粟，每以常見外道所說之靈知心，認作眞心；或妄想虛空之勝性能量爲眞如，或錯認物質四大元素藉冥性（靈知心本體）能成就吾人色身及知覺，或認初禪至四禪中之了知心爲不生不滅之涅槃心。此等皆非通宗者之見地。復有錯悟之人一向主張「宗門與教門不相干」，此即尚未通達宗門之人也。其實宗門與教門互通不二，宗門所證者乃是眞如與佛性，教門所說者乃說宗門證悟之眞如佛性，故教門與宗門不二。本書作者以宗教二門互通之見地，細說「宗通與說通」，從初見道至悟後起修之道、細說分明；並將諸宗諸派在整體佛教中之地位與次第，加以明確之教判，學人讀之即可了知佛法之梗概也。欲擇明師學法之前，允宜先讀。平實導師著，主文共381頁，全書392頁，只售成本價300元。

宗門正道—**公案拈提**第五輯：修學大乘佛法有二果須證解脫果及大菩提果。二乘人不證大菩提果，唯證解脫果；此果之智慧，名爲聲聞菩提、緣覺菩提。大乘佛子所證二果之菩提果爲佛菩提，故名大菩提果，其慧名爲一切種智函蓋二乘解脫果。然此大乘二果修證，須經由禪宗之宗門證悟方能相應。而宗門證悟極難，自古已然；其所以難者，咎在古今佛教界普遍存在三種邪見：1.以修定認作佛法，2.以無因論之緣起性空—否定涅槃本際如來藏以後之一切法空作爲佛法，3.以常見外道邪見（離語言妄念之靈知性）作爲佛法。如是邪見，或因自身正見未立所致，或因邪師之邪教導所致，或因無始劫來虛妄熏習所致。若不破除此三種邪見，永劫不悟宗門眞義、不入大乘正道，唯能外門廣修菩薩行。平實導師於此書中，有極爲詳細之說明，有志佛子欲摧邪見、入於內門修菩薩行者，當閱此書。主文共496頁，全書512頁。售價500元（2007年起，凡購買公案拈提第一輯至第七輯，每購一輯皆贈送本公司精製公案拈提〈超意境〉CD一片，市售價格280元，多購多贈）。

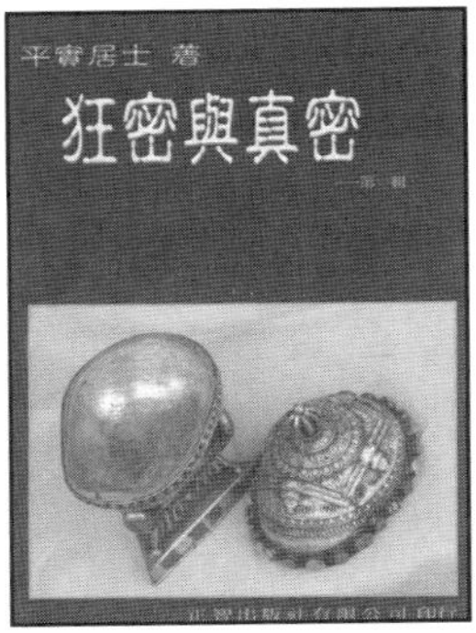

狂密與眞密：密教之修學，皆由有相之觀行法門而入，其最終目標仍不離顯教經典所說第一義諦之修證；若離顯教第一義經典、或違背顯教第一義經典，即非佛教。西藏密教之觀行法，如灌頂、觀想、遷識法、寶瓶氣、大聖歡喜雙身修法、喜金剛、無上瑜伽、大樂光明、樂空雙運等，皆是印度教兩性生生不息思想之轉化，自始至終皆以如何能運用交合淫樂之法達到全身受樂爲其中心思想，純屬欲界五欲的貪愛，不能令人超出欲界輪迴，更不能令人斷除我見；何況大乘之明心與見性，更無論矣！故密宗之法絕非佛法也。而其明光大手印、大圓滿法教，又皆同以常見外道所說離語言妄念之無念靈知心錯認爲佛地之眞如，不能直指不生不滅之眞如。西藏密宗所有法王與徒眾，都尚未開頂門眼，不能辨別眞僞，以依人不依法、依密續不依經典故，不肯將其上師喇嘛所說對照第一義經典，純依密續之藏密祖師所說爲準，因此而誇大其證德與證量，動輒謂彼祖師上師爲究竟佛、爲地上菩薩；如今台海兩岸亦有自謂其師證量高於 釋迦文佛者，然觀其師所述，猶未見道，仍在觀行即佛階段，尚未到禪宗相似即佛、分證即佛階位，竟敢標榜爲究竟佛及地上法王，誑惑初機學人。凡此怪象皆是狂密，不同於眞密之修行者。近年狂密盛行，密宗行者被誤導者極眾，動輒自謂已證佛地眞如，自視爲究竟佛，陷於大妄語業中而不知自省，反謗顯宗眞修實證者之證量粗淺；或如義雲高與釋性圓…等人，於報紙上公然誹謗眞實證道者爲「騙子、無道人、人妖、癩蛤蟆…」等，造下誹謗大乘勝義僧之大惡業；或以外道法中有爲有作之甘露、魔術……等法，誑騙初機學人，狂言彼外道法爲眞佛法。如是怪象，在西藏密宗及附藏密之外道中，不一而足，舉之不盡，學人宜應愼思明辨，以免上當後又犯毀破菩薩戒之重罪。密宗學人若欲遠離邪知邪見者，請閱此書，即能了知密宗之邪謬，從此遠離邪見與邪修，轉入眞正之佛道。

平實導師著 共四輯 每輯約400頁（主文約340頁）每輯售價300元。

宗門正義—公案拈提第六輯：佛教有六大危機，乃是藏密化、世俗化、膚淺化、學術化、宗門密意失傳、悟後進修諸地之次第混淆；其中尤以宗門密意之失傳，爲當代佛教最大之危機。由宗門密意失傳故，易令世尊本懷普被錯解，易令 世尊正法被轉易爲外道法，以及加以淺化、世俗化，是故宗門密意之廣泛弘傳與具緣佛弟子，極爲重要。然而欲令宗門密意之廣泛弘傳予具緣之佛弟子者，必須同時配合錯誤知見之解析、普令佛弟子知之，然後輔以公案解析之直示入處，方能令具緣之佛弟子悟入。而此二者，皆須以公案拈提之方式爲之，方易成其功、竟其業，是故平實導師續作宗門正義一書，以利學人。全書500餘頁，售價500元（2007年起，凡購買公案拈提第一輯至第七輯，每購一輯皆贈送本公司精製公案拈提〈超意境〉CD一片，市售價格280元，多購多贈）。

心經密意—心經與解脫道、佛菩提道、祖師公案之關係與密意。二乘菩提所證之解脫道，實依第八識心之斷除煩惱障現行而立解脫之名；大乘菩提所證之佛菩提道，實依親證第八識如來藏之涅槃性、清淨自性、及其中道性而立般若之名；禪宗祖師公案所證之眞心，即是此第八識如來藏；是故三乘佛法所修所證之三乘菩提，皆依此如來藏心而立名也。此第八識心，即是《心經》所說之心也。證得此如來藏已，即能漸入大乘佛菩提道，亦可因證知此心而了知二乘無學所不能知之無餘涅槃本際，是故《心經》之密意，與三乘佛菩提之關係極爲密切、不可分割，三乘佛法皆依此心而立名故。今者平實導師以其所證解脫道之無生智及佛菩提之般若種智，將《心經》與解脫道、佛菩提道、祖師公案之關係與密意，以演講之方式，用淺顯之語句和盤托出，發前人所未言，呈三乘菩提之眞義，令人藉此《心經密意》一舉而窺三乘菩提之堂奧，迴異諸方言不及義之說；欲求眞實佛智者、不可不讀！主文317頁，連同跋文及序文…等共384頁，售價300元。

宗門密意——公案拈提第七輯：佛教之世俗化，將導致學人以信仰作爲學佛，則將以感應及世間法之庇祐，作爲學佛之主要目標，不能了知學佛之主要目標爲親證三乘菩提。大乘菩提則以般若實相智慧爲主要修習目標，以二乘菩提解脫道爲附帶修習之標的；是故學習大乘法者，應以禪宗之證悟爲要務，能親入大乘菩提之實相般若智慧中故，般若實相智慧非二乘聖人所能知故。此書則以台灣世俗化佛教之三大法師，說法似是而非之實例，配合眞悟祖師之公案解析，提示證悟般若之關節，令學人易得悟入。平實導師著，全書五百餘頁，售價500元（2007年起，凡購買公案拈提第一輯至第七輯，每購一輯皆贈送本公司精製公案拈提〈超意境〉CD一片，市售價格280元，多購多贈）。

淨土聖道——兼評日本本願念佛：佛法甚深極廣，般若玄微，非諸二乘聖僧所能知之，一切凡夫更無論矣！所謂一切證量皆歸淨土是也！是故大乘法中「聖道之淨土、淨土之聖道」，其義甚深，難可了知；乃至眞悟之人，初心亦難知也。今有正德老師眞實證悟後，復能深探淨土與聖道之緊密關係，憐憫衆生之誤會淨土實義，亦欲利益廣大淨土行人同入聖道，同獲淨土中之聖道門要義，乃振奮心神、書以成文，今得刊行天下。主文279頁，連同序文等共301頁，總有十一萬六千餘字，正德老師著，成本價200元。

起信論講記：詳解大乘起信論**心生滅門**與**心眞如門**之眞實意旨，消除以往大師與學人對起信論所說**心生滅門**之誤解，由是而得了知眞心如來藏之非常非斷中道正理；亦因此一講解，令此論以往隱晦而被誤解之眞實義，得以如實顯示，令大乘佛菩提道之正理得以顯揚光大；初機學者亦可藉此正論所顯示之法義，對大乘法理生起正信，從此得以眞發菩提心，眞入大乘法中修學，世世常修菩薩正行。平實導師演述，共六輯，都已出版，每輯三百餘頁，售價250元。

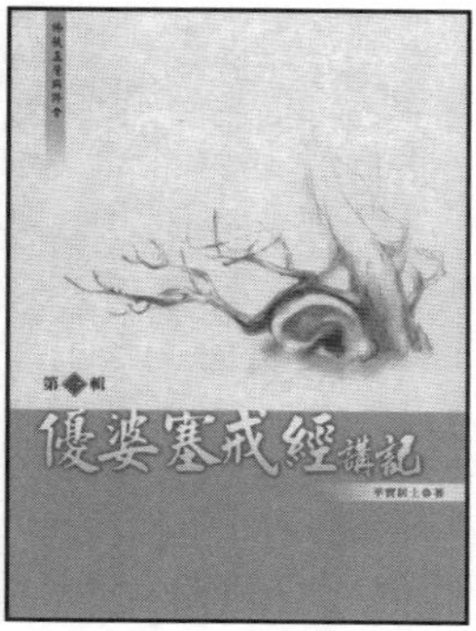

優婆塞戒經講記：本經詳述在家菩薩修學大乘佛法，應如何受持菩薩戒？對人間善行應如何看待？對三寶應如何護持？應如何正確地修集此世後世證法之福德？應如何修集後世「行菩薩道之資糧」？並詳述第一義諦之正義：五蘊非我非異我、自作自受、異作異受、不作不受……等深妙法義，乃是修學大乘佛法、行菩薩行之在家菩薩所應當了知者。出家菩薩今世或未來世登地已，捨報之後多數將如華嚴經中諸大菩薩，以在家菩薩身而修行菩薩行，故亦應以此經所述正理而修之，配合《楞伽經、解深密經、楞嚴經、華嚴經》等道次第正理，方得漸次成就佛道；故此經是一切大乘行者皆應證知之正法。平實導師講述，每輯三百餘頁，售價各250元；共八輯，已全部出版。

真假活佛—略論附佛外道盧勝彥之邪說：人人身中都有眞活佛，永生不滅而有大神用，但眾生都不了知，所以常被身外的西藏密宗假活佛籠罩欺瞞。本來就眞實存在的眞活佛，才是眞正的密宗無上密！諾那活佛因此而說禪宗是大密宗，但藏密的所有活佛都不知道、也不曾實證自身中的眞活佛。本書詳實宣示眞活佛的道理，舉證盧勝彥的「佛法」不是眞佛法，也顯示盧勝彥是假活佛，直接的闡釋第一義佛法見道的眞實正理。眞佛宗的所有上師與學人們，都應該詳細閱讀，包括盧勝彥個人在內。正犀居士著，優惠價140元。

阿含正義—唯識學探源：廣說四大部《阿含經》諸經中隱說之眞正義理，一一舉示佛陀本懷，令阿含時期初轉法輪根本經典之眞義，如實顯現於佛子眼前。並提示末法大師對於阿含眞義誤解之實例，一一比對之，證實唯識增上慧學確於原始佛法之阿含諸經中已隱覆密意而略說之，證實 世尊確於原始佛法中已曾密意而說第八識如來藏之總相；亦證實 世尊在四阿含中已說此藏識是名色十八界之因、之本—證明如來藏是能生萬法之根本心。佛子可據此修正以往受諸大師（譬如西藏密宗應成派中觀師：印順、昭慧、性廣、大願、達賴、宗喀巴、寂天、月稱、……等人）誤導之邪見，建立正見，轉入正道乃至親證初果而無困難；書中並詳說三果所證的**心解脫**，以及四果**慧解脫**的親證，都是如實可行的具體知見與行門。全書共七輯，已出版完畢。平實導師著，每輯三百餘頁，售價300元。

超意境CD：以平實導師公案拈提書中超越意境之頌詞，加上曲風優美的旋律，錄成令人嚮往的超意境歌曲，其中包括正覺發願文及平實導師親自譜成的黃梅調歌曲一首。詞曲雋永，殊堪翫味，可供學禪者吟詠，有助於見道。內附設計精美的彩色小冊，解說每一首詞的背景本事。每片280元。【每購買公案拈提書籍一冊，即贈送一片。】

菩薩底憂鬱CD將菩薩情懷及禪宗公案寫成新詞，並製作成超越意境的優美歌曲。1.主題曲〈菩薩底憂鬱〉，描述地後菩薩能離三界生死而迴向繼續生在人間，但因尚未斷盡習氣種子而有極深沈之憂鬱，非三賢位菩薩及二乘聖者所知，此憂鬱在七地滿心位方才斷盡；本曲之詞中所說義理極深，昔來所未曾見；此曲係以優美的情歌風格寫詞及作曲，聞者得以激發嚮往諸地菩薩境界之大心，詞、曲都非常優美，難得一見；其中勝妙義理之解說，已印在附贈之彩色小冊中。2.以各輯公案拈提中直示禪門入處之頌文，作成各種不同曲風之超意境歌曲，值得玩味、參究；聆聽公案拈提之優美歌曲時，請同時閱讀內附之印刷精美說明小冊，可以領會超越三界的證悟境界；未悟者可以因此引發求悟之意向及疑情，眞發菩提心而邁向求悟之途，乃至因此眞實悟入般若，成眞菩薩。3.正覺總持咒新曲，總持佛法大意；總持咒之義理，已加以解說並印在隨附之小冊中。本CD共有十首歌曲，長達63分鐘，附贈二張購書優惠券。每片320元。

禪意無限CD平實導師以公案拈提書中偈頌寫成不同風格曲子，與他人所寫不同風格曲子共同錄製出版，幫助參禪人進入禪門超越意識之境界。盒中附贈彩色印製的精美解說小冊，以供聆聽時閱讀，令參禪人得以發起參禪之疑情，即有機會證悟本來面目，實證大乘菩提般若。本CD共有十首歌曲，長達69分鐘，每盒各附贈二張購書優惠券。每片320元。

我的菩提路第一輯：凡夫及二乘聖人不能實證的佛菩提證悟，末法時代的今天仍然有人能得實證，由正覺同修會釋悟圓、釋善藏法師等二十餘位實證如來藏者所寫的見道報告，已爲當代學人見證宗門正法之絲縷不絕，證明大乘義學的法脈仍然存在，爲末法時代求悟般若之學人照耀出光明的坦途。由二十餘位大乘見道者所繕，敘述各種不同的學法、見道因緣與過程，參禪求悟者必讀。全書三百餘頁，售價300元。

我的菩提路第二輯：由郭正益老師等人合著，書中詳述彼等諸人歷經各處道場學法，一一修學而加以檢擇之不同過程以後，因閱讀正覺同修會、正智出版社書籍而發起抉擇分，轉入正覺同修會中修學；乃至學法及見道之過程，都一一詳述之。**本書已改版印製重新流通**，讀者原購的初版書，不論是第一刷或第二、三、四刷，都可以寄回換新，免附郵費。

我的菩提路第三輯：由王美伶老師等人合著。自從正覺同修會成立以來，每年夏初、冬初都舉辦精進禪三共修，藉以助益會中同修們得以證悟明心發起般若實相智慧；凡已實證而被平實導師印證者，皆書具見道報告用以證明佛法之眞實可證而非玄學，證明佛法並非純屬思想、理論而無實質，是故每年都能有人證明正覺同修會的「實證佛教」主張並非虛語。特別是眼見佛性一法，自古以來中國禪宗祖師實證者極寡，較之明心開悟的證境更難令人信受；至2017年初，正覺同修會中的證悟明心者已近五百人，然而其中眼見佛性者至今唯十餘人爾，可謂難能可貴，是故明心後欲冀眼見佛性者實屬不易。黃正倖老師是懸絕七年無人見性後的第一人，她於2009年的見性報告刊於本書的第二輯中，爲大眾證明佛性確實可以眼見；其後七年之中求見性者都屬解悟佛性而無人眼見，幸而又經七年後的2016冬初，以及2017夏初的禪三，復有三人眼見佛性，希冀鼓舞四眾佛子求見佛性之大心，今則具載一則於書末，顯示求見佛性之事實經歷，供養現代佛教界欲得見性之四眾弟子。全書四百頁，售價300元，已於2017年6月30日發行。

我的菩提路第四輯：由陳晏平等人著。中國禪宗祖師往往有所謂「見性」之言，所言多屬看見如來藏具有能令人發起成佛之自性，並非《大般涅槃經》中 如來所說之眼見佛性。眼見佛性者，於親見佛性之時，即能於山河大地眼見自己佛性，亦能於他人身上眼見自己佛性及對方之佛性，如是境界無法爲尚未實證者解釋；勉強說之，縱使眞實明心證悟之人聞之，亦只能以自身明心之境界想像之，但不論如何想像多屬非量，能有正確之比量者亦是稀有，故說眼見佛性極爲困難。眼見佛性之人若所見極分明時，在所見佛性之境界下所眼見之山河大地、自己五蘊身心皆是虛幻，自有異於明心者之解脫功德受用，此後永不思證二乘涅槃，必定邁向成佛之道而進入第十住位中，已超第一阿僧祇劫三分有一，可謂之爲超劫精進也。今又有明心之後眼見佛性之人出於人間，將其明心及後來見性之報告，連同其餘證悟明心者之精彩報告一同收錄於此書中，供養眞求佛法實證之四眾佛子。全書380頁，售價300元，已於2018年6月30日發行。

我的菩提路第五輯：林慈慧老師等人著，本輯中所舉學人從相似正法中來到正覺同修會的過程，各人都有不同，發生的因緣亦是各有差別，然而都會指向同一個目標——證實生命實相的源底，確證自己生從何來、死往何去的事實，所以最後都證明佛法眞實而可親證，絕非玄學；本書將彼等諸人的始修及末後證悟之實例，羅列出來以供學人參考。本期亦有一位會裡的老師，是從1995年即開始追隨平實導師修學，1997年明心後持續進修不斷，直到2017年眼見佛性之實例，足可證明《大般涅槃經》中世尊開示眼見佛性之法正眞無訛，第十住位的實證在末法時代的今天仍有可能，如今一併具載於書中以供學人參考，並供養現代佛教界欲得見性之四眾弟子。全書四百頁，售價300元，已於2019年12月31日發行。

我的菩提路第六輯：劉惠莉老師等人著，本輯中舉示劉老師明心多年以後的眼見佛性實錄，供末法時代學人了知明心之異於見性本質，足可證明《大般涅槃經》中世尊開示眼見佛性之法正眞無訛。亦列舉多篇學人從各道場來到正覺學法之不同過程，以及如何發覺邪見之異於正法的所在，最後終能在正覺禪三中悟入的實況，以證明佛教正法仍在末法時代的人間繼續弘揚的事實，鼓舞一切眞實學法的菩薩大眾思之：我等諸人亦可有因緣證悟，絕非空想白思。約四百頁，售價300元，已於2020年6月30日發行。

我的菩提路第七輯：余正偉老師等人著，本輯中舉示余老師明心二十餘年以後的眼見佛性實錄，供末法時代學人了知明心異於見性之本質，並且舉示其見性後與平實導師互相討論眼見佛性之諸多疑訛處；除了證明《大般涅槃經》中 世尊開示眼見佛性之法正眞無訛以外，亦得一解明心後尚未見性者之所未知處，甚爲精彩。此外亦列舉多篇學人從各不同宗教進入正覺學法之不同過程，以及發覺諸方道場邪見之內容與過程，最終得於正覺精進禪三中悟入的實況，足供末法精進學人借鑑，以彼鑑己而生信心，得以投入了義正法中修學及實證。凡此，皆足以證明不唯明心所證之第七住位般若智慧及解脫功德仍可實證，乃至第十住位的實證與當場發起如幻觀之實證，於末法時代的今天皆仍有可能。本書約四百頁，售價300元。

明心與眼見佛性：本書細述明心與眼見佛性之異同，同時顯示了中國禪宗破初參明心與重關眼見佛性二關之間的關聯；書中又藉法義辨正而旁述其他許多勝妙法義，讀後必能遠離佛門長久以來積非成是的錯誤知見，令讀者在佛法的實證上有極大助益。也藉慧廣法師的謬論來教導佛門學人回歸正知正見，遠離古今禪門錯悟者所墮的意識境界，非唯有助於斷我見，也對未來的開悟明心實證第八識如來藏有所助益，是故學禪者都應細讀之。 游正光老師著　共448頁 售價300元。

見性與看話頭：黃正倖老師的《見性與看話頭》於《正覺電子報》連載完畢，今集結出版。書中詳說禪宗看話頭的詳細方法，並細說看話頭與眼見佛性的關係，以及眼見佛性者求見佛性前必須具備的條件。本書是禪宗實修者追求明心開悟時參禪的方法書，也是求見佛性者作功夫時必讀的方法書，內容兼顧眼見佛性的理論與實修之方法，是依實修之體驗配合理論而詳述，條理分明而且極爲詳實、周全、深入。本書內文375頁，全書416頁，售價300元。

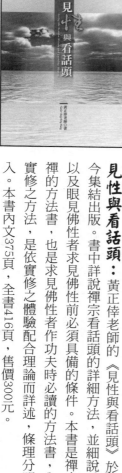

鈍鳥與靈龜：鈍鳥及靈龜二物，被宗門證悟者說爲二種人：前者是精修禪定而無智慧者，也是以定爲禪的愚癡禪人；後者是或有禪定、或無禪定的宗門證悟者，凡已證悟者皆是靈龜。但後者被人虛造事實，用以嘲笑大慧宗杲禪師，說他雖是靈龜，卻不免被天童禪師預記「患背」痛苦而亡：「**鈍鳥離巢易，靈龜脫殼難。**」藉以貶低大慧宗杲的證量。同時將天童禪師實證如來藏的證量，曲解爲意識境界的離念靈知。自從大慧禪師入滅以後，錯悟凡夫對他的不實毀謗就一直存在著，不曾止息，並且捏造的假事實也隨著年月的增加而越來越多，終至編成「鈍鳥與靈龜」的假公案、假故事。本書是考證大慧與天童之間的不朽情誼，顯現這件假公案的虛妄不實；更見大慧宗杲面對惡勢力時的正直不阿，亦顯示大慧對天童禪師的至情深義，將使後人對大慧宗杲的誣謗至此而止，不再有人誤犯毀謗賢聖的惡業。書中亦舉證宗門的所悟確以第八識如來藏爲標的，詳讀之後必可改正以前被錯悟大師誤導的參禪知見，日後必定有助於實證禪宗的開悟境界，得階大乘眞見道位中，即是實證般若之賢聖。全書459頁，售價350元。

維摩詰經講記：本經係 世尊在世時，由等覺菩薩維摩詰居士藉疾病而演說之大乘菩提無上妙義，所說函蓋甚廣，然極簡略，是故今時諸方大師與學人讀之悉皆錯解，何況能知其中隱含之深妙正義，是故普遍無法爲人解說；若強爲人說，則成依文解義而有諸多過失。今由平實導師公開宣講之後，詳實解釋其中密意，令維摩詰菩薩所說大乘不可思議解脫之深妙正法得以正確宣流於人間，利益當代學人及與諸方大師。書中詳實演述大乘佛法深妙不共二乘之智慧境界，顯示諸法之中絕待之實相境界，建立大乘菩薩妙道於永遠不敗不壞之地，以此成就護法偉功，欲冀永利娑婆人天。已經宣講圓滿整理成書流通，以利諸方大師及諸學人。全書共六輯，每輯三百餘頁，售價各250元。

真假外道：本書具體舉證佛門中的常見外道知見實例，並加以教證及理證上的辨正，幫助讀者輕鬆而快速的了知常見外道的錯誤知見，進而遠離佛門內外的常見外道知見，因此即能改正修學方向而快速實證佛法。游正光老師著。成本價200元。

勝鬘經講記：如來藏爲三乘菩提之所依，若離如來藏心體及其含藏之一切種子，即無三界有情及一切世間法，亦無二乘菩提緣起性空之出世間法；本經詳說無始無明、一念無明皆依如來藏而有之正理，藉著詳解煩惱障與所知障間之關係，令學人深入了知二乘菩提與佛菩提相異之妙理；聞後即可了知佛菩提之特勝處及三乘修道之方向與原理，邁向攝受正法而速成佛道的境界中。平實導師講述，共六輯，每輯三百餘頁，售價各250元。

楞嚴經講記：楞嚴經係密教部之重要經典，亦是顯教中普受重視之經典；經中宣說明心與見性之內涵極爲詳細，將一切法都會歸如來藏及佛性—妙眞如性；亦闡釋五陰區宇及五陰盡的境界，作諸地菩薩自我檢驗證量之依據，旁及佛菩提道修學過程中之種種魔境，以及外道誤會涅槃之狀況，亦兼述明三界世間之起源。然因言句深澀難解，法義亦復深妙寬廣，學人讀之普難通達，是故讀者大多誤會，不能如實理解佛所說之明心與見性內涵，亦因是故多有悟錯之人引爲開悟之證言，成就大妄語罪。今由平實導師詳細講解之後，整理成文，以易讀易懂之語體文刊行天下，以利學人。全書十五輯，全部出版完畢。每輯三百餘頁，售價每輯300元。

金剛經宗通：三界唯心，萬法唯識，是成佛之修證內容，是諸地菩薩之所修；般若則是成佛之道（實證三界唯心、萬法唯識）的入門，若未證悟實相般若，即無成佛之可能，必將永在外門廣行菩薩六度，永在凡夫位中。然而實相般若的發起，全賴實證萬法的眞相；若欲證知萬法的眞相，則必須探究萬法之所從來，則須實證自心如來—金剛心如來藏，然後現觀這個金剛心的金剛性、眞實性、如如性、清淨性、涅槃性、能生萬法的自性性、本住性，名爲證眞如；進而現觀三界六道唯是此金剛心所成，人間萬法須藉八識心王和合運作方能現起。如是實證《華嚴經》的「三界唯心、萬法唯識」以後，由此等現觀而發起實相般若智慧，繼續進修第十住位的如幻觀、第十行位的陽焰觀、第十迴向位的如夢觀，再生起增上意樂而勇發十無盡願，方能滿足三賢位的實證，轉入初地；自知成佛之道而無偏倚，從此按部就班、次第進修乃至成佛。第八識自心如來是般若智慧之所依，般若智慧的修證則要從實證金剛心自心如來開始；《金剛經》則是解說自心如來之經典，是一切三賢位菩薩所應進修之實相般若經典。這一套書，是將平實導師宣講的《金剛經宗通》內容，整理成文字而流通之；書中所說義理，迥異古今諸家依文解義之說，指出大乘見道方向與理路，有益於禪宗學人求開悟見道，及轉入內門廣修六度萬行，已於2013年9月出版完畢，總共9輯，每輯約三百餘頁，售價各250元。

霧峰無霧—給哥哥的信：本書作者藉兄弟之間信件往來論義，略述佛法大義；並以多篇短文辨義，舉出釋印順對佛法的無量誤解證據，並一一給予簡單而清晰的辨正，令人一讀即知。久讀、多讀之後即能認清楚釋印順的六識論見解，與眞實佛法之牴觸是多麼嚴重；於是在久讀、多讀之後，於不知不覺之間提升了對佛法的極深入理解，正知正見就在不知不覺間建立起來了。當三乘佛法的正知見建立起來之後，對於三乘菩提的見道條件便將隨之具足，於是聲聞解脫道的見道也就水到渠成；接著大乘見道的因緣也將次第成熟，未來自然也會有親見大乘菩提之道的因緣，悟入大乘實相般若也將自然成功，自能通達般若系列諸經而成實義菩薩。作者居住於南投縣霧峰鄉，自喻見道之後不復再見霧峰之霧，故鄉原野美景一一明見，於是立此書名爲《霧峰無霧》；讀者若欲撥霧見月，可以此書爲緣。游宗明 老師著，已於2015年出版，售價250元。

霧峰無霧—第二輯—救護佛子向正道：本書作者藉釋印順著作中之各種錯謬法義提出辨正，以詳實的文義一一提出理論上及實證上之解析，列舉釋印順對佛法的無量誤解證據，藉此教導佛門大師與學人釐清佛法義理，遠離岐途轉入正道，然後知所進修，久之便能見道明心而入大乘勝義僧數。被釋印順誤導的大師與學人極多，很難救轉，是故作者大發悲心深入解說其錯謬之所在，佐以各種義理辨正而令讀者在不知不覺之間轉歸正道。如是久讀之後欲得斷身見、證初果，即不爲難事；乃至久之亦得大乘見道而得證眞如，脫離空有二邊而住中道，實相般若智慧生起，於佛法不再茫然，漸漸亦知悟後進修之道。屆此之時，對於大乘般若等深妙法之迷雲暗霧亦將一掃而空，生命及宇宙萬物之故鄉原野美景一一明見，是故本書仍名《霧峰無霧》，爲第二輯；讀者若欲撥雲見日、離霧見月，可以此書爲緣。游宗明 老師著，已於2019年出版，售價250元。

假藏傳佛教的神話—性、謊言、喇嘛教：本書編著者是由一首名爲「阿姊鼓」的歌曲爲緣起，展開了序幕，揭開假藏傳佛教—喇嘛教—的神祕面紗。其重點是蒐集、摘錄網路上質疑「喇嘛教」的帖子，以揭穿「假藏傳佛教的神話」爲主題，串聯成書，並附加彩色插圖以及說明，讓讀者們瞭解西藏密宗及相關人事如何被操作爲「神話」的過程，以及神話背後的眞相。作者：張正玄教授。售價200元。

達賴真面目—玩盡天下女人：假使您不想戴綠帽子，請記得詳細閱讀此書；假使您不想讓好朋友戴綠帽子，請您將此書介紹給您的好朋友。假使您想保護家中的女性，也想要保護好朋友的女眷，請記得將此書送給家中的女性和好友的女眷都來閱讀。本書爲印刷精美的大本彩色中英對照精裝本，爲您揭開達賴喇嘛的眞面目，內容精彩不容錯過，爲利益社會大眾，特別以優惠價格嘉惠所有讀者。編著者：白志偉等。大開版雪銅紙彩色精裝本。售價800元。

喇嘛性世界—揭開假藏傳佛教譚崔瑜伽的面紗：這個世界中的喇嘛，號稱來自世外桃源的香格里拉，穿著或紅或黃的喇嘛長袍，散布於我們的身邊傳教灌頂，吸引了無數的人嚮往學習；這些喇嘛虔誠地爲大眾祈福，手中拿著寶杵（金剛）與寶鈴（蓮花），口中唸著咒語：「唵．嘛呢．叭咪．吽……」，咒語的意思是說：「我至誠歸命金剛杵上的寶珠伸向蓮花寶穴之中」！「喇嘛性世界」是什麼樣的「世界」呢？本書將爲您呈現喇嘛世界的面貌。當您發現眞相以後，您將會唸：「噢！喇嘛．性．世界，譚崔性交嘛！」作者：張善思、呂艾倫。售價200元。

末代達賴—性交教主的悲歌：簡介從藏傳僞佛教（喇嘛教）的修行核心—性力派男女雙修，探討達賴喇嘛及藏傳僞佛教的修行內涵。書中引用外國知名學者著作、世界各地新聞報導，包含：歷代達賴喇嘛的祕史、達賴六世修雙身法的事蹟，以及《時輪續》中的性交灌頂儀式……等；達賴喇嘛書中開示的雙修法、達賴喇嘛的黑暗政治手段；達賴喇嘛所領導的寺院爆發喇嘛性侵兒童；新聞報導《西藏生死書》作者索甲仁波切性侵女信徒、澳洲喇嘛秋達公開道歉、美國最大假藏傳佛教組織領導人邱陽創巴仁波切的性氾濫；等等事件背後眞相的揭露。作者：張善思、呂艾倫、辛燕。售價250元。

黯淡的達賴—失去光彩的諾貝爾和平獎：本書舉出很多證據與論述，詳述達賴喇嘛不爲世人所知的一面，顯示達賴喇嘛並不是眞正的和平使者，而是假借諾貝爾和平獎的光環來欺騙世人；透過本書的說明與舉證，讀者可以更清楚的瞭解，達賴喇嘛是結合暴力、黑暗、淫欲於喇嘛教裡的集團首領，其政治行爲與宗教主張，早已讓諾貝爾和平獎的光環染污了。本書由財團法人正覺教育

第七意識與第八意識？——穿越時空「超意識」：三界唯心，萬法唯識」是佛教中應該實證的聖教，也是《華嚴經》中明載而可以實證的法界實相。唯心者，三界一切境界、一切諸法唯是一心所成就，即是每一個有情的第八識如來藏，不是意識心。唯識者，即是人類各各都具足的八識心王——眼識、耳鼻舌身意識、意根、阿賴耶識，第八阿賴耶識又名如來藏，人類五陰相應的萬法，莫不由八識心王共同運作而成就，故說萬法唯識。依聖教量及現量、比量，都可以證明意識是二法因緣生，是由第八識藉意根與法塵二法為因緣而出生，又是夜夜斷滅不存之生滅心，即無可能反過來出生第七識意根、第八識如來藏，當知不可能從生滅性的意識心中，細分出恆審思量的第七識意根，更無可能細分出恆而不審的第八識如來藏。本書是將演講內容整理成文字，細說如是內容，並已在〈正覺電子報〉連載完畢，今彙集成書以廣流通，欲幫助佛門有緣人斷除意識我見，跳脫於識陰之外而取證聲聞初果；嗣後修學禪宗時即得不墮外道神我之中，得以求證第八識金剛心而發起般若實智。平實導師 述，每冊300元。

童女迦葉考——論呂凱文〈佛教輪迴思想的論述分析〉之謬：童女迦葉是佛世率領五百大比丘遊行於人間的歷史事實，是以童貞行而依止菩薩戒弘化於人間的大菩薩，不依別解脫戒（聲聞戒）來弘化於人間。這是大乘佛教與聲聞佛教同時存在於佛世的歷史明證，證明大乘佛教不是從聲聞法中分裂出來的部派佛教的產物，卻是聲聞佛教分裂出來的部派佛教聲聞凡夫僧所不樂見的史實；於是古今聲聞法中的凡夫都欲加以扭曲而作詭說，更是末法時代高聲大呼「大乘非佛說」的六識論聲聞凡夫極力想要扭曲的佛教史實之一，於是想方設法扭曲迦葉菩薩為聲聞僧，以及扭曲迦葉童女為比丘僧等荒謬不實之論著便陸續出現，古時聲聞僧寫作的《分別功德論》是最具體之事例，現代之代表作則是呂凱文先生的〈佛教輪迴思想的論述分析〉論文。鑑於如是假藉學術考證以籠罩大眾之不實謬論，未來仍將繼續造作及流竄於佛教界，繼續扼殺大乘佛教學人法身慧命，必須舉證辨正之，遂成此書。平實導師 著，每冊180元。

人間佛教——實證者必定不悖三乘菩提：「大乘非佛說」的講法似乎流傳已久，卻只是日本人企圖擺脫中國正統佛教的影響，而在明治維新時期才開始提出來的說法；台灣佛教、大陸佛教的淺學無智之人，由於未曾實證佛法而迷信日本人錯誤的學術考證，錯認爲這些別有用心的日本佛學考證的講法爲天竺佛教的眞實歷史；甚至還有更激進的反對佛教者提出「**釋迦牟尼佛並非眞實存在，只是後人捏造的假歷史人物**」，竟然也有少數佛教徒願意跟著「學術」的假光環而信受不疑，亦導致部分台灣佛教界人士，造作了反對中國大乘佛教而推崇南洋小乘佛教的行爲，使台灣佛教的信仰者難以檢擇，亦導致一般大陸人士開始轉入基督教的盲目迷信中。在這些佛教及外教人士之中，也就有一分人根據此邪說而大聲主張「大乘非佛說」的謬論，這些人以「人間佛教」的名義來抵制中國正統佛教，公然宣稱中國的大乘佛教是由聲聞部派佛教的凡夫僧所創造出來的。這樣的說法流傳於台灣及大陸佛教界凡夫僧之中已久，卻非眞正的佛教歷史中曾經發生過的事，只是繼承六識論的聲聞法中凡夫僧，以及別有居心的日本佛教界，依自己的意識境界立場，純憑臆想而編造出來的妄想說法，卻已經影響許多無智之凡夫僧俗信受不移。本書則是從佛教的經藏法義實質及實證的現量內涵本質立論，證明大乘佛法本是佛說，是從《阿含正義》尚未說過的不同面向來討論「人間佛教」的議題，證明「大乘眞佛說」。閱讀本書可以斷除六識論邪見，迴入三乘菩提正道發起實證的因緣；也能斷除禪宗學人學禪時普遍存在之錯誤知見，對於建立參禪時的正知見有很深的著墨。平實導師 述，內文488頁，全書528頁，定價400元。

實相經宗通：學佛之目的在於實證一切法界背後之實相，禪宗稱之爲本來面目或本地風光，佛菩提道中稱之爲實相法界；此實相法界即是金剛藏，又名佛法之祕密藏，即是能生有情五陰、十八界及宇宙萬有（山河大地、諸天、三惡道世間）的第八識如來藏，又名阿賴耶識心，即是禪宗祖師所說的眞如心，此心即是三界萬有背後的實相。證得此第八識心時，自能瞭解般若諸經中隱說的種種密意，即得發起實相般若——實相智慧。每見學佛人修學佛法二十年後仍對實相般若茫然無知，亦不知如何入門，茫無所趣；更因不知三乘菩提的互異互同，是故越是久學者對佛法越覺茫然，都肇因於尚未瞭解佛法的全貌，亦未瞭解佛法的修證內容即是第八識心所致。本書對於修學佛法者所應實證的實相境界提出明確解析，並提示趣入佛菩提道的入手處，有心親證實相般若的佛法實修者，宜詳讀之，於佛菩提道之實證即有下手處。平實導師述著，共八輯，已於2016年出版完畢，每輯成本價250元。

真心告訴您（一）——達賴喇嘛在幹什麼？這是一本報導篇章的選集，更是「破邪顯正」的暮鼓晨鐘。「破邪」是戳破假象，說明達賴喇嘛及其所率領的密宗四大派法王、喇嘛們，弘傳的佛法是仿冒的佛法；他們是假藏傳佛教，是坦特羅(譚崔性交)外道法和藏地崇奉鬼神的苯教混合成的「喇嘛教」，推廣的是以所謂「無上瑜伽」的男女雙身法冒充佛法的假佛教，詐財騙色誤導眾生，常常造成信徒家庭破碎、家中兒少失怙的嚴重後果。「顯正」是揭櫫眞相，指出眞正的藏傳佛教只有一個，就是覺囊巴，傳的是 釋迦牟尼佛演繹的第八識如來藏妙法，稱爲他空見大中觀。正覺教育基金會即以此古今輝映的如來藏正法正知見，在眞心新聞網中逐次報導出來，將箇中原委「眞心告訴您」，如今結集成書，與想要知道密宗眞相的您分享。售價250元。

中觀金鑑——詳述應成派中觀的起源與其破法本質：學佛人往往迷於中觀學派之不同學說，被應成派與自續派所迷惑；修學般若中觀二十年後自以為實證般若中觀了，卻仍不曾入門，甫聞實證般若中觀者之所說，則茫無所知，迷惑不解；隨後信心盡失，不知如何實證佛法；凡此，皆因惑於這二派中觀學說所致。自續派中觀所說同於常見，以意識境界立為第八識如來藏之境界，應成派所說則同於斷見，但又同立意識為常住法，故亦具足斷常二見。今者孫正德老師有鑑於此，乃將起源於密宗的應成派中觀學說，追本溯源，詳考其來源之外，亦一一舉證其立論內容，詳加辨正，令密宗雙身法祖師以識陰境界而造之應成派中觀學說本質，詳細呈現於學人眼前，令其維護雙身法之目的無所遁形。若欲遠離密宗此二大派中觀謬說，欲於三乘菩提有所進道者，允宜具足閱讀並細加思惟，反覆讀之以後將可捨棄邪道返歸正道，則於般若之實證即有可能，證後自能現觀如來藏之中道境界而成就中觀。本書分上、中、下三冊，每冊250元，已全部出版完畢。

法華經講義：此書為平實導師始從2009/7/21演述至2014/1/14之講經錄音整理所成。世尊一代時教，總分五時三教，即是華嚴時、聲聞緣覺教、般若教、種智唯識教、法華時；依此五時三教區分為藏、通、別、圓四教。本經是最後一時的圓教經典，圓滿收攝一切法教於本經中，是故最後的圓教聖訓中，特地指出無有三乘菩提，其實唯有一佛乘；皆因眾生愚迷故，方便區分為三乘菩提以助眾生證道。世尊於此經中特地說明如來示現於人間的唯一大事因緣，便是為有緣眾生「開、示、悟、入」諸佛的所知所見——第八識如來藏妙真如心，並於諸品中隱說「妙法蓮花」如來藏心的密意。然因此經所說甚深難解，真義隱晦，古來難得有人能窺堂奧；平實導師以知如是密意故，特為末法佛門四眾演述《妙法蓮華經》中各品蘊含之密意，使古來未曾被古德註解出來的「此經」密意，如實顯示於當代學人眼前。乃至〈藥王菩薩本事品〉、〈妙音菩薩品〉、〈觀世音菩薩普門品〉、〈普賢菩薩勸發品〉中的微細密意，亦皆一併詳述之，可謂開前人所未曾言之密意，示前人所未見之妙法。最後乃至以〈法華大義〉而總其成，全經妙旨貫通始終，而依佛旨圓攝於一心如來藏妙心，厥為曠古未有之大說也。平實導師述，共有25輯，已於

西藏「活佛轉世」制度—附佛、造神、世俗法：歷來關於喇嘛教活佛轉世的研究，多針對歷史及文化兩部分，於其所以成立的理論基礎，較少系統化的探討。尤其是此制度是否依據「佛法」而施設？是否合乎佛法眞實義？現有的文獻大多含糊其詞，或人云亦云，不曾有明確的闡釋與如實的見解。因此本文先從活佛轉世的由來，探索此制度的起源、背景與功能，並進而從活佛的尋訪與認證之過程，發掘活佛轉世的特徵，以確認「活佛轉世」在佛法中應具足何種果德。定價150元。

真心告訴您（二）—達賴喇嘛是佛教僧侶嗎？補祝達賴喇嘛八十大壽：這是一本針對當今達賴喇嘛所領導的喇嘛教，冒用佛教名相、於師徒間或師兄姊間，實修男女邪淫，而從佛法三乘菩提的現量與聖教量，揭發其謊言與邪術，證明達賴及其喇嘛教是仿冒佛教的外道，是「假藏傳佛教」。藏密四大派教義雖有「八識論」與「六識論」的表面差異，然其實修之內容，皆共許「無上瑜伽」四部灌頂爲究竟「成佛」之法門，也就是共以男女雙修之邪淫法爲「即身成佛」之密要，雖美其名曰「欲貪爲道」之「金剛乘」，並誇稱其成就超越於（應身佛）釋迦牟尼佛所傳之顯教般若乘之上；然詳考其理論，則或以意識離念時之粗細心爲第八識如來藏，或以中脈裡的明點爲第八識如來藏，或如宗喀巴與達賴堅決主張第六意識爲常恆不變之眞心者，分別墮於外道之常見與斷見中；全然違背　佛說能生五蘊之如來藏的實質。售價300元。

涅槃——解說四種涅槃之實證及內涵：眞正學佛之人，首要即是見道，由見道故方有涅槃之實證，證涅槃者方能出生死，但涅槃有四種：二乘聖者的有餘涅槃、無餘涅槃，以及大乘聖者的本來自性清淨涅槃、佛地的無住處涅槃。大乘聖者實證本來自性清淨涅槃，入地前再取證二乘涅槃，然後起惑潤生捨離二乘涅槃，繼續進修而在七地心前斷盡三界愛之習氣種子，依七地無生法忍之具足而證得念念入滅盡定；八地後進斷異熟生死，直至妙覺地下生人間成佛，具足四種涅槃，方是眞正成佛。此理古來少人言，以致誤會涅槃正理者比比皆是，今於此書中廣說四種涅槃、如何實證之理、實證前應有之條件，實屬本世紀佛教界極重要之著作，令人對涅槃有正確無訛之認識，然後可以依之實行而得實證。本書共有上下二冊，每冊各四百餘頁，對涅槃詳加解說，每冊各350元。

佛藏經講義：本經說明爲何佛菩提難以實證之原因，都因往昔無數阿僧祇劫前的邪見，引生此世求證時之業障而難以實證。即以諸法實相詳細解說，繼之以念佛品、念法品、念僧品，說明諸佛與法之實質；然後以淨戒品之說明，期待佛弟子四眾堅持清淨戒而轉化心性，並以往古品的實例說明歷代學佛人在實證上的業障由來，教導四眾務必滅除邪見轉入正見中，不再造作謗法及謗賢聖之大惡業，以免未來世尋求實證之時被業障所障；然後以了戒品的說明和囑累品的付囑，期望末法時代的佛門四眾弟子皆能清淨知見而得以實證。平實導師於此經中有極深入的解說，

大法鼓經講義：本經解說佛法的總成：法、非法。由開解法、非法二義，說明了義佛法與世間戲論法的差異，指出佛法實證之標的即是法——第八識如來藏；並顯示實證後的智慧，如實擊大法鼓、演深妙法，演說如來祕密教法，非二乘定性及諸凡夫所能得聞，唯有具足菩薩性者方能得聞。正聞之後即得依於　世尊大願而拔除邪見，入於正法而得實證；深解不了義經之方便說，亦能實解了義經所說之眞實義，得以證法——如來藏，而得發起根本無分別智，乃至進修而發起後得無分別智；並堅持布施及受持清淨戒而轉化心性，得以現觀眞我眞法如來藏之各種層面。此爲第一義諦聖教，並授記末法最後餘八十年時，一切世間樂見離車童子以七地證量而示現爲凡夫身，將繼續護持此經所說正法。平實導師於此經中有極深入的解說，總共六輯，已於2023/11/30 出版完畢，每輯三百餘頁，售價300元，

成唯識論釋：本論係大唐玄奘菩薩揉合當時天竺十大論師的說法加以辨正而著成，攝盡佛門證悟菩薩及部派佛教聲聞凡夫論師對佛法的論述，並函蓋當時天竺諸大外道對生命實相的錯誤論述加以辨正，是由玄奘大師依據無生法忍證量加以評論確定而成爲此論。平實導師弘法初期即已依於證量略講過一次，歷時大約四年，當時正覺同修會規模尚小，聞法成員亦多尚未證悟，是故並未整理成書；如今正覺同修會中的證悟同修已超過六百人，鑑於此論在護持正法、實證佛法及悟後進修上的重要性，已於2022年初重講，並已經預先註釋完畢編輯成書，名爲《成唯識論釋》，總共十輯，每輯目次41頁、序文7頁、每輯內文多達四百餘頁，並將原本13級字縮小爲12級字編排，以增加其內容；於增上班宣講時的內容將會更詳細於書中所說，涉及佛法密意的詳細內容只於增上班中宣講，於書中皆依佛誡隱覆密意而說，然已足夠所有學人藉此一窺佛法堂奧而進入正道、免入岐途。重新判教後編成的〈目次〉已經詳盡判定論中諸段句義，用供學人參考；是故讀者閱完此論之釋，即可深解成佛之道的正確內涵。本書總共十輯，預定每一輯內容講述完畢時即予出版，第一輯於2023年五月底出版，然後每七至十個月出版下一輯，每輯定價400元。

不退轉法輪經講義：世尊弘法有五時三教之別，分為藏、通、別、圓四教之理，本經是大乘般若期前的通教經典，所說之大乘般若正理與所證解脫果，通於二乘解脫道，佛法智慧則通大乘般若，皆屬大乘般若與解脫甚深之理，故其所證解脫果位通於二乘法教；而其中所說第八識無分別法之正理，即是世尊降生人間的唯一大事因緣。如是第八識能仁而且寂靜，恆順眾生於生死之中從無乖違，識體中所藏之本來無漏性的有為法以及真如涅槃境界，皆能助益學人最後成就佛道；此謂釋迦意為能仁，牟尼意為寂靜，此第八識即名釋迦牟尼，釋迦牟尼即是能仁寂靜的第八識真如；若有人聽聞如是第八識常住、如來不滅之正理，信受奉行之人皆有大乘實證之因緣，永得不退於成佛之道，是故聽聞釋迦牟尼名號而解其義者，皆得不退轉於無上正等正覺，未來世中必有實證之因緣。如是深妙經典，已由平實導師詳述圓滿並整理成書，於2024/01/30開始每二個月發行一輯，總共十輯，每輯300元。

解深密經講記：本經是所有尋求大乘見道及悟後欲入地者所應詳習串習的三經之一，即是《楞伽經》、《解深密經》、《楞嚴經》三經中的一經，亦可作為見道真假的自我印證依據。此經是 世尊晚年第三轉法輪時，宣說地上菩薩所應熏修之無生法忍唯識正義經典；經中總說真見道位所見的智慧總相，兼及相見道位所應熏修的七真如等法，以及入地應修之十地真如等義理，乃是大乘一切種智增上慧學，以阿陀那識—如來藏—阿賴耶識為成佛之道的主體。禪宗之證悟者，若欲修證初地無生法忍乃至八地無生法忍者，必須修學《楞伽經、解深密經、楞嚴經》所說之八識心王一切種智。此三經所說正法，方是真正成佛之道；印順法師否定第八識如來藏之後所說萬法緣起性空之法，墮於六識論中而著作的《成佛之道》，乃宗本於密宗宗喀巴六識論邪思而寫成的邪見，是以誤會後之二乘解脫道取代大乘真正成佛之道，承襲自古天竺部派佛教聲聞凡夫論師的邪見，尚且不符二乘解脫道正理，亦已墮於斷滅見及常見中，所說全屬臆想所得的外道見，不符本經中佛所說的正義。平實導師曾於本會郭故理事長往生時，於喪宅中從首七開始宣講此經，於每一七起各宣講三小時，至第十七而快速略講圓滿，作為郭老之往生後的佛事功德，迴向郭老早證八地、速返娑婆住持正法。茲為今時後世學人故，已經開始重講《解深密經》，以淺顯之語句講畢後，將會整理成文並梓行流通，用供證悟者進道；亦令諸方未悟者，據此經中佛語正義修正邪見，依之速能入道。平實導師述著，全書輯數未定，每輯三百餘頁，預定於《不退轉法輪經講義》發行圓滿之後

菩薩瓔珞本業經講義：本經是律部經典，依之修行可免誤犯大妄語業。成佛之道總共有五十二階位，前十階位爲十信位，是對佛法僧三寶修學正確的信心，如實理解三寶的實質都是依第八識如來藏而成就的；然後轉入四十二個位階修學，才是正式修學佛道，即是十住、十行、十迴向、十地、等覺、妙覺，分別名爲習種性、性種性、道種性、聖種性、等覺性、妙覺性，所應修習完成的是銅寶瓔珞、銀寶瓔珞、金寶瓔珞、琉璃寶瓔珞、摩尼寶瓔珞、水精瓔珞，依於如是所應修學的內容及階位而實修，方是眞正的成佛之道。此經中亦對大乘菩提的見道提出了判位，名爲「第六般若波羅蜜正觀現在前」，說明正觀現時應該如何方能成爲眞見道菩薩，否則皆必退轉。平實導師述著，全書輯數未定，每輯三百餘頁，預定於《解深密經講義》出版發行圓滿之後逐輯陸續出版。

修習止觀坐禪法要講記：修學四禪八定之人，往往錯會禪定之修學知見，欲以無止盡之坐禪而證禪定境界，卻不知修除性障之行門才是修證四禪八定不可或缺之要素，故智者大師云「性障初禪」；性障不除，初禪永不現前，云何修證二禪等？又：行者學定，若唯知數息，而不解六妙門之方便善巧者，欲求一心入定，未到地定極難可得，智者大師名之爲「事障未來」：障礙未到地定之修證。又禪定之修證，不可違背二乘菩提及第一義法，否則縱使具足四禪八定，亦不能實證涅槃而出三界。此諸知見，智者大師於《修習止觀坐禪法要》中皆有闡釋。作者平實導師以其第一義之見地及禪定之實證證量，曾加以詳細解析。將俟正覺寺竣工啓用後重講，不限制聽講者資格；講後將以語體文整理出版。欲修習世間定及增上定之學者，宜細讀之。平實導師述著。

阿含經講記——小乘解脫道之修證：數百年來，南傳佛法所說證果之不實，所說解脫道之虛妄，所弘解脫道法義之世俗化，皆已少人知之；阿含解脫道從南洋傳入台灣與大陸之後，所說法義虛謬之事，亦復少人知之；今時台灣全島印順系統之法師居士，多不知南傳佛法數百年來所說解脫道之義理已然偏斜、已然世俗化、已非眞正之二乘解脫正道，猶極力推崇與弘揚。彼等南傳佛法近代所謂之證果者皆非眞實證果者，譬如阿迦曼、葛印卡、帕奧禪師、一行禪師……等人，悉皆未斷我見故。近年更有台灣南部大願法師，高抬南傳佛法之二乘修證行門爲「捷徑**究竟**解脫之道」者，然而南傳佛法縱使眞修實證，得成阿羅漢，至高唯是二乘菩提解脫之道，絕非**究竟**解脫，無餘涅槃中之實際尚未得證故，法界之實相尚未了知故，習氣種子待除故，一切種智未實證故，焉得謂爲「究竟解脫」？即使南傳佛法近代眞有實證之阿羅漢，尚且不及三賢位中之七住明心菩薩本來自性清淨涅槃智慧境界，則不能知此賢位菩薩所證之無餘涅槃實際，仍非大乘佛法中之見道者，何況彼等普未實證聲聞果乃至未斷我見之人？謬充證果已屬逾越，更何況是誤會二乘菩提之後，以未斷我見之凡夫知見所說之二乘菩提解脫偏斜法道，焉可高抬爲「究竟解脫」？而且自稱「捷徑之道」？又妄言解脫之道即是成佛之道，完全否定般若實智、否定三乘菩提所依之如來藏心體，此理大大不通也！平實導師爲令修學二乘菩提欲證解脫果者，普得迴入二乘菩提正見、正道中，是故選錄四阿含諸經中，對於二乘解脫道法義有具足圓滿說明之經典，預定未來十年內將會加以詳細講解，令學佛人得以了知二乘解脫道之修證理路與行門，庶免被人誤導之後，未證言證，梵行未立，干犯道禁自稱阿羅漢或成佛，成大妄語，欲升反墮。本書首重斷除我見，以助行者斷除我見而實證初果爲著眼之目標，若能根據此書內容，配合平實導師所著《識蘊眞義》《阿含正義》內涵而作實地觀行，實證初果非爲難事，行者可以藉此三書自行確認聲聞初果爲實際可得現觀成就之事。此書中除依二乘經典所說加以宣示外，亦依斷除我見等之證量，及大乘法中道種智之證量，對於意識心之體性加以細述，令諸二乘學人必定得斷我見、常見，免除三縛結之繫縛。次則宣示斷除我執之理，欲令升進而得薄貪瞋痴，乃至斷五下分結…等。平實導師將擇期講述，然後整理成書。共二冊，每冊三百餘頁。每輯300元。

總經銷：聯合發行股份有限公司

231 新北市新店區寶橋路 235 巷 6 弄 6 號 4F

Tel.02－2917-8022（代表號）　Fax.02－2915-6275（代表號）

零售：1.**全台連鎖經銷書局：**

三民書局、誠品書局、何嘉仁書店

敦煌書店、紀伊國屋、金石堂書局、建宏書局

諾貝爾圖書城、墊腳石圖書文化廣場

2.**台北市：**佛化人生 **大安區**羅斯福路 3 段 325 號 6 樓之 4　台電大樓對面

3.**新北市：**春大地書店 **蘆洲區**中正路 117 號

4.**桃園市：**御書堂 **龍潭區**中正路 123 號

5.**新竹市：**大學書局 **東區**建功路 10 號

6.**台中市：**瑞成書局 **東區**雙十路 1 段 4 之 33 號

佛教詠春書局 **南屯區**永春東路 884 號

文春書店 **霧峰區**中正路 1087 號

7.**彰化市：**心泉佛教文化中心 南瑤路 286 號

8.**高雄市：**政大書城 **前鎮區**中華五路 789 號 2 樓（高雄夢時代店）

明儀書局 **三民區**明福街 2 號

青年書局 **苓雅區**青年一路 141 號

9.**台東市：**東普佛教文物流通處 博愛路 282 號

10.**其餘鄉鎮市經銷書局：**請電詢總經銷**聯合**公司。

11.**大陸地區請洽：**

香港：樂文書店

銅鑼灣店 :香港銅鑼灣駱克道 506 號 2 樓

電話 : (852) 2881 1150　email: luckwinbs@gmail.com

廈門：廈門外圖臺灣書店有限公司

地址：廈門市思明區湖濱南路809 號 廈門外圖書城3 樓 郵編：361004

電話：0592-5061658（臺灣地區請撥打 86-592-5061658）

E-mail：JKB118＠188.COM

12.**美國：世界日報圖書部：**紐約圖書部　電話 7187468889#6262

洛杉磯圖書部　電話 3232616972#202

13.**國內外地區網路購書：**

正智出版社 書香園地　http://books.enlighten.org.tw/

（書籍簡介、經銷書局可直接聯結下列網路書局購書）

三民 網路書局　http://www.sanmin.com.tw

誠品 網路書局　http://www.eslitebooks.com

博客來 網路書局 http://www.books.com.tw
金石堂 網路書局 http://www.kingstone.com.tw
聯合 網路書局 http://www.nh.com.tw

附註：1.請儘量向各經銷書局購買：郵政劃撥需要八天才能寄到（本公司在您劃撥後第四天才能接到劃撥單，次日寄出後第二天您才能收到書籍，此六天中可能會遇到週休二日，是故共需八天才能收到書籍）若想要早日收到書籍者，請劃撥完畢後，將劃撥收據貼在紙上，旁邊寫上您的姓名、住址、郵區、電話、買書詳細內容，直接傳眞到本公司 02-28344822，並來電 02-28316727、28327495 確認是否已收到您的傳眞，即可提前收到書籍。 2.因台灣每月皆有五十餘種宗教類書籍上架，書局書架空間有限，故唯有新書方有機會上架，通常每次只能有一本新書上架；本公司出版新書，大多上架不久便已售出，若書局未再叫貨補充者，書架上即無新書陳列，則請直接向書局櫃台訂購。 3.若書局不便代購時，可於晚上共修時間向正覺同修會各共修處請購（共修時間及地點，詳閱**共修現況表**。每年例行年假期間請勿前往請書，年假期間請見共修現況表）。 4.郵購：郵政劃撥帳號 19068241。 5.正覺同修會會員購書都以八折計價（戶籍台北市者爲一般會員，外縣市爲護持會員）都可獲得優待，欲一次購買全部書籍者，可以考慮入會，節省書費。入會費一千元（第一年初加入時才需要繳），年費二千元。**6.尚未出版之書籍，請勿預先郵寄書款與本公司，謝謝您！** 7.若欲一次購齊本公司書籍，或同時取得正覺同修會贈閱之全部書籍者，請於正覺同修會共修時間，親到各共修處請購及索取；**台北市讀者**請洽：103 台北市承德路三段 267 號 10 樓（捷運淡水線 圓山站旁）請書時間：週一至週五爲 18.00~21.00，第一、三、五週週六爲 10.00~21.00，雙週之週六爲 10.00~18.00 請購處專線電話：25957295-分機 14（於請書時間方有人接聽）。

敬告大陸讀者：

大陸讀者購書、索書捷徑（尚未在大陸出版的書籍，以下二個途徑都可以購得，電子書另包括結緣書籍）：

1.廈門外國圖書公司：廈門市思明區湖濱南路 809 號 廈門外圖書城 3F
　郵編：361004　電話：0592-5061658　網址：**http://www.xibc.com.cn/**

2.電子書：正智出版社有限公司及正覺同修會在台灣印行的各種局版書、結緣書，已有『**正覺電子書**』陸續上線中，提供讀者於手機、平板電腦上購書、下載、閱讀正智出版社、正覺同修會及正覺教育基金會所出版之電子書，詳細訊息敬請參閱『正覺電子書』專頁：**http://books.enlighten.org.tw/ebook**

關於平實導師的書訊，請上網查閱：

成佛之道　http://www.a202.idv.tw

正智出版社 書香園地　http://books.enlighten.org.tw/

中國網採訪佛教正覺同修會、正覺教育基金會訊息：

http://foundation.enlighten.org.tw/newsflash/20150817_1

http://video.enlighten.org.tw/zh-CN/visit_category/visit10

★ 正智出版社有限公司售書之稅後盈餘，全部捐助財團法人正覺寺籌備處、佛教正覺同修會、正覺教育基金會，供作弘法及購建道場之用；懇請諸方大德支持，功德無量。

★ 聲　明 ★

本社於 2015/01/01 開始調整本目錄中部分書籍之售價，以因應各項成本的持續增加。

＊ 喇嘛教修外道雙身法、墮識陰境界，非佛教 ＊

＊ 弘揚如來藏他空見的覺囊派才是真正藏傳佛教 ＊

售後服務—換書啓事（免附回郵） 2017/12/05

《楞伽經詳解》第三輯初版免費調換新書啓事：茲因 平實導師弘法早期尙未回復往世全部證量，有些法義接受他人的說法，寫書當時並未察覺而有二處（同一種法義）跟著誤說，如今發現已將之修正。茲爲顧及讀者權益，已開始免費調換新書；敬請所有讀者將以前所購第三輯（不論第幾刷），攜回或寄回本公司免費換新；郵寄者之回郵由本公司負擔，不需寄來郵票。因此而造成讀者閱讀、以及換書的不便，在此向所有讀者致上萬分的歉意，祈請讀者大眾見諒！

《楞嚴經講記》第 14 輯初版首刷本免費調換新書啓事：本講記第 14 輯出版前因 平實導師諸事繁忙，未將之重新閱讀而只改正校對時發現的錯別字，故未能發覺十年前所說法義有部分錯誤，於第 15 輯付印前重閱時才發覺第 14 輯中有部分錯誤尙未改正。今已重新審閱修改並已重印完成，煩請所有讀者將以前所購第 14 輯初版首刷本，寄回本公司免費換新（初版二刷本無錯誤），本公司將於寄回新書時同時附上您寄書來換新時的郵資，並在此向所有讀者致上最誠懇的歉意。

《心經密意》初版書免費調換二版新書啓事：本書係演講錄音整理成書，講時因時間所限，省略部分段落未講。後於再版時補寫增加 13 頁，維持原價流通之。茲爲顧及初版讀者權益，自 2003/9/30 開始免費調換新書，原有初版一刷、二刷書籍，皆可寄來本公司換書。

《宗門法眼》已經增寫改版爲 464 頁新書，2008 年 6 月中旬出版。讀者原有初版之第一刷、第二刷書本，都可以寄回本公司免費調換改版新書。改版後之公案及錯悟事例維持不變，但將內容加以增說，較改版前更具有廣度與深度，將更能助益讀者參究實相。

換書者**免附回郵**，亦無截止期限；舊書請寄：111 台北郵政 73-151 號信箱 或 103 台北市承德路三段 267 號 10 樓 正智出版社有限公司。舊書若有塗鴨、殘缺、破損者，仍可換取新書；但缺頁之舊書至少應仍有五分之三頁數，方可換書。所有讀者不必顧念本公司是否有盈餘之問題，都請踴躍寄來換書；本公司成立之目的不是營利，只要能眞實利益學人，即已達到成立及運作之目的。若以郵寄方式換書者，免附回郵；並於寄回新書時，由本公司附上您寄來書籍時耗用的郵資。造成您不便之處，再次致上萬分的歉意。

正智出版社有限公司 啓

免費換書公告

2023/07/15

《法華經講義》第十三輯初版免費調換新書啓事：本書因謄稿、印製等相關人員作業疏失，導致該書中的經文及內文用字將「**親近**」誤植成「清淨」。茲爲顧及讀者權益，自2017/8/30開始免費調換新書；敬請所有讀者將以前所購第十三輯初版首刷及二刷本，攜回或寄回本公司免費換新。錯誤更正說明如下：

一、第256頁第10行~第14行：【就是先要具備「**法親近處**」、「**眾生親近處**」；法**親近**處就是在實相之法有所實證，如果在實相法上有所實證，他在二乘菩提中自然也能有所實證，以這個作爲第一個**親近**處——第一個基礎。然後還要有第二個基礎，就是瞭解應該如何善待眾生；對於眾生不要有排斥或者是貪取之心，平等觀待而攝受、親近一切有情。以這兩個**親近**處作爲基礎，來實行其他三個安樂行法。】。

二、第268頁第13行：【具足了那兩個「**親近處**」，使你能夠在末法時代，如實而圓滿的演述《法華經》時，那麼你作這個夢，它就是如理作意的，完全符合邏輯去完成這個過程，就表示你那個晚上，在那短短的一場夢中，已經度了不少眾生了。

《大法鼓經講義》第一輯初版免費調換二版新書啓事：本書因校對相關人員作業疏失錯失別字，導致該書中的內文255頁倒數5行有二字錯植而無發現，乃「『**智慧**』的滅除不容易」應更正爲「『**煩惱**』的滅除不容易」。茲爲顧及讀者權益，自2023/4/1開始免費調換新書，或請自行更正其中的錯誤之處；敬請所有讀者將以前所購第一輯初版首刷及二刷本，攜回或寄回本公司免費換新。

《涅槃》下冊初版一刷至六刷**免費調換新書啓事**：本書因法義上有少處疏失而重新印製，乃第20頁倒數6行的「法智忍、法智」更正爲「**法智、類智**」，同頁倒數4行的「類智忍、類智」更正爲「**法智忍、類智忍**」；並將書中引文重新標點後重印。敬請讀者攜回或寄回本公司免費換新。

換書者免附回郵，郵寄者之回郵由本公司負擔，不需寄來郵票，亦無截止期限；同時對因此而造成讀者閱讀、以及換書的困擾及不便，在此向所有讀者致上最誠懇的歉意，祈請讀者大眾見諒！

正智出版社有限公司 敬啓

國家圖書館出版品預行編目(CIP) 資料

不退轉法輪經講義. 第一輯 / 平實導師述著.-- 初版. --
臺北市: 正智出版社有限公司, 2024.01 面; 公分
ISBN 978-626-97355-8-7(平裝)

1.CST: 經集部

221.733 112022818

不退轉法輪經講義

——第一輯

著 述 者：平實導師
音文轉換：劉惠莉 鄭瑞卿 劉夢瓚
校 對：章乃鈞 孫淑貞 陳介源 王美伶 張善思
出 版 者：**正智出版社**有限公司
電話：〇二 28327495 28316727（白天）
傳眞：〇二 28344822
111 台北郵政 73-151 號信箱
郵政劃撥帳號：一九〇六八二四一
正覺講堂：總機〇二 25957295（夜間）
總 經 銷：聯合發行股份有限公司
231 新北市新店區寶橋路 235 巷 6 弄 6 號 4 樓
電話：〇二 29178022（代表號）
傳眞：〇二 29156275
初版首刷：二〇二四年元月三十日 二千冊
初版二刷：二〇二四年元月三十一日 二千冊
定 價：三〇〇元